한국의 정치균열 구조:

지역, 계층, 세대 및 이념

한국의 정치균열 구조:

지역, 계층, 세대 및 이념

인 쇄: 2014년 6월 2일
발 행: 2014년 6월 5일
엮은이: 이갑윤·이현우
발행인: 부성옥
발행처: 도서출판 오름
등록번호: 제2-1548호 (1993. 5. 11)
주 소: 서울특별시 서초구 서초동 1420-6
전 화: (02) 585-9122, 9123 / 팩 스: (02) 584-7952
E-mail: oruem9123@naver.com
URL: http://www.oruem.co.kr

ISBN   978-89-7778-423-9   93340

* 잘못된 책은 교환해 드립니다.
* 값은 뒤표지에 있습니다.

이 도서의 국립중앙도서관 출판예정도서목록(CIP)은 서지정보유통지원시스템
홈페이지(http://seoji.nl.go.kr)와 국가자료공동목록시스템(http://www.nl.go.
kr/kolisnet)에서 이용하실 수 있습니다. (CIP제어번호: CIP2014016675)

한국의 정치균열 구조:

지역, 계층, 세대 및 이념

이갑윤·이현우 편

Political Cleavages in Korea:
Region, Class, Generation and Ideology

Edited by
Kap Yun Lee & Hyeon-Woo Lee

ORUEM Publishing House
Seoul, Korea
2014

서문

　한국사회가 다원화되어 가면서 다양한 갈등의 등장과 그 심각성이 깊어지고 있으며 이에 대한 해결책의 모색이 시대적 과제가 되었다. 사회구성원들의 정치사회적 의식이 분화되면서 집단 간 균열은 복합성을 띠는 동시에 균열강도가 높아지고 있다는 것이 이미 다수의 연구를 통해 밝혀졌다. 다양성을 보장하는 민주주의 국가에서 상당한 정도의 이질성과 집단 간 긴장은 당연한 것이지만, 국가 내 균열이 심각해져서 단위체로서의 국가발전을 저해하거나 내적 에너지를 소진하는 수준에 이르게 되면 국가통합의 차원에서 갈등해결을 위한 노력이 있어야 한다.

　민주화 이후 정치영역에서 표출되는 균열 역시 다양한 형태로 나타나는데, 선거를 포함한 제도적 정치참여 과정을 통해 타협이나 통합이라는 정치적 결과를 가져오지 못하고 균열의 재생산 혹은 강화라는 악순환을 겪고 있는 것이 심각한 문제라 하겠다. 통합적 사회란 균열이 없는 사회가 아니라 정당을 통한 이익표출과 선거경쟁이라는 정치과정 속에서 균열수준이 조절되는 것을 의미한다. 그러나 현실을 보면 선거의 통합적 기능이 작동하지 못하고 있다. 대표적으로 선거에 패한 정치세력은 승리한 집권세력의 정통성을 인정하지 않고 갈등의 지속을 통한 자기집단의 정체성을 유지 및 확대를 목표로 하는 경우가 다반사이다. 그 결과 한국의 사회수준은 OECD 국가의 평균을 훨씬 상회하여 회원국들 중 네 번째로 갈등이 심한 국가로 평가되고 있다.

민주화 이후 정치에 영향을 미치는 한국사회 균열은 4가지로 구분된다. 지역주의, 계층, 세대 그리고 이념이 주된 균열 축을 이루고 있다. 이러한 균열 축에 대한 담론적 연구는 상당한 수준에 이르고 있지만 균열의 성격 및 수준을 경험적으로 검증할 수 있는 실증적 연구는 부족한 실정이다. 또한 기존의 경험적 연구들은 제시된 균열 축 중 하나의 주제에 집중하여 다른 균열 축들과의 관계나 균열 간의 비교 가능한 포괄적 자료들을 제시하지 못하고 있다. 결국 균열의 구체적 내용과 수준을 검증할 수 있는 단계에 아직 이르지 못하고 있다. 이에 본 연구는 균열현상의 단순한 기술이나 서구의 분석틀을 한국의 사례에 적용하는 수준을 넘어서기 위해 한국적 균열의 명확한 개념정립에서부터 출발하고 있다.

이 책에서는 지역, 계층, 세대 그리고 이념이라는 네 가지 균열주제를 다루고 있는데, 이들이 중요한 이유는 선거과정과 결과에 중요한 영향을 미치기 때문이다. 즉, 정치인들이 유권자들의 지지를 얻기 위해서 이들 요인들을 사용하면 성공가능성이 높고 효율적이기 때문이다. 경험적으로 선거과정에서 후보자들이 이들 균열요인들을 어떻게 활용하는가에 따라 득표에 상당한 영향을 준다는 것이 확인되고 있다.

지역주의는 민주화 이후 한국정치를 설명하는 가장 중요한 요인임에도 불구하고 지역주의 발생원인에 대한 학문적 합의도 이루어지지 못한 상태이다. 지역주의에 관한 다수의 연구들은 지역주의가 선거 등 정치에 영향을 미친다는 것을 확인하고 있지만, 정치의식으로서 지역주의가 국민들의 의식 속에 어떻게 자리매김하고 있는지에 대한 실증적 연구는 아직도 미비하다.

　두 번째 요인인 계층균열에 관한 연구를 살펴보면 서구의 산업화에 따른 균열이론을 차용하는 분석이 대부분이다. 서구의 산업화에 따른 빈부격차의 확대와 노동자 계층의 집단화라는 조건 형성과 그에 따른 계층균열이라는 분석틀이 한국에서도 타당한지에 대해 검토해 보아야 한다. 한국에서는 IMF 외환위기와 카드대란 그리고 장기간 지속된 경제침체 속에서 중산층의 붕괴와 경제적 양극화 현상이 두드러진다. 그런데 객관적 경제계층의 변화가 실제로 국민들의 의식에도 그대로 반영되어 양극화가 심화되고 있는지 그리고 그 영향이 대표선출이나 정책에 대한 태도결정에 영향을 미치는지 등에 대한 경험적 연구가 병행되어야 한다.

　세 번째로 세대균열에 관해서 보면 서구국가들과 비교하여 한국의 정치변동은 짧은 기간 동안 급격하게 이루어졌다는 점에 주목할 필요가 있다. 따라서 정치적 경험이 다른 세대균열이 다른 국가들에 비해 더욱 차별적으로 형성될 가능성이 있다. 특히 지속적 변화에 따른 세대균열과 달리 근접세대 간에도 단절성이 강하게 나타날 여지가 있다. 이 같은 한국정치의 특수성이 고려된 세대균열의 분석틀을 구성할 수 있는 자료 확보가 필요하다.

　마지막으로 한국적 이념균열의 고유성도 반드시 고려되어야 한다. 권위주의 정권시절 강제되었던 이념적 획일성이 반발적으로 민주화 이후 폭발적으로 표출되면서, 서구적인 이념경쟁이 아니라 극단적 보수와 급진적 진보의 적대적 관계가 정치영역에 반영되었다. 민주주의의 성숙화에 따라 자유로운 정치참여와 표현의 정치적 자유수준이 높아지고 정치이념을 중심으로 정치세력이 형성되었다. 이러한 과정 속에서 이념이 정치를 이끌었는지 혹은 정치가 동원의 기제(機制)로 이념을 이용한 것인지에 대한 연구가 필요하다. 그리고 무엇보다 한국의 이념지형이 어떠한 요인에 의해 어떻게 구성되었는지를 확인해야 한다.

　본 연구에서는 한국적 이념의 차별성이 무엇인지를 파악하는 데 주력하였다. 기존의 경험적 조사에서 밝혀졌듯이 인권이나 대북문제를 제외하고 경제적 이슈나 사회적 이슈에서 이념적 차별성이 나타나지 않는다면, 한국적 이념균열을 이해하기 위해 서구의 이념균열 구조를 분석틀로 이용하는 것은 적절치 않다. 실증적 결과를 볼 때 정치적 이념성향이 강한 국민들이 다수를 차지하지 않았음에도 불구하고, 이들 다수가 침묵하는 가운데 이념성향이 강한 정치세력이 이념균열을 강화해 온 것을 확인할 수 있다.

새삼스러울 것도 없는 이들 4가지 균열요인들을 다시금 연구대상으로 삼는 이유는 기존의 연구에서 이들 요인들이 정치균열에 영향을 미친다는 주장은 많았지만, 그 원인에 대한 연구는 추론에 그치는 경우가 대부분이기 때문이다. 즉, 이들 균열요인들이 집단들 사이에서 어떻게 인식되고 있으며, 정치적 의식 및 태도와 어떻게 연계되는지에 대한 인과적 분석에는 소홀히 했다는 사실이 본 연구의 출발점이다.

본 연구서는 한국학술진흥재단의 지원을 받아 2009년부터 2011년까지 3년간 수행한 기초연구의 결과물이다. 연구논문의 다수는 이미 학술지에 게재된 것들이다. 그럼에도 불구하고 한 권의 단행본으로 묶는 이유는 한국사회의 균열이라는 주제하에서 다양한 논의를 한꺼번에 볼 수 있도록 연구의 편의성을 제공하기 위함이다. 이 연구서는 참여한 학자들이 공유하는 학문적 문제의식을 토대로 한 연구의 시작일 따름이다. 향후 더 많은 논의와 자료 축적이 이루어져 한국사회의 균열에 대한 지식이 축적될 것을 기대한다. 마지막으로 도서출판 오름의 부성옥 대표를 비롯한 직원 여러분의 노고에 고마움을 전하며, 늘 학자들을 지원해 주시는 도서출판 오름에 감사드린다.

2014년 4월
필자를 대표하여 이갑윤

차례

제**2**부 **계층균열**

제**3**부 세대 및 이념균열

제**1**부

지역균열

지역발전과 지역적 정당투표*

이갑윤·박경미

I. 서론

민주화 이후 실시된 대통령선거, 국회의원선거, 지방자치단체선거 등에서 정당과 후보자 지지에 가장 큰 영향력을 미친 인구사회학적 변수는 영남, 호남, 충청 등으로 대표되는 출신지역이다. 이러한 지역적 정당투표는 정당을 지역정당으로 변모시켰으며, 정당균열은 사회 내에서 존재하는 지역균열을 대표하는 것으로 인식되어 왔다. 최근 지역적 정당투표의 약화 또는 변화를 나타내는 현상들이 일부 발견되고 있지만 지역적 정당투표의 영향력이 여전히 크다는 데에는 재론의 여지가 없다.

민주화 이후 등장한 지역적 정당투표의 원인을 구명하기 위해 정치학, 사회학, 심리학, 역사학, 지리학 등 다양한 학문적 접근이 시도되었으나 이론

* 이 글은 『사회과학연구』 제19집 2호(2011)에 게재된 논문을 수정·보완한 내용임.

적으로 또는 경험적으로 성공하였다고 평가하기는 어렵다. 지역적 정당투표
의 원인으로 초기에 가장 각광을 받았던 지역발전 격차론은 왜 가장 발전한
수도권과 그에 비해 낙후된 지방 사이에는 정치적 갈등이 나타나지 않는가
를 설명할 수 없으며(김동완 2009; 한국사회학회 1990), 지역민 간의 호오
(好惡)감이나 편견의 표출 결과로 보는 문화적 시각도 현재 가장 많이 발견
되는 호남인에 대한 비호남인의 거리감으로는 영남과 호남 또는 영남, 호남,
충청 사이에서 나타나는 지역정당의 갈등을 성공적으로 설명할 수 없다(김
진국 1989; 나간채 1990). 또 최근에 설득을 얻고 있는 정치적 설명인 지도
자의 선거 전략으로서의 지역주의적 동원도 사회경제적 또는 문화적 갈등이
존재하지 않는데 왜 그러한 정치적인 전략이 강하고 지속적인 지역적 정당
투표를 이끌어 낼 수 있었는가 하는 의문을 해결할 수 없다(박상훈 2009;
김만흠 1997; 남영신 1991).

이러한 세 가지 설명은 논리적 한계 외에도 대부분의 연구가 경험적 자료
로 엄격히 검증되지 않았다는 문제를 가지고 있다. 다시 말해, 지역별로 사
회경제적 격차, 심리문화적 편견, 정치전략적인 동원이 존재한다는 사실과
투표에서 출신지가 정당과 후보자 결정에 큰 영향력을 미친다는 사실이 병
렬적으로 제시되었을 뿐, 둘 사이의 인과관계를 직접적으로 검증하는 경험
적 연구는 극히 찾아보기 어렵다는 것이다. 이러한 경험적 증거의 부족은
기원론 연구로부터 발전한 지역적 정당투표의 물질적 토대연구와 합리성에
대한 논쟁에서도 마찬가지인데, 지역적 정당투표가 지역감정과 계급문제의
중첩적 결과인가(손호철 1993; 최장집 1996; 황태연 1996), 또는 개인의 합
리적 선택의 결과로 해석할 수 있는가(강원택 2000; 조기숙 2000; 최영진
2001) 하는 논쟁들도 대부분 이론적 수준에서만 이루어지고 있다고 할 수
있다.

본 연구는 '지역발전'이라는 경제적이며, 물질적인 이슈가 어떻게 지역정
당 지지로 연결되는가 하는 인과관계를 경험적 자료를 이용하여 검증하는
데 목적이 있다. 이 연구의 중심이 되는 지역발전은 적어도 다음의 두 가지
점에서 학문적 관심을 요구한다. 그 이유는 첫째, 합리적인 투표결정의 기본

이라 할 수 있는 경제적 또는 물질적인 이익이 얼마만큼 지역적 정당투표에 영향을 주고 있는가라는 것이 아직까지도 객관적이며 경험적인 자료로 엄격히 검증되지 않았다는 것이고, 둘째로 최근 행정복합도시 이전, 수도권의 규제완화, 산업단지의 조성 등 지역발전을 둘러싸고 나타난 다양한 지역 간의 갈등이 정치적 쟁점으로 부각되고 있기 때문이다.

지역이란 영역적 의존성(local dependence)을 바탕으로 한 지역민들이 공통적인 이해관계를 형성하는 지리적 단위(Cox 1998)이며, 이 단위의 경제적인 발전은 구성원들에게 공통적인 이익을 제공하게 된다. 따라서 지역발전 이슈에 대해 한 지역민들은 지역 내에서 공통적인 이해관계를 갖지만 서로 다른 또는 경쟁적인 이익을 갖는 타 지역민들과는 대립 혹은 갈등을 야기할 수 있다. 선거에서 지역민은 그들에게 좀 더 나은 지역발전을 실현시킬 수 있는 정당을 선택하게 되고 그 결과 지역별로 정당의 지지가 크게 다르게 나타나는 지역적 정당투표가 형성될 수 있다. 이러한 점에서 지역발전은 지역균열의 두 차원, 경제적 이익의 배분을 둘러싼 사회적 갈등과 권력의 배분을 둘러싼 정치적 갈등의 관계로 표현될 수 있는 이슈라고 할 수 있다.

민주화 이전에는 지역발전은 정부 주도의 국토개발정책의 목표 중 하나였으며, 주로 수도권 및 대도시의 인구 및 산업시설 집중을 완화하고, 농촌과 같은 낙후지역의 개발 문제가 주요 정책 사안이었다(고병호 2010, 172; 김광호 2008, 26-29). 그러나 민주화 이후 소위 지역정당제가 형성되면서 낙후된 지역으로 인식되고 있는 호남 및 충청지역의 발전을 통한 지역격차의 해소 또는 균형적 지역발전이 지역발전 정책에 중요한 과제로 대두되고 있다. 이와 더불어 지역발전의 이슈는 통상적으로 그 갈등의 단위로 인식되는 영남, 호남, 충청 등의 지역 이외에도 다양한 지리적 단위─수도권과 지방, 도시와 농촌, 도와 도, 시와 시─로 확대되고 있다. 2000년 용담댐 건설, 2003년 부안 핵 폐기장 건설, 2005년 호남고속철도 분기점 결정, 2010년 4대강정비사업 등을 둘러싸고 나타난 지역발전의 이슈는 정치적 또는 사회적으로 첨예한 대립과 갈등을 가져오기도 하였다. 이러한 갈등은 지역발전이 자기 지역만의 발전을 꾀하는 '지역이기주의'가 표출되는 이슈(김재형 1996)로 평가되거나 또는 '신 지역주의(new regionalism)'의 정책목표로서 균형발전과 집중발전 중 어느 것이 더 합리적인가라는 의문이 제기되기도 하였다(고병호 2010; 고영선 2008; 정원식 2009).

II. 기존연구의 검토와 연구가설

1. 기존연구의 검토

지역적 정당투표는 '균열을 창출하는 지리적 단위로서 지역'(Dahl 1965, 401)을 토대로 하는, 그 사회갈등을 정치적 표현으로 전환하는 지역정당(Knutsen and Scarbrough 1995, 494)을 지지하는 유권자의 투표성향을 말한다. 이는 지역을 단순한 지리적 구분이라는 의미를 넘어 각 지역민들을 정치적 차이를 갖는 집단으로 구분하는 기준으로 이해할 수 있다는 것을 의미한다(Rae and Talyor 1970, 1). 지리적 영역의 경계선 내에서는 의사소통이 이루어지는 지역민들이 존재하고, 그 경계선 밖에서는 아(我)와 구별되는 피아(彼我)집단이 존재하는 공간(김동완 2009, 253-254)으로 작용하여, 지역이 형성하는 영역적 정체성은 공간적 근접성을 바탕으로 공통의 문제해결과 지역발전을 위한 원천으로 작용한다(정원식 2009, 27). 따라서 공통적 이해관계의 발전은 지리적 공간, 즉 지역마다 유사한 정치적 태도로 이어질 가능성이 높다.

이러한 관점에서 기존연구들은 지역적 정당투표를 지리적 단위로 구분, 특히, 영남과 호남지역 유권자들의 태도와 성향에 관심을 가져왔다. 이에 대한 연구는 크게 세 가지, 지역민간 편견론, 지역발전 격차론, 정치적 동원론으로 나눌 수 있다. 먼저, '지역민간 편견론'은 '관인지배(官人支配)'의 전근대사회에서 지배세력의 정치적 차별이 사회적 차별과 결합하여 지역 특유의 공동체성을 형성하였고 그것이 지역감정으로 발전하는 사회적 조건에 주목한다. 그러나 당시 정치·사회적 차별은 중앙과 지방 사이에서 발생하였기 때문에 영·호남 지역민의 정치적 대립을 형성한 원인으로 보기도 어려울 뿐 아니라(송 복 1989), 또 현재 영남인과 호남인 간에 특별한 대립감정도 존재하고 있지 않다(최준영 2008; 나간채 1990).

이와 같은 편견론은 1980년대 이전의 지역갈등을 설명하는 지배적인 연구경향이었지만 민주화 이후 지역적 정당투표가 발현되면서 그것의 정치경제적 토대에 대한 관심으로 이어졌다. 그에 따라 대두된 '지역발전 격차론'은 정부 주도의 경제성장정책이 영·호남 지역의 격차를 양산하였고, 그것이 기득권을 방어하려는 영남지역과 소외와 낙후에 대한 불만을 갖는 호남지역 사이의 갈등을 야기하였다고 본다. 그러나 지역발전 격차론 역시 영·호남이 아니라 수도권과 그 이외의 지역 간 격차가 더 크다는 점에서 한계가 있다는 비판(이갑윤 1997, 43)과 더불어 정치경제적 차이가 지역적 결집의 원인이라면 차별과 소외의 정도와 지역적 결집의 정도가 비례관계에 있어야 하는데 그렇지 않다는 문제가 지적되고 있다(최영진 1999, 139). 이와 같이 지역민간 편견론과 지역발전 격차론 모두 인과론적 구조가 민주화 이후 정당과 선거에서 나타나는 영·호남 또는 영남, 호남, 충청 간에 나타나는 균열의 기반이라고 보기는 어렵다는 한계를 가지고 있다.

3김씨와 같은 대중적인 지도자의 선거 전략으로서의 정치적 동원을 지역적 정당투표가 나타나게 된 요인으로 설명하는 '정치적 동원론'은 지역민간 편견론이나 지역발전 격차론에 비해 현재의 정당균열 구조에 좀 더 부합한다는 장점이 있다. 1990년대 후반 이후의 연구들은 정치적 동원에 많은 관심을 가져왔으며 정당간의 이념적 지평이 협소한 상태에서의 정치적 동원의 결과가 영·호남 지역 간에서 나타나는 지역적 정당투표의 원인이라는 데 동의하고 있다. 그중 박상훈(2009, 48)은 국가개발과 통치전략을 추진하는 과정에서 지배세력이 구사하였던 정치적 동원은 지역적으로 분획된 것이었으며, 주요 기점으로 1960년 박정희 후보의 정치적 동원과 1971년 박정희·김대중 후보가 대결한 두 선거를 지적한다. 이러한 정치적인 동원론은 학계에서뿐만 아니라 일반 국민에게 있어서도 꽤 많이 받아들여지고 있다. 본 연구에서 사용하는 전국표본면접설문조사 자료에서 지역주의의 원인으로 43.0%의 응답자가 '정치지도자의 지역주의 이용'이라고 답하였으며, 26.8%가 '지역민 간의 고정관념과 편견,' 23.8%가 '지역 간 사회경제적 발전의 격차'라고 답하였다. 그러나 현재 3김씨가 정계를 은퇴하고 정당 간의 이념적 갈등이 외교안보, 사회경제분야 등에서 첨예하게 대립되는 상황에서도 지역적 정당지지가 여전히 강하게 나타나고 있다는 사실은 대중적 지도자의 선거 전략이나 정당 이념 지평의 협소성과 같은 정치적인 요인만으로 과연 지역적 정당투표를 충분히 설명하는 것이 가능할 것인가라는 의문을 제기하지 않을 수 없다.

격차론, 편견론, 동원론 등의 지역적 정당투표의 기원을 설명하는 세 가지 이론 외에도 다양한 측면에서 지역적 정당투표에 대한 연구가 진행되어 왔다. 하나는 계급론 또는 구조주의적 입장에서 지역주의의 물질적 토대를 자본주의적 발전의 결과로 해석하는 연구들이고(손호철 1993; 최장집 1996; 황태연 1996), 두 번째는 합리적인 투표결정이라는 관점에서 지역적 정당투표에 대한 평가에 관한 연구들이다(조기숙 1996; 강원택 2000; 최영진 2001). 마지막으로 가장 최근에 진행되고 있는 연구는 지역적 정당투표의 변화와 다른 투표결정 요인과의 관계를 검토하고 있다. 특히 2000년대 들어 세대와 이념투표 성향이 등장 한 이후 지역적 정당투표의 강도는 어떻게 변화했으며, 또 이들과 지역적 정당투표가 어떤 관계를 갖는가 하는 주제들이 연구되고 있다(최준영·조진만 2005; 강원택 2003; 김주찬·윤성이 2003; 정진민·황아란 1999).

지역적 정당투표의 기원과 성격에 관한 기존연구들의 가장 큰 약점은 아마 객관적이고 경험적인 자료로 그들의 주장들이 잘 검증되고 있지 않다는 것이다. 물론 그 원인은 다양한 이론들이 경험적으로 맞지 않아서가 아니라 이들을 검증할 수 있는 종합적이고 체계적인 자료가 부족하다는 것에 있다. 이러한 경험적 자료의 부족은 지역적 정당투표와 균열의 인과관계에 대한 설명에 제약요소로도 작용한다. 지역적 정당투표 패턴의 존재가 그러한 균열이 있다는 것을 전제로 하는 것은 아니며, 그것의 물질적 토대가 무엇인가라는 문제에 대해서 명확한 답을 하기 어렵기 때문이다. 립셋과 로칸(Lipset and Rokkan)은 '사회적 동원'의 결과가 '정치적 분리(political division)'로 구체화되었을 때 균열이 형성되는 것으로, 사회갈등이 자동적으로 정치적 반대를 형성하지 않으며, 정당에 의해 응결(constellations)될 때 사회갈등은 균열로 발전한다고 주장한다(Lipset and Rokkan 1967, 13; 26). 사회갈등의 존재 그 자체로는 균열로 볼 수 없다는 것이며, 균열이 존재한다고 하였을 때에는 정당과 사회갈등 사이에 구체적인 내용을 담보하여야 한다는 의미이다. 사회갈등이 하나의 균열로 작용하는 것으로 규정하기 위해서는 정당이 특정 집단의 초보적이고 근본적인 믿음, 가치, 경험들을 응집적이고 조직화된 정치적 표현으로 전환시키는 정치적 상황이 전제되어야 한다(Knutsen and Scarbrough 1995, 494). 이는 지역적 정당투표의 물질적 토대에 대한 이해와 함께 지역갈등의 특성에 대한 경험적 자료를 필요로 한다는 사실을 말한다.

본 연구는 이러한 문제의식으로 2010년 지역갈등에 대한 한국인의 태도를 표적집단토론조사 방법과 전국표본면접설문조사 방법으로 축적한 경험적 자료를 통해 지역적 정당투표의 원인의 하나로 지적되고 있는 지역발전과 지역적 정당투표의 관계를 검증하고자 한다. 구체적으로 탐색적인 표적집단토론조사 자료로부터 지역발전과 지역적 정당투표의 관계를 보여주는 가설들을 도출한 다음, 전국표본면접설문조사 자료로 그 가설들을 검증할 것이다.

본 연구에서 사용하는 조사자료의 특성은 〈표 1〉과 같다. 먼저, 표적집단토론조사(Focus Group Discussion)는 각 8명으로 구성된 10개의 집단이 한국의 지역갈등에 미치는 정치, 사회, 경제, 문화적 요인에 대해 자유로이 토론할 수 있도록 설계되었다. 구성원은 사전조사에서 지역갈등의 태도가 비교적 강한 응답자들로 선출하였으며[1] 거주지를 기준으로 각 지역 출신자들로 구성하였고, 학력은 고졸, 대학재학, 대졸이며, 연령별로 다양한 지역

<표 1> 조사자료의 특성

	거주지	출신지	성별(인원수)
표적집단 토론조사	수도권 (서울·경기)	수도권	남(8)
		호남	남(8)
		충청	남(8)
		영남	남(8)
	부산	부산·울산·경남	남(8)
	대구	대구·경북	남(8)·여(8)
	광주	광주·전남·전북	남(8)·여(8)
	대전	대전·충남·충북	남(8)
전국표본 면접설문조사	모집단	표본크기	표본오차
	전국 19세 이상 남녀	1,217명	±2.8% (p=0.95)

발전에 대한 태도를 확인하기 위하여 20대, 30대, 40대, 50대에서 각각 2명
씩, 직업별로는 사무직 근로자, 생산·기능직 근로자, 판매·영업직 근로자,
자영업자, 학생을 포함하였다. 수도권(서울·경기)의 경우에는 출신지별로
4개의 집단을 구성하여 다양한 출신지 사람들이 생활하는 지역과의 타 지역
민들의 의견과 비교할 수 있도록 설계하였다. 원칙적으로 지역발전에 대한
다양한 태도와 그 양상을 확인하기 위하여 특정 집단이 한 집단 내에 3명을
초과할 수 없도록 하였으며, 원활한 대화 진행을 위해 남성·여성을 별도로
구성하였다. 반면 전국표본면접설문조사는 성별, 연령별, 지역별 비례할당

---

1) 표적집단토론조사 대상자는 다음과 같은 3개의 사전질문 중 2개의 이상 문항에 대해
공감하는 응답자를 선정하였다. 사전질문은 다음과 같다. 〈사전질문 1〉 선생님께서는
우리 지역(광역 시·도)의 발전을 위해 '지역 출신 대통령이 당선되거나 지역 대표 정당
이 있어야 한다'는 견해에 대해 어떻게 생각하십니까? 〈사전질문 2〉 선생님께서는 '출
신지역에 따라 성격이나 기질에 차이가 있다'는 주장에 대해 어떻게 생각하십니까?
〈사전질문 3〉 선생님께서는 보통 (본인의 출신지를 제시) 사람과 다른 지역 사람을
구분할 때, 가장 중요한 기준이 무엇이라고 생각하십니까?

후 무작위추출을 통해 선정한 만 19세 이상의 전국 성인남녀를 대상으로 한국인의 지역갈등에 대한 정향과 태도를 직접 면접을 통하여 조사하였다.

2. 표적집단토론조사 자료를 바탕으로 한 연구가설 설정

표적집단토론조사에서 가장 놀라운 발견은 지역갈등의 원인으로서 토론자들이 지역민 간의 고정관념이나 정치지도자에 대한 평가보다도 지역발전에 대해 더 높은 관심을 보여주었다는 사실이다. 또 토론자들의 지역발전에 대한 태도도 그동안 지역적 정당투표의 원인으로 지적된 지역발전 격차론과 많은 차이가 있었다. 먼저 모든 집단의 토론에서 참여자 대부분이 자신의 지역발전을 강하게 열망하고 있었으며, 이는 거주지와 출신지의 사회경제적 발전의 정도와는 관계가 없었다. 가장 발달한 지역인 서울·경기지역에 거주하는 사람들조차도 자기 지역의 발전에 관심이 높았으며, 그 이유는 자신이 속한 지역의 발전은 자신의 물질적·경제적 이익과 직결되어 있다고 생각하기 때문으로 추론할 수 있다. 특기할 사실은 발전한 지역으로서의 영남과 낙후된 지역으로서의 호남은 거의 거론되지 않았고, 서울·경기지역을 제외한 기타 지역에 거주하는 대부분의 사람들이 자신의 지역이 상대적으로 낙후되어 있다고 생각하고 있으며, 이는 호남지역 사람들뿐만 아니라 영남지역 사람들도 같은 견해를 가졌다는 점이다(〈부록 1-1〉 참조).

지금까지 기존연구에서 지역갈등의 단위로 사용되었던 정당지지는 서울·경기, 충청, 호남, 영남 등의 출신지별로 구분하여 설명되어 왔지만, 이러한 지역적 구분은 두 가지 측면에서 한국인의 지역발전에 관한 태도에 그대로 적용할 수 없다는 것을 토론과정을 통해 발견하게 되었다. 그 이유는 첫째, 지역발전의 단위로서의 지역은 토론자들에게 영남, 호남, 충청, 서울·경기지역 이외에도 수도권과 지방, 도시와 농촌, 도시와 도시, 동일 도시 내에서의 지역 등으로 다양하게 나타나고 있고, 둘째, 지역발전에 대한 선호도가 출신지의 발전보다는 거주지의 발전에서 더 높게 나타났기 때문이다. 특히

관심이 높은 이슈는 거주지의 교육, 의료, 문화시설과 같은 사회기반시설의
존재 여부와 수준이었다. 거주지의 지역발전에 대한 높은 관심은 다른 지역
에서 이주한 사람들이 많은 서울지역 거주 집단에서도 나타났다. 출신지가
서울·경기지역이 아닌 사람들도 자신의 출신지보다는 서울이나 경기지역의
발전을 강조하는 경향이 있었다. 수도권 거주자들은 수도권에 과도한 인구
와 산업의 집중을 문제로 인식하고 있음에도 불구하고, 여전히 자신이 거주
하는 수도권의 지속적 발전이 필요하다는 입장에 대체적으로 공감하는 분위
기였다(〈부록 1-2〉 참조).

지역발전에 관한 토론에서 보편적으로 나타난 한국인의 태도는 지역발전
에 관한 높은 관심 이외에도 대부분의 사람들이 지역발전을 정치와 정부에
관련짓고 있다는 것이다. 이는 이들이 선거의 결과가 지역발전의 성패를 결
정하기 때문에 지역발전을 위해서는 지역정당을 지지할 수밖에 없다고 믿을
뿐 아니라 이를 매우 당연하게 받아들이고 있음을 의미한다(〈부록 1-3〉
참조).

이러한 지역발전에 대한 기대가 지역정당에 의해 항상 충족되었던 것은
아니라고 하더라도 대부분의 사람들은 자신의 경험을 통해 검증되었다고 인
식하고 있었다. 이들의 경험은 박정희 시대의 산업화 과정에서 나타난 지역
간 불균등한 발전에 대한 평가도 있었지만, 대부분은 민주화 이후 정권의
변동이 지역발전에 미친 관계에 관한 것이었다. 특히 김영삼 정부와 김대중
정부의 특정 지역발전정책에 관한 진술들이 많았다. 이런 점에서 지역발전
의 이슈는 과거지향적인 이슈라고 하기보다는 현재진행형의 이슈라고 볼 수
있을 것이다(〈부록 1-4〉 참조).

〈가설 1〉 지역발전에 대한 태도는 출신지보다는 거주지에 의해서 결정된다.
〈가설 2〉 지역발전에 대한 선호도가 높을수록 지역정당에 대한 지지가 높을
　　　　것이다.
〈가설 3〉 지역발전이 투표결정에 미치는 영향력은 민주화 이후 증가하였을 것
　　　　이다.

지금까지의 표적집단토론조사 자료 분석을 통해 도출하고 전국표본면접 설문조사 자료로 검증할 가설은 다음과 같다. 한국인들 대부분이 자신이 거주하는 지역의 경제적 발전에 대한 관심이 많고 이러한 태도가 지역적 정당투표의 선택으로 이어진다면, 지역발전이 지역적 정당투표의 물질적 토대로 작용한다고 볼 수 있다.

이를 검증하기 위해서 우선 〈가설 1〉은 출신지와 거주지 중 어느 쪽이 지역발전에 대한 태도에 영향을 미치는지에 대해서 검증한다. 만약 거주지의 영향력이 크다면, 기존연구들이 지적한 요인들, 즉 정치적 동원론, 편견론, 격차론의 설명에 대한 보완적 설명이 가능할 것이다. 특히, 정치적 동원이나 편견의 영향을 크게 받는 개인의 출신지보다는 자신의 물질적·경제적 이익에 직접 영향을 줄 수 있는 거주지에 의해 더 큰 영향을 받는다면, 지역적 정당투표는 물질적이고 경제적 이익을 확보하려는 유권자의 선택일 가능성이 높다.

〈가설 2〉에서는 한국인들의 대부분이 지역발전에 대한 선호도가 높고 자신의 지역을 대표하는 정당들이 지역발전에 큰 영향을 미칠 것으로 기대한다면, 지역발전에 대한 선호도가 높을수록 지역정당을 더 강하게 지지할 것으로 예상할 수 있다.

마지막으로, 〈가설 3〉에서는 지역정당이 지역발전에 유의미한 영향을 미친다는 경험적 기반이 1987년 민주화 이후 나타난 정권의 변동을 통해 형성되거나 강화되었다면, 1987년 이후의 대선과 총선에서 지역정당 지지에 미치는 지역발전 변수의 영향력은 더 증가되었을 것으로 예측할 수 있다. 대체적으로 유권자의 투표결정은 대선에서는 출신지의 영향을, 총선에서는 이념적 성향이 영향을 미치는 것으로 알려져 있지만, 지역적 정당투표의 물질적 토대가 지역발전이라면, 대선과 총선에서 지역발전에 대한 태도의 영향력이 점차적으로 증가하였을 것으로 기대할 수 있다.

III. 전국표본면접설문조사 자료를 통한 가설검증

전국표본면접설문조사 자료에서 지역발전에 대한 태도를 직접적으로 측정할 수 있는 설문은 '서울·경기·충청·호남·영남 등의 주요 지역 간 격차가 얼마나 큰가, 또 이러한 지역격차가 앞으로 어떻게 변화할 것인가, 그리고 지역발전을 위해 얼마만큼 지역정당 혹은 정치인이 필요한가'라는 세 가지 설문이었다.[2) 전체적으로 한국인은 지역격차가 매우 큰 것으로 인식하지만 앞으로 개선될 것이라는 낙관론이 지배적이었다. 응답자 중 78.5%가 현재의 주요 지역 간 경제적 격차가 매우 크거나 큰 편이라고 인식하고 있지만, 67.3%가 지역 간 경제적 격차가 앞으로 줄어들 것이라고 인식하고 있고, 지역발전을 위해 지역정당 혹은 정치인이 필요하다는 설문에는 57.7%가 매우 공감하거나 공감하는 편이라고 응답하였다. 이는 표적집단토론에서 나타난 지역발전에 대한 높은 관심도가 전국표본면접설문조사에도 그대로 나타난다는 것을 보여준다.

지역발전에 대한 태도가 개인의 출신지역보다는 거주지역에 따라 달라진다는 〈가설 1〉을 검증하는 방법은 여러 가지가 있을 수 있으나, 가장 간단한 방법은 지역발전에 대한 태도에 출신지별 분산분석과 거주지별 분산분석을 비교하는 것이다.[3) 〈표 2〉에 나타나는 것처럼 '지역 간 경제격차의 크기, 지역경제격차의 전망, 지역정당의 필요성'의 세 가지 태도별 분산분석에서 모두 거주지 간 평균 차가 출신지 간 평균차이보다 더 크게 나타나고 F값은 두 배에 가깝다. 이러한 통계치는 한국인의 지역발전에 대한 태도는

---

2) 모든 문항은 4점 척도로 측정되었다. 분석에 활용된 모든 문항은 〈부록 2〉에 게재하였다.

3) 성, 연령, 학력, 소득, 도시화 등의 인구사회적변수와 지역변수의 상관관계가 극히 낮기 때문에 이 변수들을 포함하여 다중회귀분석을 실행할 필요는 없었다. 또한 거주지 변수와 출신지 변수와의 높은 공분산성으로 이해 이들을 한 회귀식에 포함시킬 수 없기 때문이다.

〈표 2〉 지역발전에 대한 지역별 태도(분산분석)

		지역경제격차 평가		지역경제격차 전망		지역정당 필요성	
		출신지	거주지	출신지	거주지	출신지	거주지
서울·경기	평균	2.19	2.18	2.19	2.20	2.63	2.64
	N	347	601	347	601	347	601
	SD	0.66	0.66	0.62	0.65	0.74	0.78
충청	평균	2.06	1.98	2.33	2.38	2.60	2.58
	N	171	119	171	119	171	119
	SD	0.64	0.62	0.72	0.72	0.88	0.88
호남	평균	1.80	1.63	2.58	2.86	2.35	2.20
	N	230	123	230	123	230	123
	SD	0.64	0.56	0.88	0.93	0.90	0.88
영남	평균	2.14	2.09	2.44	2.50	2.30	2.22
	N	374	324	374	324	374	324
	SD	0.59	0.57	0.75	0.76	0.73	0.71
기타	평균	2.03	1.90	2.47	2.56	2.49	2.18
	N	95	50	95	50	95	50
	SD	0.59	0.58	0.82	0.91	0.87	0.85
합계	평균	2.07	2.07	2.38	2.38	2.46	2.46
	N	1217	1217	1217	1217	1217	1217
	SD	0.64	0.64	0.76	0.76	0.81	0.81
F값		10.029	21.811	14.569	22.382	11.146	25.508
p(유의확률)		0.000	0.000	0.000	0.000	0.000	0.000

개인의 출신지보다 거주지에 의해서 더 크게 결정된다는 사실을 의미한다고 볼 수 있다.

　지역발전에 대한 태도가 출신지보다 거주지에 의해 결정되는 이유는 서

울·경기지역의 타 지역 출신인들의 태도 때문이다. 한국인의 지역 간 이주
경향을 보면, 기본적으로 기타지역으로부터 서울·경기와 같은 수도권으로
의 이주가 절대적인 비중을 차지하고 있다는 사실이다. 영남, 호남, 충청
출신인 중에서 출신지역에 살지 않는 사람 중 85%가 서울·경기지역에 거
주하고 있으며, 그 외의 지역에 거주하고 있는 사람은 15%에 불과하다. 그
결과, 〈표 3〉에서 보는 것처럼 서울·경기지역으로 이주한 타 지역 출신인
들의 지역발전에 대한 태도는 출신지역 거주자들의 태도보다는 이주지역(서
울·경기) 거주자들의 태도와 더 가까운 것으로 나타났다. 서울·경기지역에
거주자 중 타 지역 출신자들의 비율은 46.3%에 이르지만 충청지역, 호남지

〈표 3〉 지역발전에 미치는 인구사회학적 변수의 영향력(회귀분석)

	지역경제격차 평가	지역경제격차 전망	지역정당 필요성
상수	2.636***	2.179***	2.493***
성별	0.058	-0.041	-0.154**
연령	-0.001	-0.003	-0.002
학력	-0.105**	0.068	0.130**
소득	-0.008	-0.041*	0.029
도시화	-0.133***	0.116***	0.007
출신거주일치_충청	-0.147*	0.052	0.011
출신거주일치_호남	-0.509***	0.616***	-0.378***
출신거주일치_영남	-0.103*	0.275***	-0.366***
출신거주불일치_충청	-0.108	0.204*	0.059
출신거주불일치_호남	-0.262***	0.101	-0.106
출신거주불일치_영남	0.073	0.128	-0.053
Adj R²	0.091	0.084	0.080

- 지역 기준(모조변수) = 서울경기
- ***(p≤0.000), **(p≤0.001), *(p≤0.05)

역, 영남지역 거주자 중 타 지역 출신자들의 비율은 각각 20.2%, 5.7%, 8.3%에 불과하다. 특히 영·호남 출신 및 거주자들은 서울·경기지역 출신 및 거주자와 매우 크고 유의한 차이를 보이고 있지만, 영·호남지역 출신─서울·경기지역 거주자의 경우에 있어서는 서울·경기지역 출신 및 거주자들과 유의한 차이를 보이지 않거나 매우 작은 차이만을 보여주고 있다. 이는 지역발전에 있어서는 비서울·경기지역 출신─서울·경기지역 이주자의 태도는 이주 후 서울·경기지역 출신 및 거주자의 태도로 변화된다는 것이며 이는 거주지역의 변동에 따른 경제적 혹은 물질적 이익의 변화가 영향을 준 결과라고 할 수 있을 것이다.

　지역경제격차에 대한 평가와 전망, 지역정당의 필요성 등 지역발전에 대한 태도의 거주지별 차이를 살펴보면, 〈표 3-1〉과 같이 지역경제격차 평가에 있어서는 호남 지역민이 서울·경기 지역민에 비해 경제적 격차가 크다고 느끼고 있으나 기타 지역민들은 서울·경기 지역민들과 유의한 차이를 보이지 않고 있다. 반면 〈표 3-2〉와 같이 지역 격차의 전망에 있어서는 서울·경기 지역민과 충청 지역민들이 낙관적인데 비해 호남 지역민들이 가장 비관적이며, 영남 지역민도 비관적인 태도를 보여주고 있다. 마지막으로 〈표 3-3〉에서 보는 것처럼, 지역정당의 필요성에 대해서는 서울·경기 지역민과 충청 지역민들 보다 영남 지역민과 호남 지역민들이 훨씬 더 강한 필요성을 인식하고 있다. 이는 지역발전에 대한 태도가 결코 영남 대 호남으로 구별되지 않는다는 것을 보여준다고 하겠다. 또한, 태도 간 상관관계에 있어서는 경제적 격차의 평가와 전망은 긍정적 관계($r=.311$, $p<.000$)를 보여주고 있으나, 이 둘의 태도와 지역정당 필요성에 대한 태도는 유의한 상관관계를 보여주고 있지 못하다. 다시 말해서 현재의 지역경제격차가 크다고 인식할수록 그 격차가 앞으로 커질 것이라는 전망을 하고 있지만 경제격차의 평가가 크거나 앞으로 커질 것이라고 해서 지역정당이 더 필요하다고 인식하고 있지는 않다는 것이다. 이는 지역격차의 평가와 전망과는 독립적으로 지역정당의 필요성을 인식하고 있다는 사실을 보여준다.

　지역발전에 대한 기대나 요구가 지역정당에 대한 지지를 가져온다는 〈가

〈표 3-1〉 거주지별 지역경제격차 평가

	매우 크다	큰 편이다	적은 편이다	거의 없다	전체	N	χ^2
서울·경기	12.15%	59.40%	26.46%	2.00%	100%	601	
충청	18.49%	66.39%	13.45%	1.68%	100%	119	
호남	41.46%	54.47%	4.07%	0.00%	100%	123	p<0.000
영남	11.11%	69.75%	18.21%	0.93%	100%	324	
기타	22.00%	66.00%	12.00%	0.00%	100%	50	
전체	15.86%	62.61%	20.13%	1.40%	100%	1,217	

〈표 3-2〉 지역경제격차 전망

	많이 줄어들 것이다	어느 정도 줄어들 것이다	약간 늘어날 것이다	많이 늘어날 것이다	전체	N	χ^2
서울·경기	6.82%	72.21%	14.98%	5.99%	100%	601	
충청	4.20%	63.87%	21.85%	10.08%	100%	119	
호남	4.07%	38.21%	25.20%	32.52%	100%	123	p<0.000
영남	4.63%	52.16%	31.48%	11.73%	100%	324	
기타	12.00%	36.00%	36.00%	16.00%	100%	50	
전체	5.92%	61.13%	21.94%	11.01%	100%	1,217	

〈표 3-3〉 지역정당 필요성

	매우 공감한다	공감하는 편이다	공감하지 않는 편이다	전혀 공감하지 않는다	전체	N	χ^2
서울·경기	3.49%	44.09%	36.94%	15.47%	100%	601	
충청	7.56%	45.38%	28.57%	18.49%	100%	119	
호남	22.76%	43.09%	26.02%	8.13%	100%	123	p<0.000
영남	10.80%	62.35%	21.30%	5.56%	100%	324	
기타	20.00%	50.00%	22.00%	8.00%	100%	50	
전체	8.46%	49.22%	30.24%	12.08%	100%	1,217	

설 2)를 검증하기 위해서 다음 두 가지 중 한 가지 변수의 영향력을 검증할
수 있다. 그중 하나는 정당지지에 미치는 다른 변수들의 영향력을 통제한
이후 개인의 지역발전에 대한 선호가 정당지지에 미치는 영향력이고, 다른
하나는 지역정당이 지역발전을 가져올 수 있다는 기대가 정당지지에 미치는
영향력이다. 전국표본면접설문조사에는 개인이 얼마만큼 지역발전을 선호
하는가하는 설문은 포함되지 않았기 때문에 이 논문에서는 지역정당이 지역
발전에 얼마만큼 필요한가 하는 태도가 지역정당의 호감도에 미치는 영향력
을 검증하였다. 회귀식에 정당호감도에 영향을 미치는 독립변수로 지역변수

〈표 4〉 정당지지에 미치는 인구사회학적 변수의 영향력(회귀분석)

	한나라당	민주당	자유선진당
(상수)	3.638***	2.947***	2.997***
성별	-0.017	-0.019	-0.046
연령	-0.010***	-0.001	0.000
학력	-0.050	-0.045	-0.038
소득	0.009	-0.013	0.023*
도시화	0.007	-0.027	-0.027
이념성향	-0.057***	0.032**	0.009
충청	0.485**	-0.338*	-0.652***
호남	0.178	-0.528***	-0.013
영남	-0.437***	0.013	-0.030
호감도_충청	-0.021	0.017	-0.007
호감도_호남	0.061***	-0.080***	0.010
호감도_영남	-0.059***	0.040***	-0.003
충청x지역정당필요	-0.090	0.095	0.184***
호남x지역정당필요	0.054	0.166**	0.050
영남x지역정당필요	0.146**	-0.008	0.024
Adj R^2	0.200***	0.117***	0.029***

- 지역 기준(모조변수) = 서울경기
- ***(p≤0.000), **(p≤0.001), *(p≤0.05)

외에 '성별, 연령, 학력, 소득, 도시화정도, 이념'을 포함하였고, 지역변수로
는 거주지역, 지역민 호감도와 각 지역별로 갖는 지역정당의 필요성 변수가
포함되었다.

〈표 4〉에서 볼 수 있는 것처럼, 한나라당 호감도에는 연령, 이념성향, 충
청, 영남, 호남인 호감도, 영남인 호감도, 영남인의 정치인 필요가 기대했던
방향으로 유의한 영향을 미쳤다. 민주당 호감도에는 이념성향, 충청, 호남,
호남인 호감도, 호남인의 정치인 필요가 기대했던 방향으로 유의미한 영향
을 미쳤으며, 자유선진당의 호감도에는 충청, 충청인의 정치인 필요가 기대
했던 방향으로·유의미한 영향을 미쳤다. 이 결과는 정치적 동원이나 지역민
간의 고정관념이나 편견의 효과를 나타낼 수 있는 지역 변수와 지역민 호감
도의 영향력을 통제한 후에도 지역발전을 위한 지역정당 및 정치인 필요성
에 대한 인식이 지역정당 호감도에 유의한 영향을 미치고 있다는 것을 보여
주는 것이다. 다시 말해, 동일한 거주지역에 거주하고 영·호남 지역민에 대
한 호감도가 비슷한 지역민이라고 하더라도 지역발전을 위해 지역정당 및
정치인이 필요하다고 크게 느낄수록 자기 지역을 대표하는 정당에 대한 호
감도가 높게 나타난다는 것이다.

정당 호감도에 있어 지역정당의 필요성이 미치는 영향은 지역 변수 또는
지역민 호감도 변수와는 달리 부정적인 영향을 끼치고 있지는 않다. 예를
들어, 한나라당을 지지하는 데 있어, 영남과 호남, 영남인 호감도와 호남인
호감도가 모두 영향을 미치지만 지역정당의 필요의 경우에는 영남인의 지역
정당 필요성만 유의한 영향을 미치고 있다. 이는 영남인의 지역정당 필요성
이 한나라당 호감도에 긍정적인 영향을 미치지만 호남인의 지역정당 필요성
은 부정적 영향을 미치지 않고 있다는 사실을 말한다. 이러한 사실은 지역
발전을 위한 정당의 필요성에 대한 인식이 지역민에 대한 호감도와는 달리
대립적이거나 갈등적인 요소를 포함하고 있지 않다는 것을 의미한다.

지역발전에 대한 태도가 민주화 이후 투표 결정에 미치는 영향력이 커지
고 있다는 〈가설 3〉을 직접적으로 검증할 수 있는 방법은 없다. 왜냐하면
투표결정에 미치는 지역발전에 관한 태도의 영향력을 시계열적으로 검증해

야 하는데 과거의 지역발전에 대한 태도에 관한 조사 자료가 없기 때문이다. 따라서 이 연구에서는 민주화 이후 지역발전에 대한 태도의 영향력의 크기가 어떻게 변화했는가를 대선·총선에서의 투표결정에 미치는 거주지의 영향력과 출신지의 영향력을 비교함으로써 추론하고자 한다. 이러한 추론이 가능한 근거는 다음과 같은 전국표본면접설문조사에서 나타난 역대 대통령에 대한 호감도와 지역민 호감도 분석결과 때문이다.

지역발전의 이슈가 거주지로서의 지역의 갈등이라고 한다면 정치 지도자

〈표 5〉 지역별 대통령 호감도 및 지역민 호감도(분산분석)

		박정희		전두환		김대중		충청인 호감도		호남인 호감도		영남인 호감도	
		출신지	거주지	출신지	거주지	출신지	거주지	출신지	거주지	출신지	거주지	출신지	거주지
서울·경기	평균	6.54	6.68	3.54	3.66	5.16	5.36	6.53	6.52	5.46	5.69	5.98	5.94
	N	347	601	347	601	347	601	347	601	347	601	347	601
	SD	2.29	2.25	2.34	2.32	2.08	2.10	1.56	1.70	1.94	1.96	1.71	1.81
충청	평균	7.49	7.05	3.89	3.48	5.26	5.27	7.35	7.10	5.09	4.92	5.54	5.23
	N	171	119	171	119	171	119	171	119	171	119	170	118
	SD	1.93	2.20	2.35	2.31	2.18	2.38	1.66	1.73	1.98	2.06	1.87	1.89
호남	평균	5.85	5.75	2.71	2.38	7.05	7.44	5.90	5.85	7.34	7.67	5.07	4.81
	N	230	123	230	123	230	123	230	123	230	123	230	123
	SD	2.32	2.35	2.17	2.11	1.95	1.68	1.72	1.61	1.75	1.69	2.00	2.03
영남	평균	7.21	7.35	4.34	4.43	4.59	4.56	5.82	5.79	5.09	5.08	6.80	6.83
	N	374	324	374	324	374	324	374	324	374	324	374	324
	SD	2.31	2.28	2.44	2.53	1.93	2.01	1.62	1.61	1.91	1.90	1.67	1.56
기타	평균	7.37	7.02	4.18	3.92	4.96	5.10	6.35	6.04	5.23	5.16	5.83	5.74
	N	95	50	95	50	95	50	95	50	95	50	95	50
	SD	2.24	2.68	2.45	2.24	2.17	2.03	1.68	1.50	1.80	2.00	1.64	1.61
합계	평균	6.82	6.82	3.73	3.73	5.34	5.34	6.29	6.29	5.63	5.63	5.99	5.99
	N	1217	1217	1217	1217	1217	1217	1217	1217	1217	1217	1216	1216
	SD	2.32	2.32	2.42	2.42	2.21	2.21	1.71	1.71	2.07	2.07	1.88	1.88
F값		19.915	12.045	18.865	17.731	55.257	43.354	30.910	19.770	60.162	45.704	37.762	37.668
p(유의도)		0.000	0.000	0.000	0.000	0.000	0.000	0.000	0.000	0.000	0.000	0.000	0.000

에 대한 호감도와 특정 지역민에 대한 호감도는 〈표 5〉에서 볼 수 있는
것처럼 출신지로서의 지역의 갈등이라고 할 수 있다. 지역갈등에 가장 큰
영향을 미쳤다고 하는 박정희(20.3%),⁴⁾ 전두환(33.0%), 김대중(28.0%)의
세 전직 대통령에 대한 호감도와 충청, 호남, 영남인들에 대한 호감도의 분
산분석에 있어서 거주지역별 집단 간보다는 출신지역별 집단 간 평균차이가
더 크고, 그 결과 F값도 더 크게 나타난다. 이는 지도자에 대한 호감도와
지역민에 대한 호감도는 개인의 출신지가 거주지보다 더 큰 영향을 미친다
는 것을 보여준다. 따라서 민주화 이후 지난 선거에 있어서 한국인의 투표
결정에 거주지와 출신지 중 어느 변수가 더 큰 영향을 미치고 있는가 또는
두 변수들의 영향력이 어떻게 변화해 왔는가를 비교함으로써 간접적으로 선
거에 있어 지역발전에 관한 이슈의 영향력의 변화를 검토할 수 있을 것이다.
여기서는 '한국사회과학데이터센터 선거여론조사 자료'를 이용하여, 거주지
모형과 출신지 모형의 설명력을 비교해 보고자 한다.

〈표 6〉 출신지 투표모형과 거주지 투표 결정모형(총선: 로짓분석)⁵⁾

	14대 총선(1992)		15대 총선(1996)		16대 총선(2000)		18대 총선(2008)	
	출신지	거주지	출신지	거주지	출신지	거주지	출신지	거주지
충청	-0.276	-0.016	-0.749**	-0.615*	-0.936***	-1.971***	-1.066***	-0.937**
호남	-1.404***	-0.955**	-1.717***	-2.403***	-2.337***	-4.577***	-2.025***	-3.363***
영남	0.455*	0.685***	0.010	0.045	1.326***	1.578***	0.361	0.632**
Cox&Snell R²	0.127***	0.101***	0.135***	0.138***	0.281***	0.303***	0.168***	0.166***

- 종속변수: 한나라당(민자당, 신한국당) 지역구 지지
- 통제변수: 성별, 연령, 학력, 소득, 도시화
- 지역 기준(모조변수) = 서울경기
- ***(p≤0.000), **(p≤0.001), *(p≤0.05)

---

4) 괄호 안의 수치는 전국표본면접설문조사에서 "선생님께서는 다음 대통령 가운데 우리
나라 지역갈등이 심화되는 데에 가장 큰 영향을 끼친 사람이 누구라고 생각하십니까?"
라고 질문한 설문에 응답한 비율임.
5) 17대 총선 선거 자료는 출신지를 묻는 설문 문항이 없어서 제외되었다.

〈표 7〉 출신지 투표모형과 거주지 투표모형(대선: 로짓분석)

	14대 대선(1992)		15대 대선(1997)		16대 대선(2002)		17대 대선(2007)	
	출신지	거주지	출신지	거주지	출신지	거주지	출신지	거주지
충청	0.036	0.299	-0.412*	-0.571*	-0.168	-0.182	-0.182	-0.229
호남	-2.908***	-3.613***	-3.732***	-3.202***	-2.479***	-4.358***	-1.581***	-1.919***
영남	0.996***	1.290***	0.680***	1.065***	0.707***	1.082***	0.530**	0.720***
Cox&Snell R²	0.293***	0.270***	0.250***	0.177***	0.186***	0.182***	0.142***	0.139***

- 종속변수: 한나라당(민자당, 신한국당) 지역구 지지
- 통제변수: 성별, 연령, 학력, 소득, 도시화
- 지역 기준(모조변수) = 서울경기
- ***(p≤0.000), **(p≤0.001), *(p≤0.05)

〈표 6〉과 〈표 7〉이 보여주는 것처럼[6] 한나라당(민자당, 신한국당) 투표의 로짓분석결과 민주화 초기에는 출신지 모형의 설명력이 거주지 모형의 설명력보다 더 컸으나, 대통령선거에 있어서는 16대 대선(2002년)부터, 국회의원선거에서는 15대 총선(1996년)부터 그 차이가 사실상 없어져서 거의 대등한 설명력을 보여주고 있다. 대선보다 총선에서 거주지 모형의 설명력이 조금 더 높으며, 16대 총선(2000년)에서는 출신지 모형보다 더 높은 설명력을 보여주었다. 이는 지역발전에 대한 개인의 태도가 투표결정에 미치는 상대적인 영향력이 지역민간 고정관념이나 편견 또는 지도자의 정치적인 동원보다 민주화 이후 더 커졌다는 것을 보여주는 간접적인 증거라고 볼 수 있으며, 이를 기반으로 최근의 선거에서는 지역발전의 이슈가 지역을 둘러싼 다른 사회적 또는 정치적 이슈와 비슷한 크기의 영향력을 가진다고

---

6) 〈표 6〉과 〈표 7〉에는 정치적 태도나 정치적 정향변수를 통제하지 않았는데, 그 이유는 이 투표모형이 출신지와 거주지의 영향력을 분석하려는 것이기 때문이다. 이 투표모형 분석에서 가장 큰 영향을 미치는 변수는 인구사회학적 변수로, 다른 인구사회학적 변수만을 통제할 경우 출신지와 거주지의 영향력이 분명하게 나타났다. 따라서 이 투표모형에는 성별, 연령, 학력, 소득, 도시화 등 5개의 인구사회학적 변수만을 통제하였다.

해석할 수 있을 것이다.

Ⅳ. 결론 및 제언

  지금까지 표적집단토론조사 자료의 검토를 통해 세 가지 가설을 도출하고 그 가설들을 전국표본면접설문조사 자료로 검증한 결과 세 가설 모두 사실로 검증되었다. 한국인의 지역발전에 대한 태도는 자신의 출신지보다는 거주지의 지역발전에 기반을 둔 것이고, 이러한 거주지의 지역발전에 대한 선호도가 지역적 정당투표에 영향을 미치고 있으며, 지역발전의 이슈는 민주화 이후 선거에서 정당과 후보자 지지에 미치는 영향력이 증가하고 있다는 사실을 발견할 수 있었다. 이와 같은 분석의 의의는 지금까지 경험적인 증거가 부족했던 지역적 정당투표의 물질적 또는 경제적 요인의 증거를 제시하였으며, 이를 통해 한국인의 지역적 정당투표에는 합리적인 요인이 존재하고 있다는 사실을 확인하였다는 점이다. 특히, 이 연구의 주요한 성과는 지역발전을 위한 지역적 정당투표는 거주지 중심으로 이루어질 뿐 아니라 민주화 이후 정권의 변동과 깊은 관계를 갖는 것으로, 지역적 정당투표를 과거지향적인 투표행태라고 하기보다는 현재 또는 미래지향적인 투표행태로 해석할 수 있다는 분석적 함의이다.

  지역발전의 이슈가 지역적 정당투표의 원인이 된다고 해서 곧 한국정당제의 지역균열이 지역발전을 둘러싸고 나타난 사회적 또는 경제적 균열이 정치적 균열로 전이된 결과라고 보기는 어렵다. 그 이유는 먼저, 지역발전의 이슈만이 지역적 정당투표의 유일한 원인이 아닐 뿐 아니라 그 영향력도 최근에 증가하고 있는 것은 사실이지만 가장 크다고 판단할 수 있는 증거는 없기 때문이다. 좀 더 논쟁적인 문제는 현재로서는 지역발전이 지역적 정당투표를 지속시키는 요인으로 볼 수 있지만 지역적 정당투표를 등장시켰다고 볼 수 있는 중거는 없기 때문이라는 사실이다. 특히 표적집단토론조사의 많은 참여자에 있어 지역정당이 지역의 발전을 가져올 것이라는 기대는 민주화 이후 형성되거나 강화된 것이다. 따라서 이들이 지역정당이 반드시 지역발전을 가지고 오기 때문에 정체성을 느끼는 것이 아니라 그들이 이미 정체성을 느끼고 있는 지역정당이 지역발전을 가져올 수 있다고 기대한다는 것이다.

또한 지역균열과 지역발전의 관계를 생각하면 현재 정치적 지역균열의 축인 영남, 호남, 충청 등은 유일한 지역발전의 단위가 아닐 뿐 아니라 그 균열의 크기도 가장 크다고 할 수 없다는 사실을 간과할 수 없다. 전국표본 면접설문조사에서 조사된 영남과 호남간의 지역갈등의 크기는 전체 7가지 사회갈등[7](기성세대와 젊은 세대, 기업가와 노동자, 부유층과 서민층, 영남과 호남, 수도권과 지방, 남성과 여성, 진보와 보수) 중에 6위를 차지하고 있었다. 놀라운 점은 현재의 정치적 균열 구조인 영·호남 지역 사이의 갈등보다는 좀 더 지역발전이 중심이 되는 수도권과 지방간 갈등이 더 크다고 인식하고 있다는 것이다. 뿐만 아니라 현재 도시·농촌 간 나타나는 잠재적인 지역갈등도 중요한 이슈로 등장할 가능성이 있다. 농촌 사람들은 도시 사람들에 비해 일반적으로 지역발전에 대한 정당의 필요성을 더 크게 느끼고 있으며, 지역격차도 더 크다고 느끼며 또 앞으로도 지역격차가 더 커질 것이라는 비관적인 전망을 하고 있었다.

지역발전과 지역적 정당투표와의 관계를 분석한 본 연구의 한계와 그에 따른 연구과제를 다음과 같이 제안할 수 있다. 첫째, 본 연구에서 밝히지 못한 것 중의 하나는 지역적 정당투표의 세 가지 기원론-편견론, 격차론, 동원론-등이 지역적 정당투표에 미치는 영향력을 통합적으로 검증하지 못하였다는 점이다. 특히 정치인의 선거 전략으로서 동원론을 어떻게 조작화

---

7) 설문문항은 다음과 같다. '다음 두 집단 사이에 갈등이 얼마나 크다고 생각하십니까?' 응답결과: 부유층과 서민층(3.44), 기업가와 노동자(3.12), 진보와 보수(2.90), 수도권과 지방(2.89), 기성세대와 젊은세대(2.80), 영남과 호남(2.71), 남성과 여성(2.29).

하여 측정할 수 있는가 하는 것은 앞으로의 지역적 정당투표의 연구의 중요한 과제이며, 이와 더불어 이들 세 원인론의 관계를 지속적으로 측정할 수 있는 자료의 수집과 축적이 필수적이라고 할 것이다.

둘째는, 지역정당이 지역발전을 가져올 것이라는 주관적 기대가 과연 합리적인가 하는 것이다. 다시 말해서 민주화 이후 특정 정당의 집권이 특정 지역의 경제적 발전에 어떤 영향력을 미쳤는가를 객관적이며 경험적인 사회경제적인 지표로 검증되어야 할 것이다.

마지막으로, 영남, 호남, 충청 등의 지역 이외에도 지역발전의 축이 되는 지역단위—수도권과 지방, 도시와 농촌, 도와 도, 시와 시—의 갈등과 대립이 어떠한 과정을 통해 정치적인 경쟁과 갈등으로 전이되고 또 해결되는가 하는 의문에 답하는 것이다. 이러한 해답은 왜 현재의 선거와 정당에서 나타나는 지역갈등의 단위가 영남, 호남, 충청 등으로만 나타나고 있는가하는 것을 밝힐 수 있을 것이다.

❖ 참 고 문 헌 ❖

강원택. 2000. "지역주의 투표와 합리적 선택."『한국정치학회보』제34집 2호, 51-67.
_____. 2003. "이념과 투표행태."『한국의 선거 정치』. 푸른길.
고병호. 2010. "국가균형발전을 위한 지역정책 패러다임의 변화와 방법론."『도시행
      정학보』23권 2호, 169-197.
고영선 편. 2008.『지역개발정책의 방향과 전략』. 한국개발연구원.
김광호. 2008. "지역개발정책의 목표와 전략 재정립." 고영선 편.『지역개발정책의
      방향과 전략』. 한국개발연구원, 21-76.
김동완. 2009. "1960년대 광주 지방의 지역개발담론과 아래로부터 지역주의."『정신
      문화연구』32권 4호, 247-278.
김만흠. 1997.『한국정치의 재인식』. 풀빛.
김재형. 1996.『지역이기주의의 경제적 이해와 효율적 갈등조정방안』. 한국개발연
      구원.
김주찬·윤성이. 2003. "2002년 대통령선거에서 이념성향이 투표에 미친 영향."『21
      세기정치학회보』13권 2호, 1-17.
김진국. 1989. "지역감정의 실상과 그 해소 방안." 한국심리학회 편.『심리학에서
      본 지역감정』. 성원사.
나간채. 1990. "지역간의 사회적 거리감." 한국사회학회 편.『한국의 지역주의와 지
      역갈등』. 성원사.
남영신. 1991.『지역패권주의 한국』. 새물사.
문형표·김정훈·허석균·김용성·강문수·유일호. 2003.『국가예산과 정책목표』. 한
      국개발연구원.
박상훈. 2009.『만들어진 현실』. 후마니타스.
손호철. 1993.『전환기의 한국정치』. 창작과 비평사.
송 복. 1989. "지역갈등의 역사적 설명." 한국사회학회 편.『한국의 지역주의와 지
      역갈등』, 13-26.

유석춘·심재범. 1989. "한국사회 변혁운동의 두 가지 기반: 계급(계층)의식과 지역 차별의식."『한국의 지역주의와 지역갈등』, 217-252.

윤천주. 1981.『우리나라의 선거실패』. 서울대학교 출판부.

_____. 1987.『한국정치체계: 정치상황과 정치참여』. 서울대학교 출판부.

이갑윤. 1997.『한국의 선거와 지역주의』. 도서출판 오름.

정기진·이훈영. 2008. "사회균열구조의 선거 영향력에 대한 유권자 인식에 관한 실 증 연구: 투표에서 유권자의 정당 선택 기준을 중심으로."『한국정당학회보』 7권 1호, 39-74.

정원식. 2009. "신지역주의 관점에서 참여정부와 이명박 정부의 지역개발정책의 비 교분석."『한국정책과학학회보』 제13권 3호, 23-53.

정진민·황아란. 1999. "민주화 이후의 한국의 선거정치: 세대요인을 중심으로."『한 국정치학회보』 33권 2호, 115-134.

조기숙. 1996.『합리적 선택: 한국의 선거와 유권자』. 한울아카미.

_____. 2000.『지역주의 선거와 합리적 유권자』. 나남출판.

최영진. 1999. "한국지역주의 논의의 재검토: 정치적 정체성 개념과 동기부여구조를 중심으로."『한국정치학회보』 33권 2호, 135-155.

_____. 2001. "제16대 총선과 한국 지역주의 성격."『한국정치학회보』 35권 1호, 149-165.

최장집. 1996. "지역문제와 국민통합."『호남사회의 이해』. 풀빛.

최준영. 2008. "지역감정은 존재하는가?: 지역감정에 대한 간접측정 기법을 중심으 로."『현대정치연구』 1호 1권, 199-222.

최준영·조진만. 2005. "지역균열의 변화 가능성에 대한 경험적 고찰."『한국정치학 회보』 제39집 3호, 375-392.

한국사회학회 편. 1990.『한국의 지역주의와 지역갈등』. 성원사.

황태연. 1997.『지역패권의 나라』. 무당미디어.

Cox, K. R. 1998. "Spaces of Dependence, Spaces of Engagement and the Politics of Scale, or: Looking for Local Politics." *Political Geography*, Vol.17, No.1, 1-23.

Dahl, A. Robert. 1966. *Political Oppositions in Western Democracies*. Yale University Press.

Knutsen, Oddbjørn, and Elinor Scarbrough. 1995. "Cleavage Politics." In Jan W. Van Deth and Elinor Scarbrough, eds. *The Impact of Values*, 492-523.

Oxford University Press.

Lipset, Seymour Martin, and Stein Rokkan. 1967. "Cleavage Structure, Party Systems, and Voter Alignments: An Introduction." In Lipset and Rokkan, eds. *Party Systems and Voter Alignments: Cross-National Perspectives*, 1-64. Free Press.

Rae, Douglas, and Michael Taylor. 1970. *The Analysis of Political Cleavages*. Yale University Press.

Rose, Richard, and Derek Urwin. 1970. "Persistence and Change in Western Party Systems since 1945." *Political Studies*, Vol.18, No.3, 287-319.

【부록 1】

〈부록 1-1〉

"내가 대구 사람인데, 전라도 더 발전되게, 대구보다 발전됐으면 좋겠어, 이런 생각
　가지는 게 몇 사람 있겠어"〈49세 남성/대구·경북 출신·거주〉

"서울은 대한민국의 랜드마크"〈37세 남성/서울·경기 출신·거주〉

"부산하고 서울하고 경제적 차이가 50년 난다는데"〈41세 남성/부산·경남 출신·거주〉

"여러 가지가 호남이 상당히 뒤 떨어져 왔어요"〈54세 여성/광주·전남 출신·거주〉

"지역주의는 말고 (지역)경기나 좀 풀렸으면 좋겠어요"〈46세 여성/대구·경북 출신·거주〉

〈부록 1-2〉

"인프라 구축된 데는 서울 밖에 없으며"〈46세 남성/영남 출신 서울 거주〉

"서울은 지금 물론 포화 상태지만 포화 상태를 유지 시켜나가는 게 중요"
　〈29세 남성/호남 출신 서울 거주〉

"수도권이 복잡하고 주택비용이 높다고 하더라도 이를 감수하면서까지 수도권에 사는
　이유가 (잘 모르겠지만) 뭔가 지방보다는 더 편리함이 있으니까 거기 있는 것이
　아니냐"〈51세 남성/대전·충청 출신·거주〉

"똑같은 공연을 서울서는 2~3만 원이면 볼 수 있는데, 저희는 8만 원, 9만 원 내고
　봐야 하거든요"〈21세 여성/광주·전남 출신·거주〉

"보통 농민정책은 지원을 해 주는 거고, 수매하는 건데, 농촌정책은 그런 걸로는 안
　되거든요"〈47세 남성/대전·충청 출신·거주〉

"아버님 같은 경우도 시골에 안 내려 가려고 그러십니다. 가급적 나이 드시면 병원
　근처에 사시려고, 더 나은 서비스를 받으려고"〈48세 남성/대전·충청 출신·거주〉

"강남 3구는 자기들이 조금 더 낫다는 엘리트 의식을 갖고 있더라고요. (중략) 서울권
　에서도 강남, 강북이 동질감을 못 갖고 있어요"〈52세 남성/서울·경기 출신·거주〉

"부산, 양산, 김해, 진영까지 통합하자는 말이 나오는데, 양산, 김해는 택도 없는 소리
　하지 마라, 세수가 좋은데 왜 통합하느냐"〈57세 남성/부산·영남 출신·거주〉

〈부록 1-3〉

"자기 지역 사람을 뽑아줘야 자기네 지역이 발전되는 기반이 튼튼해진다"
　〈40세 남성/대전·충청 출신 서울 거주〉
"내가 광주 전라도에 살고 있기 때문에 민주당을 찍을 수밖에 없는, 찍어야 한다"
　〈40세 남성/서울·경기 출신 서울 거주〉
"항상 집권이 영남 쪽이 많았기 때문에 특혜가 있었다"〈38세 여성/대구·경북 출신·거주〉
"김대중 정권 때는 전남도청을 광주에서 목포로 옮겨가 (중략) 공동화로 인해 (중략)
　광주는 경제나 많은 모든 부분에서 많은 타격을 받고 있다"
　〈52세 남성/광주·전남 출신·거주〉
"(김대중 정부 때) 소외감을 좀 느끼다가 이명박 정부가 들어서면서 이제 뭔가 좀 달
　라지지 않겠나, 대구 사람들이 기대를 하고 있었는데"
　〈52세 여성/대구·경북 출신·거주〉

〈부록 1-4〉

"박정희 정권 때, (중략) 산업화 사회가 되면서 경제성장을 일으키기 위해서 경남 쪽
　에 산업단지 조성하고 (중략) 이쪽은 성장하고 이쪽은 농사만 짓고 있는 모습"
　〈42세 남성/호남 출신 서울 거주〉
"김영삼이 대통령이 됐을 때, (중략) 길이 왕복 2차선에서 8차선으로 바뀌었다"
　〈40세 남성/부산·경남 출신 거주〉
"김대중 대통령이 되고 나서 중간에 도로가 뚫려서 참 수월해졌어요"
　〈39세 남성/대전·충청 출신 서울 거주〉
"대통령이 민주당 쪽으로 나와서 그런지, 충청도 쪽으로 (중략) 지금은 많이 좋아졌어
　요."〈39세 남성/대전·충청 출신·거주〉

【부록 2】 설문조사 문항: 한국사회 갈등 연구 조사 中 일부 문항

13. 다음은 우리나라 역대 대통령의 명단입니다. 선생님께서 호감을 갖는 정도를 0점에서 10점 사이로 평가해 주십시오(매우 좋아하면 10점, 보통이면 5점, 매우 싫어하면 0점입니다).

싫다	←	-	-	-	-	-	-	-	-	→	좋다
0	1	2	3	4	5	6	7	8	9	10	

1) 이승만	2) 박정희	3) 전두환	4) 노태우	5) 김영삼	6) 김대중	7) 노무현	8) 이명박

18. 선생님께서는 다음 정당들에 대해 어느 정도 호감을 가지고 계십니까?

	① 매우 좋아한다	② 좋아하는 편이다	③ 싫어하는 편이다	④ 매우 싫어한다
1) 한나라당				
2) 민주당				
3) 자유선진당				
4) 민주노동당				
5) 창조한국당				
6) 진보신당				
7) 친박연대(미래희망연대)				
8) 국민참여당				

28. 선생님께서는 우리 지역(광역 시·도)의 발전을 위해 '지역 출신 대통령이 당선되거나 지역 대표정당이 있어야 한다'는 견해에 대해 어떻게 생각하십니까?
    1) 매우 공감한다
    2) 조금 공감하는 편이다
    3) 별로 공감하지 않는다
    4) 전혀 공감하지 않는다

29. 선생님께서는 우리나라 각 지역(영남, 호남, 충청, 강원, 제주, 수도권) 간 경제격차가
  어느 정도라고 생각하십니까?
  1) 매우 크다
  2) 큰 편이다
  3) 적은 편이다
  4) 거의 없다

30. 선생님께서는 우리나라 지역(영남, 호남, 충청, 강원, 제주, 수도권) 간 경제격차가
  앞으로 어떻게 될 것 같으십니까?
  1) 많이 늘어날 것이다.
  2) 약간 늘어날 것이다.
  3) 어느 정도 줄어들 것이다.
  4) 많이 줄어들 것이다.

33. 선생님께서 느끼시는 각 지역민들에 대한 호감 정도를 0~10점으로 평가해 주십시오.

	싫다 ←--→ 좋다									
	0	1	2	3	4	5	6	7	8	9	10
1) 서울·경기											
2) 충청											
3) 호남											
4) 영남											
5) 강원											
6) 제주											

사회자본(Social Capital) 특성이
지역주의에 미치는 영향:
결속형과 교량형을 중심으로*

이현우·이지호·한영빈

I. 서론

1980년대 중반 한국사회에 불어 닥친 민주화 물결은 오랜 기간 동안 군부독재에 의해 억압되어 퇴행되어 왔던 한국정치가 다시 발전할 수 있는 기폭제로 작용하였다. 실제로 이후 진행된 민주화 과정은 1987년 대통령직선제 실시, 1992년 문민통치로의 전환, 1997년 역사상 첫 여야 정권교체 등과 같은 중요한 정치발전의 결과물들을 가져오면서 민주주의의 공고화에 기여하였다. 하지만 이러한 민주주의 발전과정은 다른 한편으로는 한국사회에서 지역주의를 고착화시키는 어두운 단면을 대가로 한 것이기도 하다. 1987년 대선 이래 지역연고에 호소하는 정치엘리트들의 선거 전략은 잠재되어 있던 지역균열, 특히 영호남 간의 상호불신을 현재화시키고 강화시키는 결과를

* 이 글은 『한국정치학회보』 제45집 2호(2011)에 게재된 논문을 수정·보완한 내용임.

가져왔기 때문이다.

2002년 대선을 통해 '3김 시대'가 종식되고 변화와 개혁을 발판으로는 하는 세대교체가 이루어짐에 따라 한국정치의 고질적인 병폐인 지역주의가 크게 완화될 것이라는 예상이 다수 있었다. 많은 분석들은 16대와 17대 대선 및 17대 총선 과정에서 지역주의 및 지역균열 구조가 이전에 비해 크게 줄어들었다는 것을 강조하였다(윤종빈 2008; 황아란 2008). 그리고 이를 발판으로 일련의 학자들은 기존의 지역주의 균열을 새로운 균열구조, 예를 들면 세대균열(강원택 2003), 탈물질주의 가치관(마인섭 외 1997) 혹은 자유지상주의 대 권위주의의 대립적 가치관(장 훈 2004) 등과 같은 것으로 대체하여 설명하려 시도하였다. 하지만 3김의 퇴장 이후 노골적인 지역주의적 동원이 줄어들었을지는 몰라도 지역주의적인 투표성향은 여전히 지속되고 있다. 예를 들어 17대 대선에서 이명박 후보가 자신의 텃밭이라고 할 수 있는 TK지역에서 70%를 그리고 정동영 후보가 호남에서 80%라는 압도적인 지지표를 얻었다는 것이 이를 여실히 보여주고 있다. 따라서 유권자들의 지지성향이 변화되고 있음을 감지하더라도 지역주의적인 성향이 한국정치의 근간을 이루고 있음을 부인하기는 어렵다는 것이 아직까지도 일반적인 견해로 받아들여지고 있다. 민주화 이후 한국선거 및 한국정치를 설명하는 가장 중요한 변수는 여전히 지역주의라고 할 수 있는 것이다(이갑윤·이현우 2008, 138).

그렇다면 한국정치의 고질적인 병폐가 되어버린 지역주의의 원인은 무엇일까? 이에 대한 기존연구들은 크게 3가지 범주로 구분되면서 분석되어져 왔다(최영진 1999, 137). 첫째는 정치경제학파로 분류되는 집단으로, 이들은 주로 영호남 간의 정치경제적인 불평등 구조를 지적하고 있다(김만흠 1997; 최장집 1993; 황태연 1997). 즉 제3공화국 이후 사회지배집단으로 등장한 영남세력이 정치 및 경제영역에서 호남세력을 소외시키는 불평등한 분배구조를 형성시킴으로써 지역균열을 야기하고 강화시켰다는 것이다. 둘째는 정치적 동원을 강조하는 집단이다(문용직 1992; 손호철 1993). 이들은 사회경제적 구조 자체보다는 3김씨와 같은 정치인들이 구조 내에 잠재되어 있는 균열가능성을 정략적으로 이용한 정치적 동원이 지역주의의 근본적인 원인이라고 보고 있다. 마지막으로, 합리적 선택이론을 따르는 집단으로 이들은 지역주의의 원인을 후보자와 유권자의 합리적 선택의 결과로 보고 있다(조기숙 1996; 이갑윤 1998). 즉 지역주의는 주어진 조건하에서 유권자들이 자신들에게 유리한 분배, 인사 및 이득을 최대화할 수 있는 도구적인 합리적 선택으로써 지역주의적인 투표를 했다는 것이다.

위와 같은 기존의 연구들은 지역주의를 설명하는 데 있어 많은 기여를 하였음에도 불구하고 방법론적인 측면에서는 각각의 문제점을 노출시켰다고 비판되고 있다(최영진 1999, 142). 정치경제학파들은 구조적 불평등과 지역주의와의 직접적인 인과성, 합리적 선택이론은 개인의 행위가 집단행동 차원으로 전이되는 과정 등을 명확히 밝히지 못하고 있다는 것이다. 즉 거시적이고 미시적인 차원의 접근법들은 모두 각각이 강조하는 변수들로부터 출발하여 이것이 어떻게 지역주의적인 현상과 연결되는지에 대한 과정적 분석을 블랙박스로 남겨두고 있다는 문제가 지속적으로 지적된다.[1]

기존연구들에서 나타나고 있는 이러한 방법론적 문제점들을 극복하기 위하여 이 글은 최근 들어 다양한 분야에서 유용한 분석도구로 활용되고 있는 '사회자본(social capital)'에 주목한다. 관계(relation)에 초점을 맞추고 있는 사회자본이라는 개념은 구조와 행위를 매개하는 변수로 기능함으로써, 지역주의 현상을 구조 또는 개인의 속성으로만 환원시켜 설명하는 오류를 극복하는 데 장점을 보여줄 수 있기 때문이다. 또한 사회자본의 관계적 속성(relational property)에 대한 연구는 관계의 어떠한 특성이 구조와 행위를 사회적으로 연결시켜주면서 지역주의를 야기하는지를 설명함으로써 그동안 블랙박스로 남아 있던 과정분석을 보다 명확하게 하는 장점도 가지고 있다. 더욱이 이러한 분석을 통해 사회자본은 기존의 지역주의 연구들과는 달리

---

1) 정치적 동원론의 경우 '동원 전략'이라는 매개변수를 통해 구조 및 행위로부터 출발할 때 발생하는 과정분석의 불충분성을 극복하려는 시도를 보이고 있다는 점에서는 방법론적으로 진일보한 것처럼 보이지만, 실제 분석은 '동원 전략' 자체의 속성보다는 '동원 전략 행위'에 초점을 두고 있다는 점에서 역시 미시적 차원 분석의 한계를 되풀이하고 있다.

새로운 맥락, 즉 관계론적인 관점에서 지역주의를 설명하는 새로운 접근법을 제시하는 장점도 가지고 있다. 따라서 이 글에서는 이와 같은 사회자본의 개념의 장점을 활용하여 한국에서 지속되고 있는 지역주의 현상을 실증적으로 설명하고자 한다.

지역주의 설명에 대한 방법론적인 문제를 보완하면서 사회자본이 한국의 지역주의 또는 지역균열 현상과 밀접한 관계가 있음을 밝히고자 하는 이 글의 구성은 다음과 같다. 서론에 이어 제2절에서는 사회자본에 대한 기존 연구를 검토한다. 그리고 이를 바탕으로 지역주의 발생에 필요한 사회자본의 관계적 속성을 분석하고 가설을 정립한다. 제3절에서는 정립된 가설에 대한 실증적 통계 분석을 시도한다. 마지막 결론 부분에서는 실증된 가설을 바탕으로 한국사회에서 사회자본이라는 개념을 통해 지역주의 현상을 분석하는 것이 갖는 함의를 논의한다.

II. 지역주의 분석을 위한 이론적 논의

1. 사회자본에 대한 이론적 검토

본래 사회자본이란 개념은 현대적 의미에서 볼 때 부르디외(P. Bourdieu 1986)와 콜만(J. Coleman 1988)에 의해 사회학적으로 체계화된 개념이라고 할 수 있으며, 이후 퍼트남(R. Putnam 1993; 2000)에 의해 확장되면서 대중화되기 시작하였다. 부르디외, 콜만 그리고 퍼트남으로 대표되고 있는 사회자본에 대한 정의는 학자에 따라 약간 상이하게 나타나고 있다.[2] 예를

---

2) 이처럼 조금씩 상이하게 정의되고 있는 이유는 이들이 서로 다른 이론적 맥락과 분석
   차원에서 사회자본을 정의하고 있기 때문이다. 부르디외는 역사적이고 구조적인 측면

들어 부르디외는 사회자본을 제도화되고 지속화된 관계망을 소유함에 따라
발생하는 현실적 또는 잠재적 자원이라고 정의하고 있다(Bourdieu 1986,
248). 콜만은 사회구조적인 특성을 가지면서 동시에 구조 내에 있는 개인들
의 행동을 유발하는 다양한 형태의 실재들을 사회자본으로 정의하고 있다
(Coleman 1988, 98). 반면 퍼트남은 신뢰, 규범 및 네트워크와 같이 조정된
행위를 가능하게 함으로써 사회의 효율성을 증가시킬 수 있는 사회조직의
특성들을 사회자본으로 정의하고 있다(Putnam 2009, 17).

　이처럼 사회자본을 이해하는 것에 조금씩 차이가 있지만 그럼에도 불구
하고 이들 간의 공통적인 점이 발견되고 있는데, 그것은 이들 모두가 사회자
본을 기본적으로 관계론적인 측면에서 바라보고 있다는 점이다. 이들은 모
두 사회자본이 구조 및 개인들과 분리되어 독립적으로 있는 실재라기보다는
상호 연결되어 있는 네트워크 속성을 갖는다는 생각을 공유하고 있으며, 이
러한 특성을 갖는 사회자본에 대한 접촉은 개인 및 집단의 생산성에 영향을
준다고 보고 있다. 따라서 사회자본은 개인이 자신의 사회적 관계나 집단소
속여부를 이용하여 가치 있는 자원이나 상징적 자원을 획득하는 능력을 의
미하거나, 복수의 개인들이 공동의 참여나 제도에 대한 신뢰 혹은 확립된
생활양식에 대한 헌신을 통해 집합행동의 이득을 누리는 것을 의미한다(이

에서 도구적으로, 콜만은 합리적 선택이론의 맥락에서 기능적으로 그리고 퍼트남은 제
도주의적인 측면에서 기능적으로 사회자본을 정의를 하고 있다. 역사구조적인 시각을
갖는 부르디외의 사회자본 개념은 마르크스(K. Marx)의 협소한 경제적 자본 개념을
교육, 문화, 정치 등과 같은 범사회적 영역으로 확장시켜 도출해 내고 있다. 그럼에도
불구하고 마르크스의 자본 개념 및 자본축적 논리에 기반을 두고 있기에 그의 사회자
본 정의에는 마르크스의 경제적 자본에서 보이는 은폐적 특성을 강조하려는 맥락이
포함되어 있다. 반면 콜만은 신뢰관계 형성에 따른 거래비용의 감소와 효용의 극대화
라는 합리적 선택이론의 맥락에서 정의하고 있으며 사회자본을 중립적인 것으로 보고
있다. 그러나 기능적인 면에서 볼 때 개인들이 어떻게 사용하는가에 따라 비중립적인
것이 될 수도 있다고 본다. 퍼트남의 경우는 부르디외나 콜만보다 훨씬 더 포괄적으로
사회자본을 정의하고 있다. 그는 사회자본을 개인들의 관계에만 의존하지 않고 공적이
고 정치적인 영역에서 작동하는 시민의식까지로 확장하고 있다. 하지만 퍼트남 역시
사회자본을 기능적인 측면에서 바라보고 있다는 점에서는 콜만과 같은 맥락에 있다고
할 수 있다(보다 자세한 논의는 이재열 2006; 김상준 2004 참조).

재열 2006, 34). 좀 더 압축적으로 표현한다면 사회자본은 개인이 사회연결
망 혹은 사회네트워크의 구성원이 됨으로써 이익과 해택을 얻을 수 있게
만드는 투자자원을 뜻한다(Warren 2008, 125).

관계에 초점을 맞추면서 개인 또는 집단행동을 유발시킨다고 간주되는
사회자본이 정치학 내에서 관심을 받기 시작한 것은 퍼트남의 저서 *Making
Democracy Work*(1993)를 통해서이다. 그는 이탈리아 사례분석을 통하여
북부가 남부보다 정치발전이 더 이루어졌다는 것을 발견하였는데 그 이유는
북부가 남부보다 수평적이고 상호호혜적인 규범 및 시민참여 네트워크와 같
은 사회자본이 상대적으로 풍부히 축적되었기 때문이라고 보았다. 그리고
이러한 차이점을 바탕으로 퍼트남은 사회자본이 민주주의를 형성하고 유지
시키는데 가장 중요한 요소라고 주장하였다(Putnam 1993). 즉 그는 사회자
본과 민주주의 혹은 지역발전 간에 긍정적인 관계가 있다는 것을 주장한
것이다. 이 같은 퍼트남의 주장은 많은 사람들에게 공감을 얻었을 뿐만 아
니라 양자 간의 긍정적인 관계를 밝히는 연구들을 양산시켰다(Paxton 2002;
Brehm and Rahn 1997; 송경재 2005).

하지만 퍼트남의 연구는 많은 비판에 직면하기도 하였다(Foley and
Edwards 1997; DeFilippis 2001). 이들의 비판적 내용들은 크게 세 가지로
요약될 수 있는데, 첫째는 사회자본 개념에 대한 것이다. 퍼트남은 수평적인
관계만이 사회자본을 형성할 수 있고 수직적이고 위계적인 네트워크는 상호
신뢰를 형성하지 못한다고 보았는데 많은 학자들은 이런 퍼트남의 생각이
잘못된 것이라고 비판하였다. 비판자들은 수직적이고 위계적인 특성 역시
호혜성과 협력을 가능하게 할 수 있기 때문에 사회자본의 한 형태로 볼 수
있으며, 그러한 한에서 퍼트남의 사회자본 개념은 보다 정교화될 필요가 있
다고 보았다. 둘째, 사회자본에는 다양한 형태가 있는데 이런 다양성을 인정
할 경우 사회자본은 긍정적인 측면만 있는 것이 아니라 부정적인 측면도
있다는 주장이 제기 되었다. 예를 들어 사회자본은 외부인 배척, 구성원들의
과도한 요구, 개인자유의 제약 및 규범을 비속화시키는 부정적인 특성도 가
지고 있다는 것이다(Portes 1998). 셋째, 사회자본의 부정적인 측면들은 사

회자본이 풍부할수록 민주주의 및 지역발전이 더욱더 확보될 수 있다는 퍼트남식의 주장을 거부하게 만들었다. 왜냐하면 이 부정적인 사회자본들은 이탈리아 남부 사례분석에서도 보여지듯이 민주주의 혹은 지역발전을 가져오는 것이 아니라 역으로 악화시킬 수 있기 때문이다. 따라서 퍼트남은 사회자본과 민주주의 발전 간의 관계를 너무 기계적이고 자동적인 과정(autonomous process)으로만 인식하는 오류를 범하고 있다는 비판을 받게 되었다(Garcia Albacete 2010, 691).

퍼트남에 대한 많은 이론적·경험적 비판들은 초기에 조야하게 표현된 사회자본의 개념, 형태, 기능, 측정방식 등과 같은 세부 사항들에 대한 연구들을 발전시켰다. 퍼트남 자신도 이런 비판들에 영향을 받게 됨에 따라 그의 새로운 저서 *Bowling Alone*(2000)에서는 사회자본 형태를 결속형과 교량형으로 구분하고 있으며, 기존과 같이 사회자본의 존재 자체를 민주주의와 등치시키는 기계론적인 설명 방식에서 탈피하고자 한다(Putnam 2000). 이처럼 사회자본 개념의 변화에도 불구하고 아직까지도 국내에 논의되는 사회자본론은 여전히 사회자본이 정치 및 지역발전에 긍정적인 영향을 미친다는 연구들을 중심으로 축적되어지고 있는 경향이 지배적이라는 문제점을 안고 있다(Warren 2008, 123).

2. 사회자본과 지역주의

이 글에서 다루고 있는 사회자본론 논의의 핵심은 풍부한 사회자본의 존재 자체가 민주주의라는 정치발전과 자동적으로 등치될 수 없다는 것이다. 그 이유는 사회자본이 다양한 형태로 존재하며 그 형태의 독특한 특성으로 말미암아 어떤 사회자본은 사회발전에 긍정적인 결과를 유발시키지만 어떤 사회자본은 부정적인 결과를 가져오기도 하기 때문이다. 사회자본론에서 나타난 이러한 일반적 결론은 한국의 지역주의와 같은 현상을 설명하는 데에도 유용한 분석틀을 제공하고 있다. 한국사회 내에도 여러 형태의 사회자본이 있는데, 이 가운데 어떤 사회자본은 정치발전이란 긍정적인 효과를 가져다주고 있지만 어떤 사회자본은 지역연고주의에 기반한 갈등의 양산이라는 부정적인 결과를 양산할 수 있기 때문이다. 따라서 한국사회 내에 있는 다양한 사회자본 형태에 대한 연구를 통해 어떠한 유형의 사회자본이 지역주의와 같은 사회갈등을 고착화시키는지를 분석해낼 수 있을 것이다.

사회자본과 지역주의 또는 정치균열을 연결시켜 보려는 연구는 증가되고 있는 추세이다(정병은 2005; Garcia Albacete 2010). 이들은 모두 사회자본의 유형과 속성에 대한 연구를 통해 지역 간에 사회자본의 상이한 분포도가 있음을 밝히고 이런 상이성이 궁극적으로 지역주의 및 정치균열을 유지 또는 강화시키면서 부정적인 사회적 결과를 가져오게 한다는 것을 증명하려고 하고 있다. 예를 들어 정병은은 사회자본의 속성을 총량, 사회경제적 동질성, 가족성, 자원성 등과 같은 지표로 요약하고 이를 강남구와 관악구에 적용시켜 측정한 결과 두 지역 간에 사회자본 유형의 분포도가 상이함을 발견하였다. 그리고 이런 상이성이 17대 총선에서 나타난 이들 두 지역의 지역주의적인 투표성향에 영향을 주었다는 것을 밝히고 있다. 가르시아 알바쎄테 역시 사회자본 유형을 결속형(bonding), 이익형(interest), 교량형(bridging), 비공식형(informal) 등으로 구분하고 그 특성을 분석한 뒤 이를 스페인 지역(Catalonia, Basque Country, Madrid)에 적용·측정하여 정치균열을 설명하고 있다.

사회자본과 지역주의 관계를 설명하는 기존의 연구들은 분석을 위해 방법론적으로 다음과 같은 점들을 공통적으로 강조하고 있다. 첫째, 사회자본은 긍정과 부정이라는 양면성이 있기 때문에 이를 명확히 구분하면서 분석을 시작하여야 한다는 것이다(Coffe 2007, 124). 이에 대한 해답은 퍼트남에서 찾을 수 있다. 그는 사회자본을 결속형 사회자본(bonding social capital)과 교량형 사회자본(bridging social capital)으로 구분을 하고 있다(Putnam 2009, 25-28). 전자는 본질적으로 배타적·폐쇄적이고 내부지향적인(inward-looking) 경향을 가지고 있다고 정의되고 있다. 이런 특성을 갖는 결속형 사회자본은 집단 내 구성원들의 동질성과 충성심을 강화시켜 자신들의 특수한 이득을 획득하는 데는 매우 긍정적으로 작용한다. 그러나 한편으로는 자기들끼리만 혜택을 주고받는 경향, 자아(自我)를 더욱 좁게 만드는 경향 그리고 타 집단에 대한 강한 배타성 및 적대감을 증대시키는 단점이 있다. 예를 들어 KKK(Ku Klux Klan)와 같은 인종단체가 대표적인 경우이다. KKK는 백인들 간의 우애와 결속을 강화시키지만, 한편으로는 흑인과 같은 타인종에 대한 배타성 또는 혐오감도 증폭시키는 기능을 하고 있는 것이다. 이러한 KKK의 숫자와 규모가 증대한다면 백인집단의 특수한 이익이 강화되겠지만 동시에 다른 인종들과의 갈등 또한 심하게 표출될 가능성이 있게 된다.

이에 반해 후자는 다양한 사회계층 간의 사람들을 포용하는 개방성과 외부지향적인(outward-looking) 특성을 가지고 있다고 정의된다. 이런 특성을 갖는 교량형 사회자본은 구성원들 간의 연계강도가 상대적으로 약하고 이질성이 크지만 서로 다른 집단들 또는 더 큰 공동체와 연결이 되면서 사회에 존재하는 상이한 태도 및 견해들을 포용하는 속성이 있다. 예를 들어 한국의 경우 녹색연합, 아름다운재단과 같은 각종 환경 · 시민단체가 교량형 사회자본에 속하는 대표적 경우이다. 아름다운재단과 같은 경우 기부문화의 확산을 통해 공동체의 이익을 실현하고 확장하도록 일반 시민들이 참여하는 공익재단이다. 다양한 계층 및 집단들로 구성된 이런 단체들은 결속형 사회자본보다 이질적이기 때문에 연계강도가 약하다. 하지만 공적 또는 공동체적 이익 실현을 위해 상호간의 의견들을 수용할 태도들을 가지고 있다는 장점이 있다. 이런 시민단체들의 숫자와 규모가 증가할 경우 사적인 이해추구보다는 공적 또는 공동체적 이익이 추구될 가능성이 점점 높아질 것이다.

결속형과 교량형 사회자본의 상이한 특성은 궁극적으로 상이한 사회적 결과 및 효과를 가져다 줄 수 있다. 일반적으로 볼 때 결속형 사회자본은 특수한 상호호혜성과 연대의식을 강화시킨다. 이에 반해 교량형 사회자본은 외부적 자산과 정보공유 및 확산을 풍부히 해준다. 결속형은 '당장 무엇을 손에 넣을 수 있는' 단기적이고 특수한 이익을 추구한다. 반면 교량형은 '앞으로 나아가는' 것을 중요시한다(Putnam 2009, 26). 이런 특성들을 볼 때

결속형은 파벌주의적이고 자기생존 중심적이며 그 결과 반사회적인 결과를
가져올 수 있다. 반면 교량형은 사회적이고 공동체적인 선(善)을 추구하면
서 발전과 성장을 가져다 주는 효과를 갖는 사회자본이라고 할 수 있다.
도식화한다면 결속형은 부정적 그리고 교량형은 긍정적인 사회적 결과 및
효과와 연결된다고 할 수 있는데 이런 분류는 한국의 지역주의 연구를 하는
데 유용한 분석의 출발점이 될 수 있다. 왜냐하면 교량형에 비해 결속형
사회자본이 많은 지역일수록 그 속성으로 말미암아 편협한 지역적 이해를
대변하는 집단행동의 결과가 발생할 가능성이 더 높다고 유추될 수 있기
때문이다.3)

　둘째로 강조되는 것은, 사회자본을 어떻게 측정할 것인가가 명확히 규명
되어져야 한다는 점이다. 사회자본이 갖는 강점은 분석의 초점을 개인들의
행위에서 벗어나 더 개인들 간, 사회실재 및 제도 간의 관계에 초점을 맞추
는 데 있다(Schuller 2000, 35). 하지만 관계라는 것은 매우 복합적으로 나
타나고 어떤 측면에서는 보이지도 않는 것이기에 사회자본을 측정하는 것은
매우 어려운 문제이다. 따라서 그동안 많은 경험적 연구들이 사회자본을 측
정하려는 시도를 하여 왔지만 현재까지 정형화되고 일반화된 사회자본 측정
방법은 없다고 할 수 있다. 그럼에도 불구하고 사회자본을 측정하는 방식은
크게 두 가지 형태로 분류될 수 있는데, 하나는 집단 및 집단구성원에 대한
통계조사를 하는 방식이며, 다른 하나는 신뢰 및 시민참여 수준을 측정하는
방식이다(Petrusevich 2002, 30). 전자는 집단의 크기, 숫자, 집단구성원들
의 관계 두께, 강도, 거리, 이질성, 동질성 등을 측정하는 데 초점을 맞추고
있다. 이럴 경우 지역주의와 같이 집단행동을 측정하는 사회자본 지표로 흔
히 밀도(density), 평균거리(average distance), 집중화(centralization) 및

---

3) 물론 사회적 자본을 결속형과 교량형으로 나눈다는 것이 사회네트워크를 이것 아니면
　 저것과 같은 이분법적으로 나눈다는 것은 아니다. 이것은 다양한 형태로 존재하는
　 사회자본을 비교할 수 있는 정도의 차이에 해당되는 차원의 문제라고 할 수 있다
　 (Putnam 2009, 28). 따라서 결속형과 교량형을 절대적 기준에서 본다기보다는 상대적
　 비율관계 차원에서 보는 것이 더 정확한 분석이 된다고 할 수 있다.

동질성(homophily)과 같은 것이 제시되게 된다(Borgatti & Jones 1998).[4] 이런 측정방식은 사회자본을 분석할 때 무엇을 고려하면서 측정하여야 되는 지를 보여 주는 데에는 커다란 장점이 있음에도 불구하고, 실제로 이처럼 많은 변수들을 어떻게 객관적으로 측정할 수 있는지, 이것이 집단행동과 어떠한 상관관계가 있는지를 보여주는 데에는 많은 문제점이 제기된다 (Petrusevich 2002, 30-31).

이에 비해 후자는 복잡한 측정의 어려움을 탈피하는 방식으로 퍼트남에 의해 제시된 것이다. 퍼트남은 자신의 저서 *Bowling Alone*에서 미국의 사 회자본의 총량을 측정하기 위하여 짧게는 25년에서 길게는 약 100년간 미 국시민들의 각종 결사체 가입률을 분석하였다. 그리고 이를 토대로 그는 미 국사회에서 전반적으로 사회자본의 축소가 일어나고 있을 뿐만 아니라 사회 자본의 축적이 상대적으로 높은 주(州)는 실업률과 범죄율이 낮은 반면, 사 회자본의 축적이 낮은 주는 실업률과 범죄율이 높다는 것을 주장하였다 (Putnam 2009). 이렇게 볼 때 퍼트남은 사회자본의 측정을 참여를 기준으 로 하고 있음을 알 수 있다. 물론 이런 퍼트남의 측정방식은 비판을 받기도 한다. 결사체 가입률만을 가지고 사회자본의 모든 것을 볼 수는 없기 때문 이다(정기환·심재만 2004, 17). 그럼에도 불구하고 퍼트남의 결사체 가입 및 참여는 오늘날 많은 학자들이 사용하는 유용한 사회자본 측정방식 중에 하나라고 볼 수 있다(Petrusevich 2002, 32). 따라서 이 글에서는 사회자본 에 대한 간결한 측정방법과 집단행동에 대한 의미 있는 결과를 유출해 낼 수 있다는 경험적 측정의 유용성에 주목하여 퍼트남식의 사회자본 측정방식 을 사용한다.

---

4) 밀도는 집단구성원들의 친밀도, 상호신뢰도 등을 보는 것이다. 따라서 밀도가 높을수 록 집단 내 상호간의 대립과 충돌이 없다. 평균거리는 집단 구성원들 간의 평균거리를 의미하는데 이것이 짧을수록 빠른 커뮤니케이션이 이루어지면서 그들의 자산을 이루 게 된다. 집중화는 집단 내 구성원들이 소집단으로 분열되어 있는 정도를 의미한다. 중앙화가 되어 있을수록 쉽게 통제되고 협력이 이루어진다. 마지막으로 동질성은 집단 내 구성원들 간의 유사성이 얼마나 있는지를 보는 것이다.

　마지막으로 결사체 가입(사회자본)과 지역주의 관계를 어떻게 연계시킬 것인가의 문제가 남아 있다. 이에 대한 실마리는 사회자본이 가지고 있는 자기강화적인 특성에서 찾을 수 있다. 개인들은 사회에서 각종 결사체에 가입하고 있다. 개인들이 결사체에 많이 가입할수록 더 많은 사람들과 연계되면서 더 많은 정보를 얻게 되고, 이에 대한 보상이 많을 뿐만 아니라 더 많은 영향을 주고받을 수 있다. 그런데 사회자본이 보상과 영향력 및 힘을 가질 수 있다는 것은 지층(stratification)을 형성할 수 있다는 것을 의미한다. 즉 이를 소유한 사람은 더욱더 이점을 얻을 수 있기에 사회자본은 지층을 더욱더 강화하고 재생산할 수 있는 것이다(Lin and Erickson 2008, 7). 더욱이 사회자본이 결속형과 교량형으로 구분되며 각각의 독특한 특성이 있다는 점을 감안할 때 개인들이 어떤 형태의 사회자본에 연계되어 있느냐는 지층의 특성과도 연결되어 있다. 즉 결속형에 연계되어 있는 경우는 폐쇄적·내부지향적인 지층의 속성을 강화시켜 줄 것이며, 교량형의 경우는 개방적이고 외부지향적인 지층의 속성을 강화시켜 주게 되는 것이다. 이렇게 볼 때 개인들의 결사체 가입 숫자 그리고 어떠한 형태의 결사체에 가입되어 있는지, 지역적으로 결속형과 교량형의 분포도 비교 등에 대한 연구는 각각의 지역의 차이 및 그 지역 개인들의 집단행동들을 이해하는 데 도움을 줄 수 있을 것이다.

　이상의 논의를 바탕으로 이 글에서 경험적으로 밝히고자 하는 것은 크게 두 가지이다. 먼저 설문자료를 통해 사회자본으로 조작화된 변수가 이론적으로 주장되는 사회자본의 일반적 특성을 보이는가를 검토하는 것이다. 사회자본이 풍부할수록 개인들의 정치적 관심이나 행동의 활동성이 증명되어야 한다. 왜냐하면 사회자본이 개인들의 사회적 관계를 확장시켜 공적영역인 정치분야에 대한 관심과 행동을 촉진시키기 때문이다. 다음으로 사회자본을 앞에서 살펴본 바와 같이 그 속성에 따라 결속형과 교량형으로 구분한 다음, 이들 각각에 속한 집단과 지역주의와의 관계를 규명하도록 한다. 그리고 결속형 사회자본은 지역주의를 강화할 것이며, 교량형 사회자본은 지역주의를 완화시키는 경향을 가지는 지를 확인하도록 한다. 마지막으로 응답자들이 결속형이나 교량형 어느 한 가지 유형의 사회자본만을 배타적으로 갖지 않는다는 점에 근거하여, 응답자를 네 가지로 유형화하여 지역주의와의 관계를 규명하도록 한다.

III. 경험적 분석

위의 연구가설을 검증하기 위해 이 글은 독립변수인 사회자본을 자발적 결사체의 가입수준으로 조작화한다. 그리고 이들 결사체 유형들의 속성들이 개인의 지역주의에 영향을 미친다는 가설을 검토하기 위해 이 글은 사회자본을 결속형(bonding)과 교량형(bridging)으로 구분하고, 결속형 결사체에는 동창회, 향우회, 종친회, 계를 대표적인 조직으로 포함시키고, 교량형 결사체에는 자선단체, 노동조합, 직업과 관련된 협회, 동호회를 포함시킨다.[5]

연구가설의 주요 종속변수인 지역주의는 개념상 정의는 가능하지만, 설문측정에 있어 한 변수로 측정하기 어렵다는 점에 착안하여, 3개의 관련변수를 이용하도록 한다.

1) 지역별 역대 대통령 평가와 전체 국민의 평가 차이, 2) 지역출신의 정

---

[5] 결속형과 교량형 사회자본을 구분하는 퍼트남의 기준이 '집단의 동질성 vs. 이질성' 그리고 '집단적 필요(collective needs) vs. 다양한 관심(diverse interest)'이며 이 기준에서 볼 때 '노동조합' 그리고 '직업과 관련한 협회'는 교량형으로 분류될 수 없다는 한 심사자의 지적이 있었다. 이 지적은 일면 타당성이 있는 주장이며 이에 따라 본 연구의 분류방식이 논쟁을 불러일으킬 수 있는 소지가 충분히 있다. 다만 여기서 강조하고 싶은 점은 그렇다고 '노동조합' 그리고 '직업과 관련한 협회'가 필연적으로 결속형에 속하는 결사체로 보기도 어렵다는 점이다. 가르시아 알바쎄테(2010)도 이 점을 인식하고 자신의 논문에서 결사체 유형을 보다 세분화하여 '노동조합'과 '직업과 관련한 협회'를 결속형이나 교량형 그 어떤 것도 아닌 이익형(interest) 결사체로 분류한 점을 볼 때 이들 결사체가 추구하는 이익 또는 가치가 사회적인 측면에서 얼마나 보편적인 것으로 보느냐 여부에 달려 있지 않나 생각된다.

치인이나 지역대표정당이 있어야 한다는 의견 차이, 3) 출신지역과 타지역
에 대한 선호 차이 등으로 조작화하였다.

이들 변수를 대상으로 경험적 연구를 위해 설문자료를 분석하였다. 사용
된 자료는 서강대학교 현대정치연구소가 한국리서치에 의뢰해 2010년 3월
22일부터 20여 일 동안 실시한 대면조사(face to face)의 결과이다. 총 표본
은 1,217명으로 성별, 연령별, 지역별 비례할당 후 무작위 추출되었으며, 표
본오차는 95% 신뢰구간에서 ±2.8%이다.

1. 사회자본과 정치관심 및 신뢰

개인의 자발적인 사회관계가 많다는 것은 타인과의 대화 및 정보교류가
많다는 것을 의미한다. 정당이나 시민단체와 같이 의도된 정치적 목적을 가
진 집단에 속한 것이 아닐지라도 집단에 속한 구성원들은 상호작용을 통해
정치의식이 고양되고 제도에 대한 신뢰가 쌓이게 된다. 이는 개인이 결속형
결사체나 교량형 결사체 등 어떤 형태의 집단에 속하는가에 관계없이 공통
적으로 나타날 수 있다. 왜냐하면 구성원들의 상호교류가 사회결사체에 대
한 관심을 촉구하고 신뢰를 가져다 줄 수 있기 때문이다. 이러한 논리에
따라 〈표 1〉은 정치관심의 정도와 지지정당의 여부를 결사체에 가입한 유
형과 수준에 따라 분류하여 살펴본 결과이다.

결속형 결사체와 교량형 결사체 모두에서 동일하게 발견되는 것은 가입
의 수준이 높아질수록 정치관심의 수준이 높아지고 지지하는 정당이 있는
비율이 높아진다는 점이다. 결속형 결사체에 속한 개인들을 보면, 한 개의
결사체에 가입한 응답자는 무가입자에 비해 많은 정치관심의 비율을 나타냈
고(38.5% 대 31.8%), 2개 이상의 가입자들 가운데서는 다른 집단에 비해
월등히 높은 비율의 응답자들이 정치관심을 보이고 있다(59.8%). 한편, 교
량형 결사체 가입의 경우도 마찬가지로 무가입자에서 복수가입자까지 가입
의 정도에 따라 정치관심의 비율이 순차적으로 높게 나왔다(각각 32.8%,

〈표 1〉 결사체 가입과 정치관심 및 지지정당 여부(%, n=1,217)

		정치관심			정당지지 여부
		많은 관심	약간 관심	합계	
결속형	무가입	3.2	28.6	31.8	26.6
	단수 가입	3.0	35.5	38.5	29.6
	복수 가입	12.3	47.5	59.8	45.5
	전체	4.0	33.0	37.0	29.6
	통계	$X^2 = 54.1$, df=6, p=.00			$X^2 = 18.3$, df=2, p=.00
교량형	무가입	3.2	29.7	32.8	26.4
	단수 가입	4.9	40.5	45.5	34.1
	복수 가입	12.1	48.5	60.6	56.1
	전체	4.0	33.0	37.1	29.7
	통계	$X^2 = 46.4$, df=6, p=.00			$X^2 = 29.1$, df=2, p=.00

"선생님께서는 평소 정치에 대하여 얼마나 관심이 있으십니까?"
"선생님께서는 현재 지지하는 정당이 있으십니까?"
* 정치관심의 X^2 값은 '별로관심없음'과 '전혀관심없음'을 포함한 통계임

45.5%, 60.6%).

이러한 경향은 지지정당 여부에 대한 응답자의 비율에서도 비슷하게 나타났다. 결속형 결사체의 경우 무가입자에 비해 한 개의 결사체에 가입한 응답자의 지지정당 비율이 약간 높았으며(26.6% 대 29.6%), 복수가입자는 앞의 집단들보다 지지정당이 있는 비율이 훨씬 높았다(45.5%). 교량형의 경우도 결사체 가입이 많으면 많을수록 지지하는 정당이 있다는 비율이 높게 나타났다(26.4%, 34.1%, 56.1%). 이처럼 사회자본의 보유 여부에 따라 나타나는 일정한 정치정향 분포는 정치관심이 정당의 지지 여부와 밀접한 관련이 있다는 것을 보여주는 것이며, 정치적 관심이 높다는 것이 주로 정치제도에 대한 긍정적 태도를 가져온다는 추론을 가능케 한다.

여기서 흥미로운 것은 정치관심과 지지정당의 비율이 결속형과 교량형 결사체 가입 정도에 따라서 일정한 패턴을 보이지만 그 양상은 다르게 나타난다는 점이다. 결속형의 경우 정치관심의 정도와 지지정당의 비율이 가입의 개수에 따라서 차이를 보이는 반면, 교량형의 경우는 결사체의 가입 여부에서 뚜렷한 차이를 보인다는 것이다. 두 유형 사이에 이러한 차이가 나타나는 이유는 아마도 한 개 정도의 결속형 결사체 가입은 일반적인데 비해, 교량형 결사체의 가입은 자발성이 더 높기 때문에 나타나는 현상일 수 있다. 또한 결속형 결사체의 경우 혈연이나 지연의 배타적인 친목이 중심이 되는데 비해, 교량형 결사체의 경우는 다양한 사회 구성원 간 상호신뢰와 호혜를 구축하기 때문에 교량형 결사체의 참여여부 자체가 정치관심에 큰 차이를 가져올 수도 있다. 이러한 차이에도 불구하고 결속형과 교량형 결사체 가입 여부에 따라 정치성향에 차이가 나타난다는 것은 이론연구에서 주장한 사회자본의 속성이 존재함을 확인시켜 주는 것이다.

2. 사회자본과 정치참여

결사체 가입에 따라 정치정향인 정치관심과 신뢰에 차이가 있다면 정치행위인 정치참여에 있어서도 차이가 있을 것이다. 따라서 결사체 가입이 활발할수록 정치참여도 적극적일 것으로 기대한다.[6] 이를 경험적으로 확인하기 위하여 결사체 가입에 따른 투표참여를 포함한 정치참여의 수준을 살펴보았다.

〈표 2〉에서 응답자들의 전체투표율은 76.6%인데 결사체 가입수준에 따른 투표참여비율이 다르다는 것을 알 수 있다. 결속형 결사체 참여수준에

---

[6] 보다 폭 넓은 차원에서 사회자본과 정치참여의 관계에 대한 유익한 기존연구로는 이숙종·유희정(2010)의 글이 있다. 이숙종·유희정은 정치참여 유형을 '선거참여'와 '비선거 참여'로 분류하고 이에 대한 인지적·구조적 사회자본의 영향 정도를 살펴보면서 사회자본과 정치참여의 관계에 대한 체계적 분석을 시도하고 있다.

따라 분류해 보면 가입하지 않은 응답자들의 투표율은 74.1%로 전체평균과
2.5%p 차이를 보이고 있다. 반면에 복수로 가입한 응답자들의 투표율은
90.2%로 무가입자들과 큰 차이를 나타낸다. 결속형 결사체에서 활발한 활
동을 하는 개인들이 투표참여에서도 적극적임을 알 수 있다. 마찬가지로 교
량형 결사체 참여수준에 따른 투표율 차이도 명백히 나타난다. 무가입자들
의 투표율은 전체투표율과 큰 차이를 보이지 않지만, 복수가입자들의 투표
율은 90% 가까이에 이르고 있다. 이처럼 두 개의 결사체 모두에서 가입 여
부에 따른 투표율 차이가 유사하게 나타나는 것은 결사체에 가입하여 사회
자본이 강화되는 것이 정치에 대한 참여 동기를 강하게 만들어 준다는 주장
을 받아들이게 한다.

〈표 2〉 결사체 가입과 정치참여(%, n=1,217)

		투표참여	행동참여		
			정치인 접촉	서명	시위·집회
결속형	무가입	74.1	9.1	26.5	6.5
	단수 가입	76.2	15.1	34.2	7.8
	복수 가입	90.2	22.8	31.7	10.6
	전체	76.6	12.6	29.8	7.4
	통계	$X^2 = 7.2$, df=2, p=.00	$X^2 = 21.1$, df=2, p=.00	$X^2 = 7.8$, df=2, p=.02	$X^2 = 2.6$, df=2, p=.27
교량형	무가입	75.2	9.1	22.7	4.2
	단수 가입	78.1	18.6	47.5	14.1
	복수 가입	89.4	34.8	54.5	24.2
	전체	76.6	12.6	29.8	7.4
	통계	$X^2 = 18.3$, df=2, p=.03	$X^2 = 48.0$, df=2, p=.00	$X^2 = 79.9$, df=2, p=.00	$X^2 = 57.9$, df=2, p=.00

"선생님께서는 2008년에 치러진 18대 국회의원선거에서 투표를 하셨습니까?"
"선생님께서는 자신의 의사를 반영하기 위해 다음 정치행동에 참여한 적이 있으십니까?"

투표참여가 가장 낮은 비용을 치른다는 점에서 낮은 수준의 정치참여이고, 보편적 참여가 보장된 것이라면 정치인을 접촉하거나 서명 혹은 시위 및 집회참여는 투표참여보다 더 많은 비용을 요구하며 정치적 효능감이 높아야 가능한 행위라 하겠다. 〈표 2〉 하반부의 결과에 따르면, 결사체에 가입수준에 따라 정치인을 접촉한 경험의 비율이 달라진다. 결속형 결사체의 경우, 무가입자의 정치인 접촉경험은 10명 중 1명도 되지 않지만, 복수가입자들은 훨씬 높은 비율을 보여준다(4~5명 중 1명꼴). 이러한 분포의 차이는 서명이나 시위 및 집회참여비율에서도 마찬가지이다. 복수가입자들 가운데서는 서명 경험자가 31%가 되고, 시위나 집회에 참여해 본 응답자들도 10%가 넘어 무가입자나 단수가입자들과는 일관된 차이를 보여준다.

한편, 교량형 결사체의 가입수준에 따른 다양한 정치참여의 경험비율도 일관성 있는 차이를 확인시켜준다. 복수가입자들은 무가입자나 단수가입자들에 비해 월등히 높은 정치참여의 경험을 보여준다. 특히 〈표 1〉에서와 비슷하게, 교량형의 경우는 참여 여부가 결사체 참여의 개수보다 더 큰 차이를 나타낸다. 예를 들어 서명경험을 보면 교량형 결사체에 무가입한 응답자들 중에는 22.7%가 참여 경험을 말하지만, 한 개의 교량형 결사체에 가입하고 있는 응답자들의 경험 비율은 47.5%로 2배가 넘는다. 그러나 단수가입자와 복수가입자와의 차이는 7%p로 크지 않은 것으로 나타났다. 이처럼 교량형 결사체 가입의 경우 가입수준이 어떠한가보다는 가입 여부에 따라 정치참여 수준이 달라지는 것을 알 수 있다.

전체적으로 볼 때, 결속형 결사체의 가입 정도에 따라 정치참여 수준이 달라지기도 하지만, 교량형 결사체의 가입 정도에 따른 차이만큼은 두드러지지는 않는다. 이러한 결과는 교량형 결사체에 참여하는 것이 결속형에 비해 정치참여의 동기를 더 크게 촉진시키고 있음을 말해준다.

3. 결속형 결사체와 지역주의

이상에서 결속형 결사체와 교량형 결사체가 공통적으로 정치행태와 정치 참여에 긍정적 영향을 준다는 것을 확인함으로써 사회자본의 일반적 경향이 적용될 수 있다는 것을 확인하였다. 그러나 사회자본의 성격에 따라 정치발 전에 긍정적일 수도 있고 부정적일 수도 있다는 퍼트남과 후속 연구들의 결과에 근거하면, 한국에서도 두 개의 다른 유형의 결사체 중 어디에 가입하 는가에 따라 개인의 지역주의 수준에 미치는 영향력이 다를 것으로 추측된 다. 즉 결속형 결사체에 가입한 정도에 따라 구성원들의 지역주의가 다르게 나타날 가능성이 있다. 다음의 〈표 3〉은 응답자의 출신별로 결속형 결사체 에 속한 정도에 따라 역대대통령의 평가를 살펴본 것이다. 이 표를 통해 호남과 영남 출신자들의 대통령에 대한 평가가 어떻게 다른지를 타 지역 평균과 비교하여 분석해 보았다.

〈표 3〉 출신지역별 결속형 결사체 가입과 대통령 평가

		김영삼	김대중	노무현	이명박
호남	무가입	-.23	1.95*	1.17	-.78
	1개 가입	-.67	1.87	.81	-.79
	2개 이상 가입	-.02	3.03	1.53	-1.25
경북	무가입	.26	-.93	-.57	.77
	1개 가입	.26	-.96	-.77	.77
	2개 이상 가입	.29	-1.37	-.98	.08
경남	무가입	-0.08*	-0.78	0.11	-0.23
	1개 가입	0.44	-0.76	-0.15	-0.15
	2개 이상 가입	0.82	-1.49	-0.25	0.73

"다음은 우리나라 역대 대통령의 명단입니다. 선생님께서 호감을 갖는 정도를 0점에서 10점 사이 로 평가해 주십시오."
* P<.1

〈표 3〉에서 제시된 수치는 해당 지역을 제외한 전국적으로 동일한 결속형 결사체 가입수준과 출신지역에 따른 차이를 보여주는 것이다. 예를 들어, 호남에서 결속형 결사체에 가입하지 않은 응답자의 이명박 대통령에 대한 점수는 -.78점으로 표시되어 있는데, 이는 호남을 제외한 전체 무가입자들의 이명박 대통령에 대한 평가점수보다 -.78점 낮다는 것을 나타낸 것이다. 이 표를 통해 호남의 경우 김대중, 노무현 대통령에 대해서는 결속형 결사체에 가입하는 수준이 높을수록 높은 점수로 평가하고, 반면에 영남에 기반을 둔 김영삼, 이명박 대통령에 대해서는 가입수준이 높을수록 낮은 점수를 줄 것이라는 가설을 검토하고자 하는 것이다.

표의 결과를 구체적으로 보면 호남의 경우, 호남지역 출신의 김대중 대통령의 평가점수는 무가입자는 1.95점 그리고 복수가입자는 3.03점으로 호남을 제외한 전국평균보다 훨씬 높은 점수를 보여주므로 결속형 결사체에 가입수가 많을수록 김대중 대통령에 대한 평가는 더욱 긍정적인 것을 알 수 있다. 이러한 평가의 편향성은 노무현 대통령과 이명박 대통령의 평가에서도 그대로 나타난다. 노무현 대통령의 경우 호남의 무가입자는 호남을 제외한 전국평균보다 1.17점 높지만 복수가입자는 1.53점 높다. 반면에 영남에 정치적 기반을 둔 이명박 대통령의 경우 무가입자는 호남이외의 전국평균보다 0.78점 낮지만 복수가입자는 -1.25점 낮게 평가되고 있다. 이러한 지역기반에 따른 정치적 선호의 일정한 경향성은 결속형 결사체에 가입과 활동이 활발할수록 지역정서에 강하게 영향을 받기 때문에, 같은 가입수준의 타지역 전국평균과 비교해 보았을 때, 자기지역출신의 대통령에게 좀 더 긍정적 평가를 하며, 반대로 타지역 출신 대통령에게는 부정적 평가를 하는 추세를 보이는 것이다.[7]

---

7) 〈표 3〉의 값을 구하기 위해 36개의 서로 다른 평균을 사용했으며, 표의 간단성을 위해 그 값들은 제시하지 않았다. 한편, 이 표의 결과에서 각 셀의 통계적 유의성을 반드시 따져야 하는가에 관해, 비록 모든 값들이 유의하지 않다 해도 전체적인 값들의 경향성이 일정한 패턴을 발견할 수 있다면 통계적 유의성이 낮다 해도 본문과 같은 해석은 가능하다고 판단하였다.

가장 두드러지게 일관적인 지역편향성을 보이는 지역이 경남이다. 경남 출신 응답자들은 거의 예외 없이 결속형 결사체에 가입한 수준이 높아짐에 따라 자기출신 대통령에게는 더욱 긍정적 평가를 하고, 호남지역 출신 혹은 호남지역 기반의 후보에 대해서는 부정적 평가를 하고 있다. 이들은 특히 경남을 기반으로 하는 김영삼, 이명박 대통령의 평가에서는 무가입자와 복수가입자들 사이에 명백한 평가점수 차이를 보여준다. 또한 호남에서의 김대중 대통령과 경남에서의 김영삼 대통령에 대한 평가차이는 통계적으로도 유의한 의미를 보여준다. 출신지역 이외에도 여러 가지 요인들이 대통령 평가에 영향을 미치지만, 위에서는 응답자의 출신지역에 따라 그리고 결속형 결사체에 가입한 정도에 따라 차이가 있음을 제시하였다.

다음으로 사회자본의 속성에 따라 지역주의의 수준이 다르다는 가설을 다시 확인하기 위해서 결속형 결사체의 가입 정도에 따라 출신지역과 타지역의 선호 차이가 있는가를 비교하였다. 주지한 바와 같이 지역주의에 대한 개념적 정의를 조작화하여 직접적으로 측정하기는 쉽지 않다. 그 이유는 지역주의가 사회규범상 바람직하지 않은 것을 여겨지기 때문에 직접 응답자에게 물어 솔직한 답변을 얻기 어렵기 때문이다. 따라서 지역주의 성향과 관계되는 설문항을 이용하는 측정하는 방법이 통상적이다. 〈표 4〉는 결속형 결사체의 가입 여부가 출신지역과 타지역의 선호 차이와 연관성이 있음을 보여준다. 결속형 결사체에 가입한 경우 가입하지 않은 경우보다 출신지역

〈표 4〉 결속형 결사체 가입 정도와 출신지와 타지역 선호 차이

	서울/경기	강원	충청	호남*	영남*	전체**
무가입	1.43	1.54	1.43	1.40	.84	1.27
1개 가입	1.46	1.57	1.76	1.19	1.09	1.32
2개 이상 가입	1.90	1.96	1.80	2.11	1.36	1.75

"선생님께서 느끼시는 각 지역민들에 대한 호감 정도를 0-10점으로 평가해 주십시오."
* 숫자는 응답자의 출신지역 선호점수에서 모든 타지역 선호점수 평균을 뺀 값임
* p〈.1, ** p〈.05

선호가 높게 나타나고 있다. 모든 지역에서 결속형 결사체에 가입하지 않은 응답자들보다 2개 이상에 가입한 응답자들의 선호 차이가 큰 것을 확인할 수 있다. 또한 무가입자와 2개 이상 가입한 응답자들의 선호 차이를 비교해 보면 호남과 영남에서 가장 그 효과가 크다는 것을 알 수 있다. 이러한 결과는 결속형 결사체가 지역주의 강화에 영향을 미쳤을 가능성을 보여주는 것이기도 하다.

4. 교량형 결사체와 지역주의

앞에서 결속형 결사체의 가입이 사회자본으로서 구성원간의 정치적 지역주의를 강화시킨다는 것을 경험적으로 확인하였다. 그렇다면 교량형 결사체는 균열 축으로서의 결속형 결사체처럼 지역주의를 약화시키는지 검토하고자 한다. 이론적으로 교량형 결사체는 지역별 구성원들 간의 연계강도가 약하고 서로 다른 집단들 또는 더 큰 공동체와 연결되면서 다양한 사회적 균열을 둘러싼 집단 간의 갈등을 통합하는 성격을 지닌다. 따라서 교량형 결사체에의 귀속은 한국사회의 대표적 균열인 지역주의를 완화할 가능성이 있다. 따라서 교량형 결사체의 가입 정도를 개인들의 출신지역으로 분류했을 때 일정한 패턴이 나타나지 않거나 오히려 이 사회자본이 가지는 개방성과 외부지향적 성격 때문에 지역주의를 약화시킬 것으로 기대한다.

대통령 평가를 〈표 3〉과 같은 방식으로 교량형 결사체를 기준으로 검토해 본 결과가 〈표 5〉이다. 그런데 기대한 바와 달리 출신지역에 따른 평가의 일관성이나 어떠한 패턴도 발견할 수 없었다. 다만 눈에 띄는 것은 경북 출신자들이 교량형 결사체에 많이 가입할수록 이명박 대통령에 대한 평가가 낮아진다는 것 정도이다. 그리고 〈표 3〉과 비교했을 때 경남에서 김영삼 대통령에 대한 평가의 편향성과 낮아짐이다. 따라서 이 표를 통해서 확인할 수 있는 것은 교량형 결사체가 최소한 지역주의를 강화시키지는 않는다는 점이다. 그러나 이러한 경험적 결과만을 가지고 교량형 결사체가 지역주의

〈표 5〉 출신지역별 교량형 결사체 가입과 대통령 평가

		김영삼	김대중	노무현	이명박
호남	무가입	-.33	1.9	1.03	-.85
	1개 가입	-.47	2.07	1.02	-.75
	2개 이상 가입	.07	2.93	1.50	-.45
경북	무가입	.15	-.99	-.81	.81
	1개 가입	.64	-.96	-.33	.59
	2개 이상 가입	.34	-1.29	-.95	.09
경남	무가입	.18	-.78	.10	-.18
	1개 가입	.24	-.83	-.36	.24
	2개 이상 가입	-.06	-1.76	-.49	.39

"다음은 우리나라 역대 대통령의 명단입니다. 선생님께서 호감을 갖는 정도를 0점에서 10점 사이로 평가해 주십시오(매우 좋아하면 10점, 보통이면 5점, 매우 싫어하면 0점입니다)."

약화에 기여하지 않는다고 단언할 수는 없다. 왜냐하면 이 표는 교량형에 가입한 수준만을 기준으로 하고 있기 때문에 교량형과 결속형에 모두 가입한 사람들을 모두 포함하고 있기 때문이다. 따라서 순수한 교량형 결사체의 효과를 분석하기 위해서는 다변량 분석기법을 통한 분석이 필요하다. 이는 아래의 회귀분석에서 다루도록 한다.

〈표 6〉은 앞의 〈표 4〉와 동일한 방식으로 교량형 결사체의 가입 여부에 따른 지역출신자들의 자기지역과 타지역의 지배정당에 대한 선호 차이를 제시하는데, 서울과 영남에서는 교량형 집단에 가입한 경우 지역선호 편중이 낮게 나타났다. 〈표 4〉에서 결속형 결사체의 가입에 따른 지역선호 편중의 강화와는 차이를 보이지만, 역시 뚜렷한 경향성을 보이지는 않고 있다. 그럼에도 불구하고 간접적으로나마 교량형 결사체의 효과를 확인할 수 있는 것은 〈표 6〉을 〈표 4〉와 비교했을 때 교량형과 결속형 결사체에 2개 이상 가입한 응답자들을 비교해 보면 교량형 결사체에 가입한 경우에 타지역 선

〈표 6〉 교량형 결사체 가입 여부에 따른 자기지역과 모든 타지역의 선호 차이

	서울/경기	강원	충청	호남	영남	전체
무가입	1.47	1.39	1.59	1.45	1.06	1.35
1개 가입	1.47	2.50	1.48	1.30	.83	1.27
2개 이상 가입	1.37	2.93	1.51	1.54	.87	1.36
선호 차 비교[a]	-.53	.97	-.29	-.57	-.49	-.39

a: 교량형 2개 이상 가입과 결속형 2개 이상 가입의 타지역 선호 차이 비교

호 차이가 월등히 적게 나타난다는 사실이다. 예를 들어 영남의 경우 교량
형 결사체에 2개 이상의 가입한 사람들은 결속형 결사체에 2개 이상 가입한
사람들보다 타지역에 대한 거리감이 평균 .49, 호남의 경우 .57만큼 줄어들
었다.

5. 사회자본에 따른 유형과 지역주의

앞에서의 분석에서 응답자들이 결속형 결사체와 교량형 결사체에 가입한
수준에 따라 지역주의 성향이 어떻게 달라지는가를 확인하였다. 그런데 이
같은 이변량 분석에서 독립변수를 분석하는 데 한계점은 개인들은 배타적으
로 두 가지 결사체 중 하나에만 가입하지는 않는다는 사실은 고려하지 못한
다는 사실이다. 다시 말해서 두 가지 유형의 결사체 중 하나에만 매진할
수도 있지만, 어떤 사람은 결속형 결사체와 교량형 결사체 모두에서 활발하
게 활동할 가능성이 있으며, 또 어떤 이는 두 가지 결사체 모두에서 전혀
활동을 하지 않을 수도 있다. 따라서 서로 지역주의에 대한 영향력의 방향
이 다른 두 결사체에 속한 분포에 따라 포괄적인 유형분석이 필요하다. 〈표
7〉은 이러한 관점에서 응답자의 결사체 가입유형에 따라 정리한 것이다.
위에 제시한 바와 같이 이 글에서는 사회자본의 유형을 4가지로 구분한

〈표 7〉 결속형 결사체와 교량형 결사체의 가입분포

		교량형 결사체			
		무가입	1개 가입	2개 이상 가입	전체
결속형 결사체	무가입	503	135	19	657
	1개 가입	310	96	32	438
	2개 이상 가입	75	32	15	122
	전체	888	263	66	1,217

다. 아무런 결사체에도 가입하지 않은 응답자를 '무가입형'(503명), 결속형 결사체에는 가입하지 않았지만 교량형 결사체에는 가입한 응답자를 '교량형'(135명 + 19명), 교량형 결사체에는 가입하지 않았지만 결속형 결사체에는 가입한 응답자를 '결속형'(310명 + 75명), 그리고 나머지 한 개 이상 두 가지 결사체에 모두 가입한 응답자를 '혼합형'(96명 + 32명 + 32명 + 15명)으로 구분하였다.

앞에서 주장한 바와 같이 결속형 결사체는 지역주의를 강화하고 교량형 결사체는 지역주의를 약화시키는 영향력이 있다면, 결사체 가입에 따른 유형집단은 지역주의에 대한 인식에 있어서도 차이가 있을 것으로 기대된다. 다음의 〈표 8〉은 이러한 주장을 검토한 것이다. 지역주의의 문제점에 관한 질문에 대하여 시급히 개선되어야 할 문제라는 답변이 교량형 응답자들 사이에서 가장 높게 나왔다(63.2%). 반면에 결속형 응답자들 중에는 56.2%가 같은 답변을 하였다. 또한 심각하지는 않다는 답변에 동의하는 비율이 결속형에서는 40%가 넘어 30.3%인 교량형과 차이를 보여준다. 이에 비해 아무런 결사체에도 속하지 않은 무가입자들은 교량형과 결속형 응답자의 중간수준을 보여주고 있다.

이상의 분석을 통해 사회자본 가입유형에 따라 지역주의 수준이 다르다는 것을 확인했지만, 이는 이변량 분석(bivariate analysis)이었기 때문에 지역주의 성향에 미칠 수 있는 다른 변수의 영향을 제대로 통제하지 못했을

〈표 8〉 사회자본유형과 지역주의 인식

	시급히 개선되어야 함	개선되어야 하지만 심각하지 않음	크게 문제가 되지 않음
무가입	58.3	36.4	5.3
결속형	56.2	40.2	3.7
교량형	63.2	30.3	6.6
혼합형	60.2	36.9	2.8
전체	58.9	36.6	4.5

가능성이 있다. 따라서 개인적 특성을 포함한 다변량 분석이 필요하다. 〈표 9〉는 지역주의를 측정할 수 있는 또 다른 설문항을 이용한 것으로, 지역출신의 정치인이나 지역대표정당이 있어야 한다는 의견에 대해 기본적인 인구통계학적 변수와 사회자본 유형별 변수를 포함하여 회귀분석한 결과이다. 모델 1은 응답자의 출신지역을 포함하지 않은 경우이고, 모델 2는 출신지역 변수를 포함한 것이다. 표의 모델 모두에서 학력이나 소득의 변수가 양의 값을 갖는 것은, 학력이나 소득이 높을수록 지역출신의 정치인이나 정당이 있어야 한다는 의견에 반대하는 것을 의미한다. 그리고 비록 통계적으로 유의하지 않지만 연령변수의 계수 값은 나이가 많을수록 지역대표 인물이나 정당이 필요하다는 데 공감하는 것으로 볼 수 있다.

이 회귀분석에서는 결사체 유형 중 결속형을 준거값으로 하여 무가입, 교량형 그리고 혼합형을 더미변수로 사용하고 있다. 따라서 각각의 값은 결속형에 대한 상대적 의미로 해석해야 한다. 무가입자와 교량형 결사체에 속하는 응답자들의 계수값이 통계적으로 유의하며 양의 값을 보이는 것은 이들이 결속형 결사체에 속한 사람들보다 지역대표 인물이나 정당에 대한 필요성에 공감하는 정도가 덜하다는 것을 의미한다. 특히 무가입자의 계수값보다 교량형의 계수값이 더 크다는 것은 지역대표성에 대한 공감의 정도가 더 약하다는 것을 나타낸다. 결국 이 두 변수의 값이 의미하는 바는 결속형

〈표 9〉 결사체 유형과 지역주의 회귀분석

변수	모델 1			모델 2		
	계수	SE	유의확률	계수	SE	유의확률
(상수)	3.096	.202	.000	3.203	.205	.000
성별	-.181	.059	.002	-.162	.059	.006
연령	-.018	.025	.487	-.021	.026	.417
학력	.139	.053	.009	.135	.053	.011
가구소득	.047	.022	.032	.041	.022	.060
무가입_D	.159	.067	.018	.135	.067	.045
교량형_D	.191	.094	.042	.171	.094	.068
혼합형_D	.045	.091	.621	.070	.090	.436
호남				-.128	.078	.100
경북				-.281	.086	.001
경남				-.204	.086	.018
충청				.100	.089	.259
	n=1,217, F=6.9/df=7, p=.00, R^2=.04			n=1,217, F=6.3/df=11, p=.00, R^2=.06		

종속변수: "선생님께서는 우리 지역(광역 시/도)의 발전을 위해 '지역 출신 대통령이 당선되거나 지역 대표 정당이 있어야 한다'는 견해에 대해 어떻게 생각하십니까?" 1 매우 공감, 2 공감하는 편, 3 별로 공감하지 않는 편, 4 전혀 공감하지 않는 편
사회자본유형: 결속형이 준거 값, 지역: 서울/경기/강원이 준거 값

에 속한 사람들이 지역대표성에 가장 공감을 하고 있으며, 다음으로 무가입자들 그리고 교량형에 가입한 사람들이 지역대표성의 중요성을 가장 덜 인식하고 있다는 것으로 해석할 수 있다. 그리고 마지막으로 혼합형에 속하는 사람들의 계수값은 모델에서 가장 작은 계수 값을 보여주며 통계적 유의성을 갖지 못하는데, 이는 상대적으로 결속형에 속하는 사람들과 지역대표성에 대한 견해에 별 차이가 없다는 것을 의미한다. 그렇다면 결속형과 교량

형 모두에 가입한 사람들은 교량형보다는 결속형에 더 많은 영향을 받았다고 볼 수 있다.

모델 2는 응답자의 출신지역을 통제하여 분석한 결과이다. 이 연구에서 초점을 맞추고 있는 변수들의 계수 값을 모델 1과 비교해 보면 약간 작아지기는 하였지만 유의도와 값의 상대적 크기가 모델 1과 비교하여 변함이 없다. 즉, 출신지역을 통제한 이후에도 가입유형에 따른 지역대표성에 대한 견해 차이는 존재한다는 것을 보여주는 것이다. 출신지역변수의 값들은 충청을 제외하고 모두 유의하며 강원도를 포함한 수도권을 준거값으로 정한 것을 바탕으로 해석해보면 호남과 영남지역의 출신자들은 상대적으로 지역대표성의 중요성에 대해 수도권 출신에 비해 공감하는 바가 크다는 것이다. 모델 2를 통해 추가적으로 확인할 수 있는 것은 출신지역에 관계없이 응답자들이 어떤 유형의 결사체에 속했는가에 따라 지역대표성의 중요성을 인식하는 정도가 다르며, 교량형에 속한 경우에 결속형에 속한 사람들과 가장 두드러진 차이를 보여준다는 것이다. 결국, 위의 분석을 통해 이론적으로 논의한 바와 같이 상대적 의미에서 결속형 결사체가 지역주의를 강화시키는 경향과 교량형 결사체가 지역주의를 약화시키는 경향이 있다는 것을 경험적으로 확인할 수 있었다.

이러한 경험적 연구에도 불구하고 두 가지 점은 언급되어야 한다. 첫 번째는 지역주의 성향이 강한 사람들이 결속형 결사체를 선호하고, 지역주의 성향이 약한 사람들이 교량형 결사체를 택하는 경향이 있는지 혹은 결사체에 따라 개인들의 지역주의 성향이 변화한 것인지에 대해서 엄밀하게 그 인과관계를 밝히지 못하고 있다. 비록 연령, 성별, 학력 그리고 소득이라는 인구통계학적 변수를 통제함으로써 정치적 편향성에 영향을 줄 수 있는 변수를 검토했지만 모델에서 고려하지 못한 다른 변수가 그러한 편향성에 중요한 영향을 미칠 수 있는 가능성을 배제할 수 없다. 두 번째로 지역별로 결속형이나 교량형이 특별히 활성화된 지역이 존재하고 집합적 의미에서 지역주의를 강화시키거나 약화시키는지를 검토하지 못했다. 그러나 이러한 문제의식은 본 논문과 밀접한 관련이 있는 주제이기는 하지만, 본 논문의 문제의식과는 차별적이다.

이 논문에서는 횡단면적 자료를 통해 개인들의 성향에 초점을 맞추어 사회자본의 특성에 따른 개인의 지역주의 의식의 차이를 분석하였다. 사회자본의 분포와 지역별 지역주의 수준의 차이를 분석하고자 한다면 사회자본이 영향력을 발휘하기 이전의 지역별 지역주의 수준에 대한 정보가 필요하다. 한 시점의 지역별 지역주의 수준과 결속형이나 교량형 사회자본의 영향력을 평면적으로 분석하는 것은 오류의 가능성이 있다. 예를 들어 현재 지역주의가 다른 곳보다 강한 지역이라도 이전에 더욱 강한 지역주의 정서를 가지고 있었다면, 교량형 결사체가 많이 분포되어 지역주의를 이전보다 약화시켜도 여전히 다른 곳보다 지역주의가 높게 나타날 수 있다. 따라서 본 연구에서 사용한 개인수준의 자료를 통해 지역주의 수준과 지역별 결사체의 분포를 분석하는 것은 타당하지 않다. 이러한 주제의 연구는 집합적이고 시계열적인 자료를 통해 가능할 것이다.

IV. 결론

이 글은 사회자본의 개념을 바탕으로 한국의 지역주의 현상을 설명하고자 하였다. 사회자본을 도입한 이유는 기존의 연구들이 가지고 있던 방법론적인 어려움을 보완하기 위해서였다. 기존의 연구들은 각각의 장점에도 불구하고 구조와 행위를 연계시키는 부문에서 어려움을 겪는다는 문제를 안고 있었다. 관계에 초점을 맞추고 있는 사회자본은 구조와 행위를 연계시키는 관계분석을 한다는 것을 의미하는 것이기 때문에 기존의 연구들이 가지고 있던 문제를 보완하는 장점을 가질 수 있었다.

또한 이 글은 결속형 및 교량형 사회자본과 같이 그 관계유형의 특성을 유형화하여 분석함으로써 구체적으로 어떻게 지역주의와 같은 집단행동의 결과가 나올 수 있는지를 논리적으로 밝힐 수 있는 가능성도 열어준다는 장점을 가지고 있다. 이론적으로 볼 때 개인들이 맺고 있는 관계의 특성이 지역주의적인 행동의 결과와 밀접한 연관을 갖는다. 이 글의 경험적 분석은 이를 증명함으로써 사회자본이 지역주의 현상을 설명하는 데 유용하다는 것을 보여 주었다. 우선 결속형 및 교량형 결사체에 많이 가입되어 있을수록 개인들의 정치관심, 제도신뢰 그리고 정치참여에 커다란 영향을 준다는 것이 통계적으로 밝혀졌다. 이는 사회자본이 집단행동 및 사회적 결과에 영향을 미친다는 사회자본론의 일반적 주장을 증명하는 것이었다. 다음으로 이 글이 초점을 맞추고 있는 개인들의 사회자본과 지역주의적인 성향의 연관성도 통계적으로 유의미한 것으로 밝혀졌다. 이변량 분석을 통해 지역주의적인 이익추구 행태로 발전할 수 있는 속성을 가진 결속형 결사체에 많이 연계되어 있는 사람일수록 대통령 평가, 타지역에 대한 선호도, 지역대표의 필요성 등에서 지역주의적 성향을 보이는 경향이 통계적으로 유의미하다는 것을 확인하였다. 반대로 교량형 결사체에 많이 연계되어 있는 사람들은 지역주의적인 경향이 완화되는 경향이 보였다. 그리고 사회자본 유형의 틀을 제공하고 다변량 분석을 통해 사회자본의 특성과 지역주의의 관계를 검증하였다.

사회자본이 한국의 지역주의 현상을 설명하는데 있어 방법론적으로 유용할 뿐만 아니라 경험적으로도 타당성이 있다면 사회자본 분석틀이 한국의 정치발전에 주는 함의는 다음과 같이 유추해 볼 수 있다. 사회자본은 그 유형이 다양하기 때문에 긍정적인 결과뿐만 아니라 부정적인 영향을 초래하기도 한다. 따라서 사회자본의 풍부함 자체가 정치발전과 자동적으로 직결되지는 않는다. 결속형과 교량형 사회자본의 분포도가 어떻게 구성되어 있느냐에 따라 정치발전이 이루어질 수도 있고 반대로 지체될 수도 있는 것이다. 한국의 지역주의적인 성향이 결속형 사회자본에 의해 유지되고 강화되는 경향이 있다면, 결속형 사회자본이 축소되고 교량형 사회자본이 증가하여 양자 간 분포의 변화가 올 때 그 해결책이 주어진다고 할 수 있다. 문제는 이것이 어떻게 가능한가이다. 결속형 사회자본 축소 및 교량형 사회자본

증가가 자동적으로 발생하지는 않을 것이다. 그렇다면 이것이 서구 학자들처럼 사회경제적으로 보다 더 근대화되고 시민사회화가 되어야 가능한 것인지 아니면 정책적으로 가능한 것인지는 차후의 연구과제라고 할 수 있다.

÷ 참 고 문 헌 ÷

강원택. 2003. 『한국의 선거정치: 이념, 지역, 세대와 미디어』. 서울: 집문당.

곽현근. 2007. "개인수준의 지역사회 사회적 자본이 투표참여에 미치는 영향에 관한 연구." 『한국지방자치학회보』 19집 3호, 5-30.

김만흠. 1997. 『한국정치의 재인식: 민주주의, 지역주의, 지방정치』. 서울: 풀빛.

김상준. 2004. "부르디외, 콜만, 퍼트남의 사회적 자본 개념 비판." 『한국사회학』 38집 6호, 63-95.

마인섭·장 훈·김재한. 1997. "한국에서의 탈물질주의적 가치관의 등장과 사회적 균열구조의 변화." 『한국과 국제정치』 13권 3호, 29-52.

문용직. 1992. "한국의 정당과 지역주의." 『한국과 국제정치』 8권 1호, 1-18.

손호철. 1993. 『전환기의 한국정치』. 서울: 창작과 비평사.

송경재. 2005. "사이버 공동체의 사회적 자본과 네트워크 정치참여." 『한국정치학회보』 39집 2호, 423-443.

윤종빈. 2008. "17대 대선과 후보자 요인." 『현대정치연구』 1권 1호, 59-84.

이갑윤. 1998. 『한국의 선거와 지역주의』. 서울: 도서출판 오름.

이갑윤·이현우. 2008. "이념투표의 영향력 분석: 이념의 구성, 측정 그리고 의미." 『현대정치연구』 1권 1호, 137-168.

이숙종·유희정. 2010. "개인의 사회자본이 정치참여에 미치는 영향." 『한국정치학회보』 44집 4호, 287-313.

이재열. 2006. "지역사회 공동체와 사회적 자본." 한국사회학회 기획학술심포지엄, 25-49.

장 훈. 2004. "한국 참여민주주의의 발전과 과제: 진보-자유지상주의의 등장과 한국 민주주의의 압축이동." 한국정치학회 하계학술회의 발표논문.

정기환·심재만. 2004. 『사회자본 측정지표 개발』. 연구보고서 R478. 한국농촌경제연구원.

정병은. 2005. "유권자의 사회자본과 지역주의에 대한 연구." 『한국사회학』 39집 5

호, 83-118.

조기숙. 1996. 『합리적 선택: 한국의 선거와 유권자』. 서울: 한울.

최영진. 1999. "산국지역주의 논의의 재검토: 정치적 정체성 개념과 동기부여구조를 중심으로." 『한국정치학회보』 33집 2호, 135-155.

최장집. 1993. 『한국민주주의 이론』. 서울: 한길사.

황아란. 2008. "제17대 대통령 선거의 투표선택과 정당태도의 복합 지표 모형." 『현대정치연구』 1권 1호, 85-110.

황태연 1997. 『지역패권의 나라: 5대 소외지역민과 영남서민의 연대를 위하여』. 서울: 무당미디어.

Borgatti, Stephen P., Candace Jones, and Martin G. Everett. 1998. *Network Measures of Social Capital*. http://www.analytictech.com/borgatti/borg_social_capital_measures.htm(검색일: 2011.01.20).

Bourdieu, P. 1986. "The Forms of Capital." J. Richardson (ed.). *Handbook of Theory and Research for the Sociology of Education*, 241-258. New York: Greenwood.

Brehm, J., and W. Rahn. 1997. "Individual-Level Evidence for the Cause and Consequences of Social Capital." *American Journal of Political Science* 41, No.3, 999-1023.

Coffe, Hilde, and Benny Geys. 2007. "Toward an Empirical Characterization of Bridging and Bonding Social Capital." *Nonprofit and Voluntary Sector Quarterly* 36, No.1, 121-139.

Coleman, J. S. 1988. "Social capital in the creation of human capital." *American Journal of Sociology* 94, 95-120.

DeFillippis, J. 2001. "The myth of social capital in community development." *Housing Policy Debate* 21, No.4, 781-806.

Foley, M.W., and B. Edwards. 1997. "Editors's Introduction: Escape from Politics? Social Theory and Social Capital Debate." *American Behavioral Scientist* 40, No.5, 550-561.

Garcia Albacete, G.M. 2010. "The Saliency of Political Cleavages and the "Dark Sides" of Social Capital: Evidence From Spain." *American Behavioral Scientist* 53, No.5, 691-716.

Lin, Nan, and Bonnie H. Erickson. 2008. "Theory, Measurement, and the

Research Enterprise on Social Capital." Nan Lin and Bonnie H. Erickson (eds.). *Social Capital: An International Research Program*, 1-26. Oxford: Oxford University Press.

Paxton, P. 2002. "Social Capital and Democracy: An interdependent relationship." *American Sociological Review* 67, No.2, 254-277.

Petrusevich, M.R. 2005. "Social Capital Generators? A Case Study of Industry Associations within the Vancouver New Media Cluster." http://www. sfu.ca/cprost/docs/20050412_thesis_FINAL.pdf(검색일: 2011.01.20).

Portes, A. 1998. "Social Capital: Its Origins and Applications in Modern Sociology." *Annual Review of Sociology* 24, 1-24.

Putnam, R. 1993. *Making Democracy Work*. Princeton: Princeton University Press.

_____. 2000. *Bowling Alone*. New York: Touchstone Book(정승현 역. 『나홀로 볼링: 사회적 커뮤니티의 붕괴와 소생』. 서울: 페이퍼로드, 2009).

Schuller, Thomas, Stephen Baron, and John Field. 2000. "Social Capital: A Review and Critique." Thomas Schuller, Stephen Baron and John Field (eds.). *Social Capital: Critical Perspective*, 1-38 Oxford: Oxford University Press.

Warren, Mark E. 2008. "The nature and logic of bad social capital." D. Castiglione, J.W. Van Deth and G. Wolleb (eds.). *The Handbook of Social Capital*, 122-149. Oxford: Oxford University Press.

지역민 호감도가 정당지지에 미치는 영향*

이갑윤 · 박정석

I. 서

　민주화 이후 한국인의 투표행태에서 가장 두드러진 특성은 지역투표[1]이
다. 선거결과에서 지역별로 정당지지를 집중시키는 지역투표는 1987년 제
13대 대통령선거를 기점으로 폭발적으로 등장한 이후 지금까지 대통령선거
를 비롯한 모든 국회의원선거와 지방선거에서 뚜렷하게 나타나고 있다.
2008년 시행된 제17대 대통령선거에서 한나라당 이명박 후보는 영남지역에
서 62.0%, 호남지역에서 8.9%의 득표를 기록했고, 통합민주당 정동영 후보
는 영남지역에서 10.2%, 호남지역에서 79.5%의 득표를 기록했다. 이렇게

---

* 이 글은 『한국과 국제정치』 제27권 3호(2011)에 게재된 논문을 수정·보완한 내용임.
1) 여기서 사용하는 지역투표의 개념은 선거에서 지역민의 이익, 이념, 감정 등의 포괄적
　인 지역요인에 의해 결정되는 정당 또는 후보자의 지지를 의미한다.

강한 지역투표 현상은 다른 민주주의 국가에서 흔히 발견되지 않는다. 특히 한국과 같이 인종, 언어, 문화가 동질적인 국가에서 이러한 현상은 극히 예외적이라고 할 수 있다. 이렇게 볼 때 87년 민주화 이후 등장한 지역투표와 그것의 지속성을 과거에 아무도 예측하지 못했다는 사실은 어느 정도 당연하다고 할 수 있다.

민주화 이후 지역투표 현상의 등장을 설명하기 위해 그동안 정치학, 사회학, 심리학, 경제학, 행정학, 지리학, 역사학 등 다양한 학문적 접근이 있었다. 이들은 주로 사회적 균열이론에 기반을 두어 지역투표의 원인으로서의 지역균열의 존재를 구명하고자 노력하였다. 기존연구는 그 이론적 입장에 따라 크게 세 가지로 나눌 수 있다. 첫째, 사회경제적 격차론으로, 이들은 권위주의 정권에 의한 지역 간 불균등 발전 정책이 지역투표 현상의 원인이 되었다고 주장한다(김만흠 1987; 최장집 1996; 황태연 1996). 둘째, 심리문화적 감정론으로, 이들은 지역민들 간에 전통적으로 존재해 왔던 고정관념 혹은 편견이 지역투표의 원인이 되었다고 본다(이병휴 1991; 신복룡 1996). 셋째, 정치적 동원론으로, 이들은 민주화 과정에서 이념적 차이가 크게 없었던 양 김씨의 분열과 이들에 의한 지역주의적 지지동원이 지역투표의 가장 큰 원인이었다고 주장한다(문용직 1992; 손호철 1996; 조기숙 1996).

지역주의 연구의 세 가지 이론 중 그동안 상대적으로 가장 주목을 받지 못한 것은 심리문화적 감정론이다. 그 이유는 다른 이론에 비해 균열의 실체와 존재를 규명하지 못했기 때문이다. 다시 말해 지역투표의 원인이 될 수 있는 지역 간에 존재하는 사회경제적 격차와 선거에서 지지극대화를 위한 정치인들의 지역적인 지지동원이 있었다는 사실은 밝혀졌지만, 지역민 간에 존재하는 고정관념이나 편견의 존재는 크게 발견되지 않았기 때문이다. 지역감정에 관한 기존의 연구(김혜숙 1989; 김진국 1989; 나간채 1990)들이 발견한 것은 한국인은 자신과 같은 지역 사람들에 대해 타 지역 사람들보다 더 호감을 느끼고 있으며, 호남 이외의 지역 사람들이 호남지역 사람들에 대해서 약간의 부정적인 편견을 가지고 있다는 것이다. 그러나 민주화 이후 정당과 선거에서 나타난 영남과 호남 간의 대립과 갈등의 원인이라고 할 만한 영남과 호남지역민 간의 지역감정은 대부분의 연구에서 발견되지 않았다. 이러한 연구들은 지역투표를 가져오는 원인으로서의 지역감정을 지역민 간에 존재하는 집단적 갈등의식으로 제한함으로써 지역민 호오감과 같은 개인적인 지역감정이 정당지지에 미치는 영향력의 가능성을 간과했을 뿐 아니라 지역감정이 지역투표에 직접적으로 어떤 영향을 미치는가를 검증하지 않았다는 한계가 있다.

이 장에서는 정당지지에 영향을 미칠 수 있는 지역감정을 지역민들에 대해 개인이 갖는 호감도로 정의하고, 이 호감도가 정당지지에 어떤 영향을 미치는가를 여론조사 자료의 통계적 분석을 통해 밝히고자 한다. 지역민 호감도가 정당지지에 미치는 독립적인 영향력을 측정하기 위해 지역민 호감도 변수 외에 출신지역 변수와 자기 지역발전을 위한 지역정치인 필요성 변수를 모형에 포함시켜 회귀식을 적용할 것이다. 이와 더불어 지역민 호감도의 영향력이 출신지역이나 정당의 정책차이의 인식에 따라 어떻게 다르게 나타나는가를 검증하기 위해 회귀모형을 출신지역과 정책차이 인식 정도에 따라 각각 두 집단으로 나누어 적용할 것이다.

II. 기존연구의 검토

서구 국가 중 높은 지역투표 성향이 발견되는 국가들은 캐나다, 영국, 벨기에, 스페인 등이다. 이들 국가들에서 발견되는 지역투표의 원인으로는 지역적 정체성 및 문화, 산업화 과정에서 나타난 사회경제적 격차와 갈등, 지방의 자율적 정치를 허용하는 연방주의와 같은 정치제도 등이 제기되어 왔다(Bicerton and Gagnon 2008; Keating 2004). 이들 연구가 특히 주목하는 것은 권력의 단위로서의 중앙과 지방 또는 지방과 지방 간에 나타나는 정치적·사회경제적 또는 문화적 갈등과 대립 현상이다.

그동안 한국에서도 지역투표 현상을 설명하기 위해 사회경제적 격차론, 심리문화적 감정론, 정치적 동원론 등 다양한 이론들이 제기되었다. 하지만 지역투표가 지금까지 성공적으로 설명되었다고 보기는 어렵다. 그 이유는 각 이론들이 사용하는 이론의 논리적 구조가 설명하고자 하는 한국의 선거와 정당에서 나타난 영남과 호남 간의 지역대결의 구조와 일치하지 않을 뿐 아니라 이들의 인과관계를 증명해 줄 경험적 증거가 많지 않았기 때문이다.

먼저 민주화 직후 지역투표의 원인으로 가장 많이 제기된 것은 산업화 과정에서 발생한 지역 간 불균등한 발전이었다(김만흠 1987; 최장집 1996; 황태연 1996). 3공화국 이후 5공화국에 이르기까지 영남 출신의 정치적 엘리트가 권력을 독점하여 경제적 자원을 지역 간에 불평등하게 분배함으로써 영남지역의 발전과 호남지역의 소외를 가지고 왔으며, 이러한 두 지역 간의 사회경제적 균열이 민주화 이후 지역투표로 표출되었다고 주장한다. 그러나 산업화 과정에서 가장 발전한 지역이 영남지역이 아니라 서울·경기지역이고 상대적으로 낙후된 지역도 호남지역뿐 아니라 충청지역도 함께 낙후되었다는 사실은 격차론의 설득력을 제한한다고 하겠다.

1990년대 후반부터 지역투표의 원인으로 많이 제기된 것은 합리적 선택 이론에 기반한 정치적 동원론이다(문용직 1992; 조기숙 1996; 이갑윤 1998; 최영진 2001). 동원론이 특히 강조하는 것은 민주 대 반민주 균열의 해소와 양 김씨의 분열이다. 권위주의 시대에 존재했던 민주 대 반민주 균열이 민주화 이후 약화 또는 해소됨으로써 정당들은 선거에서 국민들의 지지를 동원할 수 있는 법과 질서, 민주화, 경제성장 등의 공약으로 차별화할 수 없었으며, 유권자들이 정당과 후보자들을 판별할 수 있는 기준도 소멸되게 되었다. 이러한 균열의 공백상태에서 출신 지역민들로부터 높은 지지를 받던 양 김씨가 분열하여 지역주의적 지지를 동원함으로써 지역투표가 등장했다는 것이다. 그러나 지역투표가 2000년 이후 3김씨가 은퇴하고 정당 간의 이념적 지평이 보수와 진보로 다양해지고 있는 현 상황에서도 지속되고 있다는 점에서 동원론의 설득력도 어느 정도 한계를 가지고 있다고 할 수 있다.

사회경제적 격차론과 정치적 동원론에 관한 기존연구의 논리적 설득력보다 더 큰 문제점은 제기된 원인들에 대한 경험적인 검증이 지금까지도 충분히 이루어지지 않고 있다는 것이다. 최근 지역투표와 이념투표와의 관계를 분석한 연구를 제외하면 기존연구에서의 대부분의 경험적 검증은 원인변수의 존재에 대한 검증이었지 인과관계를 밝히기 위한 검증은 아니었다.[2] 다시 말해 지역투표를 가져왔다고 할 수 있는 사회경제적 격차나 정치적 동원이 있었는가를 밝히는 데 주목하였지, 이러한 요인이 지역투표에 어떤 직접적인 영향을 끼치는가를 통계적으로 검증하지 않았다는 것이다.

지역투표의 원인을 지역민 간에 존재하는 고정관념이나 편견이라고 보는 심리문화적 감정론은 정치학보다는 역사학, 심리학, 사회학 등에서 주로 연구되었다. 지역감정의 역사적 연구는 한국의 지역민, 특히 영남과 호남지역민 사이에 존재하는 고정관념이나 편견이 어떻게 변해왔는가를 밝히는 데 주력해 왔다. 예컨대 삼국시대의 신라와 백제와의 갈등, 고려 건국 당시의 훈요십조에서 나타는 차령산맥 이남의 인재등용금지, 조선시대의 인재등용에 대한 차별 등이 연구되었지만 지역투표의 기원이라고 할 만한 지역감정은 특별히 발견되지 않았다(이병휴 1991; 신복룡 1996). 심리학과 사회학에서 이루어진 지역감정 연구도 지역투표의 원인이라고 볼 만한 지역감정을 발견하지 못하였다(김혜숙 1989; 김진국 1989; 나간채 1990). 이 연구들은 지역민 간에 존재하는 지역감정을 고정관념, 호오도, 사회적 거리감 등으로 측정하였는데 그 연구결과는 세 가지로 요약할 수 있다. 첫 번째는 한국인이 자기 지역민들에 대한 호감도가 타 지역민들에 비해 높았다는 것이며, 두 번째는 호남지역민에 대한 비호남지역민들의 편견 또는 거리감이 존재한다는 것이다. 세 번째는 영남과 호남지역민 사이에 특별히 적대적이거나 대립적인 감정은 존재하지 않는다는 것이다. 이렇게 기존연구에서 영남과 호

---

2) 최근 지역투표와 이념적 투표와의 관계를 구명하는 연구들을 제외하면 대부분의 지역투표 연구는 지역투표의 크기 또는 변화에만 주된 관심을 두고 있다(강원택 2003; 최준영·조진만 2005; 김진하 2010).

남지역민 간에 대립적이고 갈등적인 지역감정을 발견하지 못하는 이유가 조
사 방법의 한계 때문일 수 있다는 문제의식에 따라 지역감정 설문에 대한
응답의 신뢰도를 높일 수 있는 간접측정 기법을 이용하여 지역감정을 측정
한 최근연구가 있으나, 그 결과 역시 영남과 호남지역민 사이에는 특별한
지역감정이 존재하지 않는 것으로 나타났다(최준영 2008).

대부분의 지역감정론 연구도 격차론이나 동원론의 경우와 같이 지역감정
이 투표나 정당지지에 직접적으로 어떤 영향을 미치는가를 경험적으로 검증
하는 작업을 하지 않았다. 호남인에 대한 거부감이 김대중과 국민회의에 대
한 호감도에 부정적인 영향을 미친다는 결과를 발견한 이남영(1998)의 연구
를 제외하면 지역감정과 정당지지의 관계를 검증한 연구는 없다.[3] 이는 아
마도 기존의 지역감정 연구가 영남과 호남지역민 간에 존재하는 특별한 감
정을 발견할 수 없었기 때문에, 지역감정이 정당지지에 미치는 영향력을 검
증할 필요가 없다고 보았기 때문인 것으로 보인다.

영남과 호남지역민 사이에 특별한 부정적인 집단감정이 존재하지 않는다
는 사실로부터 지역투표의 원인이 지역감정이 아니라고 추론하는 것은 적어
도 두 가지 점에서 성급하다고 할 수 있다. 첫째, 두 지역민 간에 집단감정
이라고 할 수 있는 갈등이나 대립이 없다는 사실이 곧 그 집단에 속한 모든
개인들이 중립적이라는 것을 의미하는 것은 아니다. 왜냐하면 집단감정이란
결국 그 집단에 속해 있는 개인감정의 집합 또는 평균에 불과하기 때문이다.
따라서 평균적으로 두 집단 간에 특별한 호오감이 존재하지 않는다는 것은
두 집단 내에 상대집단에 대해 호감을 가지고 있는 사람과 오감을 가지고
있는 사람의 수가 비슷하다는 것이지 모든 사람들이 중립적인 태도를 가지
고 있다는 것을 의미하는 것은 아니다. 둘째, 지역투표에 영향을 미치는 감
정에는 대립이나 갈등과 같은 부정적인 감정만 존재하는 것이 아니다. 한

---

3) 이남영(1998)의 연구는 호남인에 대한 부정적 인식이 국민회의와 김대중의 호감도에
부정적인 영향을 미치는 것을 발견하였다. 그러나 지역감정을 특정 지역민에 대한 부
정적인 인식으로만 제한하고, 설명대상도 특정 정당이나 정치인에 대한 지지로 제한하
고 있어 이 연구결과를 일반화하기는 어렵다.

지역민들이 그 지역을 대표하는 정당에게 높은 지지를 보내는 이유가 다른 지역민들을 싫어하기 때문일 수도 있지만 자신의 지역민들을 더 좋아하기 때문일 수도 있다. 다시 말해서 영남인과 호남인들의 자기 지역정당에 대한 높은 지지는 영남과 호남지역민 간에 존재하는 대립적이거나 부정적인 감정 때문이 아니라 단순히 자기 지역민을 상대지역민보다 더 선호하는 감정 때문에 발생할 수 있다는 것이다. 이렇게 볼 때 지역감정이 정당지지에 어떤 영향을 미치는가를 밝히기 위해서는 지역민 간에 집단적으로 부정적인 감정이 존재하는가를 검증하기보다는 지역민 호감도와 같이 부정적인 감정뿐만 아니라 긍정적인 감정도 나타낼 수 있는 개인의 태도가 직접적으로 정당지지에 어떤 영향을 미치는가를 경험적 자료를 이용해 검증할 필요가 있다.

III. 연구가설 및 연구방법

지금까지 기존연구의 검토를 통해 제기한 문제의식을 종합하여, 지역감정과 정당지지의 관계에 대하여 다음과 같은 연구가설을 세울 수 있다.

〈연구가설 1〉 지역민 호감도는 정당지지에 영향을 미칠 것이다.

기존의 지역감정 연구는 지역민 간에 부정적인 집단감정이 존재하지 않는다는 것을 보여주고 있다. 하지만 이러한 연구의 결과가 지역감정이 지역적 정당지지에 영향을 주지 않는다는 것을 의미하지는 않는다. 두 지역민 간의 평균적인 감정은 중립적이라고 하더라도 개인적으로는 서로 다른 호오감을 가질 수 있으며, 상대 지역민에 대한 호오감뿐만 아니라 자기 지역민에 대한 호오감이 정당지지에 영향을 미칠 수 있기 때문이다.

〈연구가설 2〉 지역민 호감도가 정당지지에 미치는 영향력은 영남과 호남 지역 뿐 아니라 그 이외의 지역에서도 나타날 것이다.

지금까지 지역균열의 구도가 영남과 호남의 축으로 구성되어 지역투표는 영남인과 호남인만이 보여주는 투표행태처럼 이해되고 있다. 그래서 기존의 투표결정 연구는 지역투표의 크기를 측정할 때 서울·경기 또는 서울·경기·충청을 기준으로 한 영남과 호남의 출신지 모조변수를 사용해 왔다. 그러나 개인적인 지역민 호감도에 의한 지역투표는 영남인과 호남인뿐만 아니라 서울·경기인과 충청인들에게도 가능하다. 왜냐하면 영남지역민과 호남지역민에 대한 호감도는 영남인과 호남인뿐만 아니라 서울·경기인과 충청인도 가지고 있을 것이며 이들도 지역민 호감도에 의해 정당지지를 결정할수 있기 때문이다.

〈연구가설 3〉 지역민 호감도가 정당지지에 미치는 영향력은 정당 간의 정책차이를 인식하는 정도에 따라 다르게 나타날 것이다.

지역투표의 원인으로서 정치적인 동원을 강조하는 주장들은 지역투표의 등장을 민주화에 따른 민주 대 반민주 균열의 약화 내지 해소에 의한 것으로 본다(조기숙 1996; 김재한 1997). 또 2000년 이후 정당 간의 이념적 지평이 확대되면서 이념투표가 강화되어 지역투표가 약화될 것이라는 전망도 제기되고 있다(강원택 2003; 이갑윤·이현우 2008). 이러한 주장에 의하면 정당 간의 이념적 갈등의 크기와 지역민 호감도의 영향력 크기는 반비례할 것이다. 즉, 정당 간의 정책차이를 크다고 인식하는 사람은 정당 간의 정책차이가 작다고 인식하는 사람보다 정당지지에 있어 지역민 호감도의 영향력을 덜 받을 것이라고 기대할 수 있다.

이 연구에서 사용하는 경험적 자료는 서강대학교 현대정치연구소가 한국리서치에 의뢰해 2010년 3월 22일부터 4월 12일까지 22일간, 전국 19세 이상 1,217명의 성인 남녀를 무작위 추출하여 시행한 면접 조사자료이다.

전국표본면접조사 자료는 한국인의 갈등 중 지역갈등의 문제를 심층적으로 조사하기 위해 실시된 조사로서, 지역갈등에 대한 감정과 태도뿐 아니라 인구사회학적 변수, 국가에 대한 일반정향, 정치적 태도, 정치적 참여에 대한 태도까지 다양한 항목이 조사되어 있다.

이 연구는 통계적 분석방법으로 로짓회귀분석 방법(순위로짓: ordered logistic regression)을 사용할 것이다. 정당지지에 영향을 줄 수 있는 기본적인 인구사회학적 변수와 정치적 정향변수, 세 가지의 지역변수(출신지역, 지역정치인 필요, 지역민 호감도)를 포함시켜 변수들의 독립적인 영향력을 알아볼 것이다. 인구사회학적 변수로는 정당지지에 영향을 미칠 수 있는 성, 연령, 학력, 소득, 도시화 정도를 포함시키고 정치적 정향변수로는 이념성향을 포함시켰다. 세 가지 지역변수로는 출신지역변수로서 모조변수인 충청, 호남, 영남을 포함하고, 자기 지역발전을 위한 지역정치인 필요변수는 모조변수인 각 지역변수와 지역 정치인 필요변수를 곱하여 '충청×지역정치인 필요', '호남×지역정치인 필요', '영남×지역정치인 필요'라는 세 개의 변수로 구성하였다. 그리고 지역감정을 의미하는 지역민 호감도는 충청지역민 호감도, 호남지역민 호감도, 영남지역민 호감도로 하였다. 종속변수로서의 정당지지는 정당 호감도를 측정한 변수로 '한나라당 지지', '민주당 지지', '한나라당 지지에서 민주당 지지를 뺀 정당지지의 차'로 나누어 분석할 것이다.

종속변수에 해당하는 정당지지 변수는 주요 정당인 한나라당과 민주당의 호감도를 '1-매우 좋아한다'에서 '4-매우 싫어한다'까지의 4점 척도로 측정하였고, 정당지지의 차는 한나라당 지지도에서 민주당 지지도를 뺀 값이다. 독립변수에 있어 성별은 남자는 1, 여자는 2로 코딩되었고, 연령은 연속변수로, 학력은 중졸 이하는 1, 고졸은 2, 대학재학 이상은 3으로 코딩되었다. 소득은 7점 척도로 월평균소득 100만 원 이하는 1, 700만 원 이상은 7로 코딩되었고, 도시화 정도는 행정구역을 중심으로 광역시는 1, 시 단위는 2, 군 단위는 3으로 코딩하였다. 지역변수 중 출신지역 변수는 충청, 호남, 영남변수로 구성하였고 해당 출신지역인은 1, 그렇지 않으면 0으로 하였다. '지역×지역정치인 필요' 변수는 자기 지역발전을 위해 지역정당이나 정치인

이 필요한가에 대한 생각을 '1-전혀 공감하지 않는다'에서 '4-매우 공감한
다'까지로 측정한 변수에 각 지역 모조변수를 곱하여 만들었다. 마지막으로
지역민 호감도 변수는 각 지역민에 대한 호오도를 '0-매우 싫다'에서 '10-
매우 좋다'까지로 측정하였다.

지역변수의 구성에 있어 지역민 호감도 변수 외에 출신지역 변수와 자기
지역발전을 위한 정치인 필요변수를 모형에 포함시킨 것은 각각의 독립적
효과를 측정하고 비교하기 위해서이다. 모조변수로서 출신지역변수는 그 지
역민과 기준 지역민 사이에서 존재하는 이익, 이념, 또는 감정의 차이(평균)
의 효과를 나타내는 반면 자기 지역발전을 위한 지역정치인 필요변수는 특
정 지역민의 자기 지역발전을 위한 합리적 기대의 효과를 나타낸다고 할
수 있다. 이 두 변수가 모형에 포함됨으로써 지역민들이 공통적으로 갖는
정체성이나 집단의식과 지역발전을 위한 태도 등의 효과가 통제되어 지역민
호감도 변수는 개인적으로 특정지역민에 대해 갖는 호감도의 효과만을 나타
내게 된다.

각 변수들의 영향력의 크기를 비교하기 위해서 회귀계수의 크기와 방향,
유의도뿐 아니라 그 변수가 회귀식에 포함됨으로서 증가되는 모형의 설명력
의 순증가의 크기를 보여주는 한계기여도를 비교할 것이다.[4] 독립변수의
한계기여도는 변수의 베타값과는 달리 지역민 호감도와 같이 두 개 이상의
변수로 구성되는 독립변수의 영향력이 모형의 설명력 증가에 기여하는 정도
를 측정할 수 있다는 장점이 있다.

---

[4] 예를 들어 정당지지를 설명하는 데 있어 연령변수가 포함된 모형의 설명력(R^2)이 30%
이고 연령변수만 뺀 모형의 설명력이 26%라고 한다면 연령의 모형설명력에 대한 한계
기여도는 4%이다. 한계기여를 공식으로 나타내면 다음과 같다.
한계기여도 = 최종모형 설명력 - (최종모형 - 해당변수) 설명력

IV. 가설검증

여기서 먼저 전체표본을 대상으로 한나라당과 민주당에 대한 지지와 두 정당에 대한 지지도 차이를 종속변수로 하여 정당지지에 미치는 독립변수들의 영향력을 검증하였으며 그 결과는 〈표 1〉에 요약되어 있다.

먼저 한나라당 지지에서는 연령, 이념성향, 출신지역 호남, 충청지역민 호감도, 호남지역민 호감도, 영남지역민 호감도, 영남×지역정치인 필요가 통계적으로 유의한 영향을 주는 것으로 나타났다. 그 영향력의 방향을 살펴보면 모두가 기대했던 방향으로 영향을 미치고 있다. 연령이 높을수록, 이념성향이 보수적일수록, 충청지역민과 영남지역민을 좋아할수록, 영남지역민 중 자기 지역발전을 위해 지역정치인이 필요하다고 느낄수록 한나라당을 지지하는 것으로 나타났고, 반대로 호남지역민을 좋아할수록 한나라당을 지지하지 않는 것으로 나타났다. 또 서울·경기 출신을 기준으로 볼 때 호남 출신이 한나라당을 지지하지 않았고, 충청과 영남 출신은 한나라당 지지에 유의한 차이가 없었다.

둘째, 민주당 지지에서는 이념성향, 충청지역민 호감도, 호남지역민 호감도, 영남지역민 호감도, 호남×지역정치인 필요가 통계적으로 유의한 영향을 주는 변수로 나타났다. 이들 변수들의 영향력의 방향은 기대했던 대로 한나라당 지지의 반대방향으로 나타났다. 이념성향이 진보적일수록, 호남 출신일수록, 호남지역민을 좋아할수록, 자기지역 발전을 위해 지역정치인이 필요하다고 생각하는 호남사람일수록 민주당을 지지하는 것으로 나타났고, 반대로 충청지역민과 영남지역민을 좋아할수록 민주당을 지지하지 않는 것으로 나타났다.

셋째, 한나라당 지지와 민주당 지지의 차이를 종속변수로 한 회귀분석의 결과는 앞의 두 회귀분석의 결과와 크게 다르게 나타나지 않았다. 연령, 이념성향, 충청지역민 호감도, 호남지역민 호감도, 영남지역민 호감도, 영남×지역정치인 필요가 통계적으로 유의한 영향력을 끼치는 변수로 나타났고 그 방향과 강도에 있어서도 앞의 두 회귀분석과 거의 같은 결과가 나왔다. 이는 한나라당 지지와 민주당 지지에 지역변수의 영향력이 반대방향으로 영향을 미친다는 것을 다시 한번 확인해 준다고 하겠다.

〈표 1〉 정당지지에 미치는 지역변수의 영향력(순위로짓 계수)

	모형 1 (한나라당 지지)			모형 2 (민주당 지지)			모형 3 (한나라당 지지-민주당 지지)		
	계수	표준 오차	유의 확률	계수	표준 오차	유의 확률	계수	표준 오차	유의 확률
성별	-0.06	0.12	0.62	-0.07	0.12	0.56	0.04	0.11	0.70
연령	-0.03	0.01	0.00	0.00	0.01	0.53	-0.02	0.01	0.00
학력	-0.21	0.11	0.06	-0.14	0.12	0.23	-0.07	0.11	0.49
소득	0.02	0.05	0.68	-0.05	0.05	0.30	0.05	0.05	0.24
도시화정도	0.00	0.08	0.98	-0.11	0.08	0.20	0.07	0.08	0.35
이념성향	-0.19	0.04	0.00	0.12	0.04	0.00	-0.22	0.04	0.00
충청	0.16	0.55	0.77	0.40	0.57	0.48	-0.13	0.54	0.81
호남	1.70	0.61	0.01	0.76	0.65	0.25	0.66	0.56	0.24
영남	0.78	0.48	0.11	0.00	0.48	0.99	0.66	0.47	0.16
호감도_충청	-0.12	0.04	0.00	0.11	0.04	0.01	-0.13	0.04	0.00
호감도_호남	0.17	0.03	0.00	-0.28	0.04	0.00	0.31	0.03	0.00
호감도_영남	-0.07	0.02	0.00	0.05	0.02	0.03	-0.13	0.04	0.00
충청 x정치인필요	0.30	0.22	0.16	-0.36	0.22	0.10	0.41	0.21	0.05
호남 x정치인필요	-0.21	0.20	0.30	-0.54	0.22	0.02	0.21	0.19	0.26
영남 x정치인필요	-0.48	0.17	0.00	0.04	0.17	0.81	-0.41	0.16	0.01
Log likelihood	-1147.86			-1022.97			-1426.07		
N	1,217			1,217			1,217		
LR chi^2(15)	280.34			162.44			404.62		
Prob 〉 chi^2	0.000			0.000			0.00		
Pseudo R^2	0.108			0.073			0.124		

　이러한 분석결과를 통하여 지역민 호감도 변수가 지역적 정당지지에 통계적으로 유의한 영향을 줄 뿐만 아니라, 매우 크고 일관된 영향을 미치고 있다는 것을 알 수 있다. 이러한 결과에서 특히 주목해야할 점은 지역민 호감도의 큰 영향력이 출신지역변수와 자기 지역발전을 위한 지역정치인필요변수의 효과를 통제한 후에 나타났다는 것이다. 이는 지역민에 대해 가지는 개인적인 호오감의 정도가 정당지지에 독립적인 영향력을 행사하고 있다는 것을 말해준다.

　〈표 2〉는 변수들의 상대적 영향력을 보여주기 위해 세 모형의 설명력의 한계기여도를 요약한 것이다. 먼저 정당지지 모형의 설명력에 연령과 이념성향 변수가 미치는 한계기여도보다 지역변수들의 한계기여도가 압도적으로 크다는 것을 알 수 있다. 지역변수 중 지역민 호감도는 세 모형 모두에서 가장 큰 설명력 기여도를 보여주고 있다. 이는 '지역민 호감도가 정당지지에 영향을 준다'는 〈연구가설 1〉이 참임을 밝힌 것일 뿐만 아니라 지역민 호감도가 다른 지역 변수들보다 정당지지에 더 큰 영향을 준다는 사실을 의미한다. 다시 말해 한국인의 정당지지에는 세대나 이념보다도 지역이 가장 큰 영향을 미치고 있고, 그중에서도 특정 지역민에 대한 호감도가 가장 큰 영향

〈표 2〉 모형설명력의 한계기여도(%)

	한나라당 지지	민주당 지지	한나라당 지지 － 민주당 지지
연령+이념성향	3.31	0.48	2.40
연령	1.47	0.02	0.64
이념성향	0.98	0.48	1.17
지역변수 종합	6.33	5.74	8.41
출신지역	0.40	0.09	0.10
지역민 호감도	1.49	2.82	2.91
지역정치인필요	0.45	0.40	0.35

을 미친다는 것이다.

두 번째로 검증하고자 하는 가설은 '정당지지에 미치는 지역민 호감도의 영향력이 영남과 호남지역뿐 아니라 그 외의 지역에게서도 나타날 것이다' 라는 것이다. 왜냐하면 서울·경기인과 충청인들도 영남과 호남지역민에 대한 호감도를 가지고 있을 것이고, 이것이 이들의 정당지지에 영향을 미칠 수 있기 때문이다. 이 가설을 검증하기 위해 서울·경기, 충청 출신 지역민과 호남, 영남 출신 지역민들을 두 집단으로 나누어 회귀모형을 적용해보고자 한다. 〈연구가설 2〉의 검증방법은 출신지역을 기준으로 두 집단으로 구분했다는 점과 종속변수를 한나라당과 민주당의 정당지지 차로 했다는 점 이외에는 〈연구가설 1〉의 검증방법과 동일한 방법을 사용한다.[5]

〈표 3〉의 분석결과를 살펴보면, 두 지역집단의 분석결과는 〈표 1〉에서 본 전체를 대상으로 한 분석결과와 크게 다르지 않다. 먼저 호남과 영남 출신 지역민만을 대상으로 한 회귀분석에서는 이념성향, 호남지역민 호감도, 영남지역민 호감도, 영남×지역정치인 필요가 통계적으로 유의한 것으로 나타났다. 그 방향에 있어서도 기대했던 대로 호남지역민을 좋아할수록 한나라당 지지도가 민주당 지지도보다 더 큰 것으로 나타났고, 이념성향이 보수적일수록, 영남지역민을 좋아할수록, 영남 사람 중 지역발전을 위해 지역 정치인이 필요하다고 생각할수록 민주당 지지도보다 한나라당 지지도가 더 큰 것으로 나타났다.

서울·경기, 충청 출신 지역민을 대상으로 한 회귀분석에서는 연령, 이념성향, 충청지역민 호감도, 호남지역민 호감도, 영남지역민 호감도, 충청×지역정치인 필요가 통계적으로 유의한 것으로 나타났다. 그 계수들의 방향을 보면 연령이 높을수록, 이념성향이 보수적일수록, 충청지역민을 좋아할수록, 영남지역민을 좋아할수록 민주당보다 한나라당을 더 지지하는 것으로 나타났고, 호남지역민을 좋아할수록, 충청지역민 중 지역발전을 위해 지역

---

5) 한나라당 지지와 민주당 지지를 각각 종속변수로 한 모형의 분석결과도 동일한 결과를 보여주었다. 여기에서는 지면상 생략하였다.

〈표 3〉 출신지별 정당지지에 미치는 지역변수의 영향력(순위로짓계수)

	집단 1(호남·영남인)			집단 2(서울·경기, 충청인)		
	계수	표준오차	유의확률	계수	표준오차	유의확률
성별	0.14	0.19	0.44	-0.01	0.15	0.95
연령	-0.02	0.01	0.07	-0.03	0.01	0.00
학력	0.08	0.18	0.63	-0.10	0.14	0.47
소득	0.01	0.08	0.92	0.07	0.06	0.21
도시화정도	0.16	0.12	0.20	0.05	0.11	0.67
이념성향	-0.14	0.06	0.01	-0.26	0.05	0.00
충청				-0.05	0.55	0.92
호남	-0.03	0.74	0.97			
호감도_충청	0.01	0.07	0.91	-0.21	0.05	0.00
호감도_호남	0.18	0.06	0.00	0.36	0.05	0.00
호감도_영남	-0.19	0.06	0.00	-0.11	0.05	0.03
충청x정치인필요				0.44	0.21	0.03
호남x정치인필요	0.26	0.20	0.19			
영남x정치인필요	-0.50	0.17	0.00			
Log likelihood	-501.96			-839.87		
N	447			720		
LR chi^2(15)	226.33			180.88		
Prob 〉 chi^2	0.000			0.000		
Pseudo R^2	0.184			0.097		

* 종속변수: 정당지지 = 한나라당지지 - 민주당지지

정치인이 필요하다고 생각할수록 한나라당보다 민주당을 더 지지하는 것으로 나타났다.

이러한 결과를 통해 서울·경기, 충청 출신 지역민들도 호남, 영남 출신 지역민들과 같이 정당지지에 있어 지역민 호감도로부터 많은 영향을 받는 것을 알 수 있으며, 이는 〈연구가설 2〉에서 검증하고자 했던 '지역민 호감도

〈표 4〉 모형설명력의 한계기여도(%)

	호남·영남인	서울·경기, 충청인
연령+이념성향	1.08	3.16
연령	0.25	0.95
이념성향	0.54	1.51
지역변수 종합	14.72	4.72
출신지	0.00	0.00
지역민 호감도	1.60	4.15
지역정치인필요	0.86	0.23

의 영향력이 영남과 호남 이외의 지역에서도 나타날 것이다'라는 가설이 참임을 보여준다.

출신지별 설명력 기여도를 알아보기 위해 〈표 4〉를 살펴보면 먼저 서울·경기, 충청 출신 지역민들은 연령과 이념성향의 설명력 기여도가 호남, 영남 출신 지역민들 보다 크고, 반대로 호남, 영남 출신 지역민들은 지역변수들의 설명력 기여도가 서울·경기, 충청 출신 지역민보다 세 배가량 컸다. 이는 서울·경기, 충청 출신 지역민에 비해 호남, 영남 출신 지역민들이 지역변수에 많은 영향을 받는다는 것을 의미한다. 그런데 지역민 호감도 변수의 기여도만을 살펴보면 앞의 결과와는 달리 서울·경기, 충청 출신 지역민들의 경우가 호남, 영남 출신 지역민들의 경우보다 더 큰 기여도 값을 가진다는 것을 알 수 있다. 이는 서울·경기, 충청 출신 지역민들에게 있어서는 영남, 호남 출신 지역민들에 비해 지역투표에 영향력을 주는 지역변수로는 지역민 호감도가 절대적이라는 것을 보여준다고 하겠다.

지역주의의 기원으로 정치적 동원을 강조하는 사람들은 민주화 이전의 민주 대 반민주 균열이 약화되고 이를 대체할 균열이 부재한 상황에서 지역균열이 등장했다고 주장하고 있다. 이러한 주장에 따르자면 정당 간의 정책차이가 크거나 있다고 인식하고 있는 사람은 정책차이가 없거나 작다고 인식하고 있는 사람에 비해 지역민 호감도 변수에 영향을 덜 받을 것이라고 기대할 수 있다. 이러한 〈연구가설 3〉을 검증하기 위해 현재 한국에서 정당 간의 정책차이가 없거나 작다고 답한 집단과 있거나 크다고 답한 집단으로 나누어 정당지지에 미치는 회귀모형을 적용해보고자 한다. 종속변수와 독립

〈표 5〉 정책차이 집단별 정당지지에 미치는 지역변수의 영향력(순위로짓계수)

	집단 1(정책차이 없음)			집단 2(정책차이 있음)		
	계수	표준오차	유의확률	계수	표준오차	유의확률
성별	0.00	0.15	0.98	0.05	0.17	0.75
연령	-0.02	0.01	0.01	-0.04	0.01	0.00
학력	-0.10	0.14	0.49	-0.06	0.17	0.70
소득	0.06	0.06	0.33	0.07	0.07	0.31
도시화정도	0.20	0.11	0.06	-0.02	0.12	0.85
이념성향	-0.23	0.05	0.00	-0.20	0.06	0.00
충청	0.54	0.79	0.49	-1.03	0.77	0.18
호남	0.56	0.68	0.41	1.06	1.12	0.34
영남	1.17	0.63	0.06	0.02	0.71	0.97
호감도_충청	-0.16	0.06	0.00	-0.08	0.05	0.11
호감도_호남	0.36	0.05	0.00	0.26	0.05	0.00
호감도_영남	-0.22	0.05	0.00	-0.07	0.02	0.00
충청x정치인필요	0.08	0.30	0.78	0.88	0.31	0.00
호남x정치인필요	0.12	0.23	0.58	0.20	0.37	0.59
영남x정치인필요	-0.62	0.22	0.00	-0.10	0.24	0.68
Log likelihood	-775.53			-631.59		
N	667			549		
LR chi^2(15)	261.46			170.64		
Prob > chi^2	0.000			0.000		
Pseudo R^2	0.144			0.119		

* 종속변수: 정당지지 = 한나라당지지 - 민주당지지

변수의 구성 그리고 분석방법은 〈연구가설 2〉와 동일하다.

〈표 5〉를 통하여 한국정당의 정책적 차이가 있다고 한 집단과 없다고 한 집단의 정당지지에 미치는 변수들을 살펴보면, 먼저 정책적 차이가 없다고 답한 집단의 정당지지에 통계적으로 유의한 영향력을 끼치는 변수는 연령, 이념성향, 충청지역민 호감도, 호남지역민 호감도, 영남지역민 호감도, 영남×지역정치인 필요이다. 그 변수들이 영향을 주는 방향을 살펴보면 앞의 분석과 마찬가지로 연령이 높을수록, 이념성향이 보수적일수록, 충청지역민과 영남지역민을 좋아할수록, 영남사람 중 지역발전을 위해 지역정치인이 필요하다고 느낄수록 민주당보다 한나라당을 더 지지하고, 호남지역민을 좋아할수록 한나라당보다 민주당을 더 지지하였다.

정책적 차이가 있다고 답한 집단의 정당지지에서는 연령, 이념성향, 호남지역민 호감도, 영남지역민 호감도, 충청×지역정치인 필요가 통계적으로 유의한 것으로 나타났다. 그 방향에 있어서는 연령이 높을수록, 이념성향이 보수적일수록, 영남지역민을 좋아할수록 민주당보다 한나라당을 더 지지하였고, 호남지역민을 좋아할수록, 충청 사람 중 지역발전을 위해 지역정치인이 필요하다고 생각하는 충청과 호남사람일수록 한나라당보다 민주당을 더 지지하였다.

〈표 6〉 모형설명력의 한계기여도(%)

	정책차이 없음	정책차이 있음
연령+이념성향	2.16	2.92
연령	0.35	1.38
이념성향	1.30	0.88
지역변수 종합	10.54	6.87
출신지	0.25	0.19
지역민 호감도	3.75	2.45
지역정치인필요	0.47	0.58

〈표 6〉의 모형 설명력의 한계기여도를 보면 지역변수의 종합 한계기여도가 정당 간에 정책적 차이가 있다고 인식하는 집단에서 정당 간에 정책차가 없다고 인식하는 집단에 비해 3.7%p 더 작게 나타났으며, 이는 정당 간의 정책차이가 있다고 생각하는 사람들보다 없다고 생각하는 사람들의 정당지지에 미치는 지역변수의 영향력이 정책차이가 없다고 생각하는 사람들보다 더 작게 나타난다는 것을 보여준다. 그러나 지역민 호감도의 경우에는 설명력 기여도가 두 집단 사이에 1.3%p 밖에 차이가 나지 않을뿐더러 두 집단 모두에서 가장 큰 설명력기여도를 보여주고 있다. 이는 한국의 정당 간에 정책차이가 있다고 생각하는 사람들이 정당지지도 정책차이가 없다고 생각하는 사람들보다 세 지역변수의 총합의 영향력은 그 차이가 적지 않지만 지역민 호감도 영향력은 두 집단 사이에 큰 차이가 없다는 것을 보여준다. 따라서 〈연구가설 3〉에서 '지역민 호감도의 영향력은 정당 간의 정책차이를 인식함에 따라 다르게 나타날 것이다'라는 가설은 참이 아니라고 할 수 있다.

V. 토론

지금까지의 검증결과가 지역감정 연구 또는 좀 더 일반적으로 지역투표나 정당지지 연구에 있어 어떤 의미를 갖는가를 다음의 몇 가지로 논의해 볼 수 있다. 먼저 이 연구는 한국인들이 정당지지를 결정할 때 지역민 호감도에 큰 영향을 받는다는 것을 보여준다. 즉, 영남과 호남지역민을 좋아하느냐 싫어하느냐에 따라 한나라당을 지지하느냐 민주당을 지지하느냐가 결정된다는 것이다. 특히 출신지역변수보다 지역민 호감도가 정당지지에 더 큰 영향력을 미친다는 것은 지역투표가 지역집단별로 갖는 정체성이나 집단의식에 의해 결정되기보다는 같은 지역민들이라도 개인에 따라 다르게 나타나는 지역민 호감도에 의해 결정된다는 것을 보여준다. 이는 립셋과 로칸 (Lipset and Rokkan)의 균열이론에 입각해 민주화 이후 한국의 선거와 정 당제에서 나타난 지역균열이 사회 내에 잠재해 있던 지역민 간에 존재하는 갈등과 대립의식의 반영이라는 해석이 맞지 않음을 의미한다.

지역민 호감도와 같은 개인적 지역감정이 정당지지에 매우 큰 독립적 영 향력을 미친다는 결과가 이 연구에서 사용한 자료가 기존연구의 자료와 다 르기 때문에 도출된 것은 아니다. 이 연구에서 사용한 조사자료에 나타난 지역민간 호감도의 특성은, 기존의 연구결과(김혜숙 1989; 김진국 1989)와 거의 동일하다. 기존연구에 비해 전반적으로 지역민 호감도가 약간 상승되 었다는 것을 제외하면 모든 지역민이 자기지역 사람들을 타 지역 사람들보 다 선호한다는 것과 호남지역민들에 대해 비호남지역민들의 호감도가 약간 낮으나 그 차이가 작을 뿐 아니라 부정적이지 않다는 것이 동일하다. 또 영남지역민과 호남지역민 사이에 특별한 대립적인 감정이나 다른 지역민들 간에 나타나는 감정과 다른 감정은 존재하지 않는 것으로 나타난다.[6] 특별 한 대립과 갈등의식이 없는데도 불구하고 영남인과 호남인이 정당지지에 있 어 큰 차이를 보이는 것은 결국 그들의 대부분이 그들과 같은 지역민들을 상대 지역민들보다 더 좋아하기 때문이라고 할 수 있다.[7]

이 연구는 정당지지에 지역감정이 영향을 미치는 현상이 지역주의의 주 체라고 인식되어 왔던 영남과 호남 출신 지역민에게서만 나타나는 것이 아 니라, 지역주의와 무관하다고 인식되었던 서울·경기와 충청 출신 지역민들

---

6) 자기 지역민 호감도는 서울·경기(7.58점), 충청(7.35), 호남(7.34), 영남(6.80) 순으로 자기 집단에 대한 호감도가 가장 높았고, 타지역민의 호감도 평균은 서울·경기(6.35), 충청(5.86), 영남(5.53), 호남(5.21) 순으로 호남지역민의 호감도 점수가 가장 낮았다. 영남지역민의 호남지역민 호감도는 5.09점이고, 호남지역민의 영남지역민 호감도는 5.07점으로 특별히 부정적이거나 대립적인 감정을 보여주지는 않았다.

7) 영남 출신 지역민 중에서 영남지역민 호감도 점수가 호남지역민 호감도 점수보다 높은 사람의 비율은 68.2%이고, 같은 사람의 비율은 28.3%, 낮은 사람의 비율은 3.5%이다. 호남 출신 지역민 중에서 호남지역민 호감도 점수가 영남지역민 호감도 점수보다 높은 사람의 비율은 72.2%이고, 같은 사람의 비율은 23.9%, 낮은 사람의 비율은 3.9%이다.

에게도 강하게 나타난다는 것을 보여준다. 다시 말해 서울·경기, 충청 출신 지역민들도 영남과 호남지역민을 좋아하고 싫어하는 정도에 따라 정당지지를 결정한다는 것이다. 이는 매우 놀라운 사실이다. 기존연구가 서울·경기인 또는 충청인들도 지역감정에 의해 정당지지를 결정한다는 사실을 발견할 수 없었던 것은 그들이 설명하고자 하였던 의문이 '왜 호남인과 영남인들의 정당지지가 큰 상반된 차이를 보여주는가'였기 때문이다. 따라서 그들의 분석은 지역변수의 효과를 측정하는 데 있어 서울·경기 또는 서울·경기, 충청을 기준으로 만든 영남과 호남의 모조변수만을 사용할 수밖에 없었다.

지역민 호감도에 따라 정당지지가 결정된다는 것은 민주화 이후 지역투표의 등장과 지속에 대해 다음과 같은 해석을 가능하게 한다. 먼저 영남과 호남 출신 지역민뿐 아니라 서울·경기 또는 충청 출신 지역민들까지 지역민 호감도에 따라 투표를 하는 것은 한국인이 한나라당이나 민주당과 같은 기존정당을 지역정당으로 인식하고 있다는 것을 보여준다. 민주화 직후의 정당제의 형성과정을 보면 특정지역을 대표하는 정치인들로 구성된 지역정당이 특정지역으로부터 지지를 많이 받는 지역정당보다 시간적으로 선행하였다. 87년의 민주화 이후 첫 번째 대통령선거를 앞두고 야권세력은 양 김씨의 출신지역을 중심으로 분열되어 영남출신 야당 정치인들은 민주당으로 입당하였고, 호남출신 야당 정치인들은 평민당으로 입당함으로써 두 개의 지역정당이 형성되었기 때문이다.

조직과 구성에 있어서의 지역정당이 지역적 지지기반보다 선행하였다고 해서 지역적 지지기반이 지역정당의 형성에 아무런 역할을 하지 못한 것은 결코 아니다. 양 김씨가 분열한 것과 대부분의 야당 정치인들이 지역별로 양 김씨에 동조한 것은 바로 그들이 선거에서 의존할 수 있는 지역민들로부터의 지지가 존재하였기 때문이다. 사실 특정지역출신 정치인들로 구성되는 지역정당과 특정지역으로부터 지지를 받는 지역정당의 두 가지 성격은 상호 보완적 관계에 있다. 특정지역의 지지를 받는 정당의 구성은 그 지역출신 정치인들을 중심으로 이루어질 것이고, 특정지역 출신 정치인들로 구성된 지역정당은 그 지역민으로부터 더 많은 지지를 얻을 것이기 때문이다.

지역민 호감도의 독립적 효과를 측정하기 위해 분석모형에 포함시킨 자기 지역발전을 위한 지역정치인 필요 변수의 효과가 적지 않다는 것도 주목하여야 할 것이다. 특히 지역정치인 필요 변수의 효과가 출신지역 변수의 효과를 통제한 이후에도 유의한 영향을 미칠 뿐 아니라 모형 설명력 기여도도 지역민 호감도에 비해서는 작지만 정당지지에 결코 작지 않은 영향력을 미치고 있다. 이는 한국인의 정당지지가 지역민 호감도와 같은 지역감정 외에도 정치인의 지지확대를 위한 전략적인 선택과 유권자의 경제적인 동기라고 할 수 있는 지역발전 등에 의해 복합적으로 결정된다는 사실을 보여준다고 하겠다.

끝으로 이 연구는 정당 간의 정책적 차이를 인식하는 집단도 그 차이를 인식하지 못하는 집단과 마찬가지로 정당지지의 결정에 있어 지역민 호감도로부터 큰 영향력을 받고 있다는 것을 보여준다. 한국 정당 사이의 정책적 차이를 인식하는 집단이 그렇지 않은 집단에 비해 출신지역 변수와 지역정치인필요 변수의 영향력을 덜 받는 것은 사실이다. 그러나 두 집단 모두에서 지역민 호감도의 영향력은 비슷하게 크게 나타났다. 여기서 주목할 것은 지역민 호감도가 큰 영향력을 행사한다는 것 외에도 정책 선호도를 나타내는 이념성향의 영향력이 매우 작게 나타난다는 것이다. 이는 정치, 외교, 경제, 사회, 문화 등의 다양한 정책분야에서 보수와 진보로 분화되고 있는 현재 한국정당의 정책차이가 아직 유권자에게는 매우 제한적인 효과밖에 미치지 못한다는 것을 보여준다고 하겠다.

VI. 결

정당지지에 미치는 지역감정의 영향력을 다룬 기존의 연구는 크게 두 가지의 한계가 있다. 첫째, 지역감정을 지역민 간에 존재하는 대립과 갈등을 나타내는 집단의식으로 지나치게 좁게 정의했고, 둘째, 지역감정이 정당지지에 미치는 영향력을 경험적으로 검증하지 않았다는 것이다. 이러한 문제의식에 따라 이 연구는 지역감정을 개인적으로 갖는 긍정적 감정과 부정적 감정을 모두 나타내는 지역민 호감도로 규정하여, 지역민 호감도가 정당지지에 미치는 영향을 여론조사 자료의 통계적인 분석을 통해 검증하였다.

그 결과 이 연구는 기존연구와 세 가지 다른 결과를 발견할 수 있었다. 첫째, 기존연구는 지역감정이 정당지지에 영향을 미치지 않거나 작은 영향밖에 미치지 못 한다고 보았던 것과 달리 이 연구는 호남지역민 호감도와 영남지역민 호감도와 같은 지역감정 변수가 정당지지에 큰 영향력을 미친다는 것을 보여준다. 둘째, 기존연구는 지역감정에 의한 지역투표가 호남과 영남 출신 지역민에게만 발견될 수 있다고 인식했던 반면 이 연구 결과는 서울·경기, 충청 출신 지역민들도 지역민 호감도에 따라 정당지지를 결정한다는 것을 보여준다. 셋째, 기존의 연구로부터 지역감정에 의한 지역투표의 영향력이 정당들의 정책차이가 작다고 인식할수록 크게 나타날 것이라고 기대하였으나 지역민 호감도에 의한 지역투표가 정책차이의 크기에 큰 영향을 받지 않는다는 것을 발견했다.

이 연구가 한국에서의 지역투표와 정당지지 연구에 대해 갖는 가장 큰 의미는 그동안 기존연구에서 큰 관심을 받지 못했던 지역민 호감도와 같은 심리문화적 요인이 정당지지에 큰 영향을 미치고 있다는 경험적 증거를 제시하였다는 것이다. 이러한 점에서 이 연구는 앞으로의 지역투표와 정당지지 연구에 대해 두 가지 시사점을 보여준다. 첫째, 지역투표와 정당지지를 설명하고자 할 때, 연구자들은 지역민 호감도와 같은 심리문화적 변수의 효과에 좀 더 관심을 기울여야 한다. 특히 이 연구가 발견한 정당지지에 미치는 지역민 호감도의 효과의 보편성을 새로운 조사자료의 분석을 통해 재검증하여야 하고 더불어 이 연구가 충분히 구명하지 못 했던 정당지지에 미치는 지역감정의 효과가 왜 그렇게 크게 나타나는가 하는 의문도 구명하여야할 것이다. 둘째, 지역투표와 정당지지의 연구자들은 새로운 가설을 형성하기보다 기존에 제기된 가설을 검증하는 작업에 더 관심을 기울여야 한다. 지역투표를 설명하는 원인들은 격차론, 동원론, 감정론 등으로 그동안 매우 다양하게 제기되어 왔지만 직접적인 인과관계를 검증하는 연구의 수는 매우 적다고 할 수 있다. 이러한 이론의 풍요와 검증의 빈곤이라는 불균형을 초래한 가장 큰 원인은 검증에 필요한 조사자료가 매우 적었기 때문이다.[8] 따라서 지역투표에 주요 원인이라고 제기되는 사회경제적 격차, 지역감정, 정치적인 동원들을 측정 가능한 개념으로 조작화하여 조사자료를 수집하는 작업이 가장 시급하다고 할 것이다.

끝으로 향후 지역투표에 대한 전망을 해보면, 정당의 조직이나 구성이 탈지역적인 성격을 띠지 않는 한 지역투표 현상은 크게 감소하지 않을 것으로 보인다. 특히 정책차이가 있다고 생각하는 사람들 사이에서도 지역민 호감도가 정당지지에 큰 영향력을 끼치고 있기 때문에 정당 간의 이념적 대립에 의한 유권자의 정책 혹은 이념투표가 강화된다고 하더라도 지역감정이 정당지지에 미치는 영향력은 당분간 지속될 가능성이 크다고 할 수 있다. 한국과 같은 정치·사회·경제·문화적으로 동질적인 사회에서 강한 지역투표가 지속되고 있는 현상은 결코 한두 가지의 요인이나 이론으로 쉽게 설명될 수 있을 것으로 보이지 않는다. 따라서 지역투표와 정당지지를 좀 더 성공적으로 설명하기 위해서는 다양한 이론들의 변수들을 동시에 포함할 수 있는 통합적인 인과모형을 형성하고 이들을 검증할 수 있는 종합적인 조사자료를 수집하는 학제간의 공동연구가 필요할 것으로 보인다.

---

8) 민주화 이후 투표행태의 연구에서 가장 많이 사용되는 사회과학데이터센터(KSDC) 여론조사 자료에 지역발전, 지역감정, 정치적인 동원 등의 변수들을 측정하는 설문은 거의 포함되어 있지 않다.

✢ 참 고 문 헌 ✢

강원택. 2000. "지역주의 투표와 합리적 선택." 『한국정치학회보』 제34집 2호, 51-67.

_____. 2002. "유권자의 정치이념과 16대 총선: 지역균열과 이념균열의 중첩?" 『한국의 선거 Ⅳ』. 서울: 한국사회과학데이터센터.

_____. 2003. 『한국의 선거 정치: 이념, 지역, 세대와 미디어』. 서울: 푸른길.

김재한. 1997. "지역주의 투표의 현황과 해소방안." 『의정연구』 3권 2호, 16-36.

김진국. 1989. "지역감정의 실상과 그 해소 방안." 한국심리학회 편. 『심리학에서 본 지역감정』. 서울: 성원사.

김진하. 2010. "한국 지역주의의 변화: 투표행태와 정당을 중심으로." 『현대정치연구』 제3권 제2호, 89-114.

김혜숙. 1989. "지역간 고정관념과 편견의 실상: 세대간 전이가 존재하는가?" 한국심리학회 편. 『심리학에서 본 지역감정』. 서울: 성원사.

김만흠. 1987. 『한국사회 지역갈등 연구: 영·호남문제를 중심으로』. 서울: 현대사회연구소 연구보고서.

_____. 1997. 『한국정치의 재인식』. 서울: 풀빛.

나간채. 1990. "지역간의 사회적 거리감." 한국사회학회 편. 『한국의 지역주의와 지역갈등』. 서울: 성원사.

노병만. 1998. "지역할거주의 정치구조의 형성과 그 원인분석: 지역감정·지역갈등 개념을 대신하여." 『한국정치학회보』 32권 1호, 59-85.

문용직. 1992. "한국의 정당과 지역주의." 『한국과 국제정치』 15호, 1-18.

박상훈. 2009. 『만들어진 현실』. 서울: 후마니타스.

손호철. 1996. "수평적 정권교체, 한국정치의 대안인가." 『정치비평』 창간호, 131-169.

송 복. 1990. "지역갈등의 역사적 설명: 조선시대까지." 한국사회학회 편. 『한국의 지역주의와 지역갈등』 27-31. 서울: 성원사.

신복룡. 1996. "한국의 지역감정의 역사적 배경." 한국정치학회 편. 『현대 한국정치의 재성찰: 전근대성, 근대성, 탈근대성』. 서울: 한울.

이갑윤. 1998. 『한국의 선거와 지역주의』. 서울: 도서출판 오름.

이갑윤·이현우. 2008. "이념투표의 영향력 분석." 『현대정치연구』 제1권 제1호, 137-166.

이남영. 1998. "유권자의 지역주의 성향과 투표." 이남영 편. 『한국의 선거 II: 제15대 대통령선거를 중심으로』. 서울: 푸른길.

이병휴. 1991. "지역갈등의 역사." 김종철·최장집 외. 『지역감정연구』. 서울: 학민사.

조기숙. 1996. 『합리적 선택: 한국의 선거와 유권자』. 서울: 한울.

_____. 2000. 『지역주의 선거와 합리적 유권자』. 서울: 한울.

최영진. 1999. "한국지역주의 논의의 재검토: 정치적 정체성 개념과 동기부여구조를 중심으로." 『한국정치학회보』 33권 2호, 135-155.

_____. 2001. "제16대 총선과 한국 지역주의의 성격." 『한국정치학회보』 제35권 1호.

최장집. 1996. "지역문제와 국민통합." 최 협 편. 『호남사회의 이해』, 145-177. 서울: 풀빛.

최준영. 2008. "지역감정은 존재하는가?" 『현대정치연구』 제1권 1호, 199-222.

최준영·조진만. 2005. "지역균열의 변화 가능성에 대한 경험적 고찰." 『한국정치학회보』 제39집 3호.

황태연. 1996. "한국의 지역패권적 사회구조와 지역혁명의 논리." 『정치비평』 창간호.

_____. 1997. 『지역패권의 나라』. 서울: 무당미디어.

Eric C. Browne, and Sunwoong Kim. 2003. Regionalism in South Korean National Assembly Elections: A Vote Components Analysis of Electoral Change(https://pantherfile.uwm.edu/kim/www/research.htm).

James Bickerton, and Alain-G. Gagnon. 2008. "Regions." In Daniele Caramani. *Comparative Politics*. Oxford University Press.

Keating, M., ed. 2004. *Regions and Regionalism in Europe*. Edward Elgar.

Lipset, S. M., and S. Rokkan, eds. 1967. *Party System and Voter Alignments: Cross-National Perspectives*. New York: The Free Press.

Niemi, Richard G., and Herbert F. Weisberg, eds. 2001. *Controversies in Voting Behavior*. Washington, D.C: CQ Press.

제**2**부

계층균열

재산이 계급의식과 투표에 미치는 영향*

이갑윤·이지호·김세걸

I. 서론

한국정치의 특징 중 하나는 계급정치의 부재에 있다고 인식되어 왔다. 그동안 균열이론을 적용한 대부분의 한국정당정치 연구들은 계급균열의 부적합성을 지적하면서 지역균열을 강조해왔다. 선거 연구들도 한국 유권자들 사이에 계급투표가 존재한다고 주장할 만한 두드러진 증거를 찾지 못해왔다. 계급의 경험적 지표로 사용되어 왔던 직업이나 소득이 유권자의 정치적 정향이나 의식에 유의미한 영향을 미치지 않는다는 것이 그동안 연구의 일반적인 발견이었다. 계급투표의 부재에 대한 비판이론가들의 해석은 주요 정당들의 동원 전략이 한국 유권자의 계급의식과 계급행동을 가로막기 때문이라는 것이다(최장집 1996; 2006; 2010; 손호철 1995; 백준기 2003). 또

* 이 글은 『한국정치연구』 제22권 2호(2013)에 게재된 논문을 수정·보완한 내용임.

다른 해석은 국민들 사이에 계급의식이 충분히 확산되어 있지 않기 때문이라는 것이다(김수진 2008; 정진민 2008). 해석을 어떻게 하든 간에 이들 연구가 주목하는 현상은 한국 유권자들은 계급적 처지에 따른 공통의 이해관계와 가치관을 가지고 행동하지 않는다는 사실이다.

그러나 최근의 동향을 보면, 국민들 사이에 계급의식이 형성되고 있음을 감지할 수 있는 경험적 지표들이 나오고 있다. 서강대학교 현대정치연구소에서 실시한 3년간의 사회갈등 조사의 결과를 살펴보면, 한국사회에서 가장 심각한 갈등으로 빈부갈등과 노사갈등이 3년 연속 각각 1위와 2위를 차지하고 있다.[1] 선거 연구에서도 계급투표의 존재를 제기하는 연구가 나오고 있다. 즉 계급적 속성의 하나인 주거유형이 한국 유권자의 정치의식과 투표결정에 영향을 미친다는 것이다(손낙구 2010). 이러한 상황은 그동안의 한국정당 및 선거 연구가 '계급정당 부재' 가설을 논의의 암묵적 시발점으로 상정함으로써 한국사회의 계급균열과 계급투표에 대한 경험적 연구의 진전을 더디게 하였음을 반성케 한다(유진숙 2011). 그동안 한국적 상황에 적합한 계급에 대한 조작적 정의 및 측정 지수 등에 대한 연구와 논쟁이 활발하게 진행되지 못한 것이 사실이다.

최근의 변화를 감안한 새로운 문제의식에 입각하여 이 장에서는 한국사회에 계급투표가 존재하는지, 존재한다면 어떠한 양태로 존재하고, 왜 그렇게 존재하는지를 규명하고자 한다. 먼저 계급에 대한 변수에 소득과 직업뿐만 아니라 재산 정도를 포함시켜 이것이 유권자의 정치적 정향과 태도 및 투표행태에 미치는 영향을 검증하고자 한다. 나아가 기존연구가 주로 이념과 이슈에 대한 계급의 영향을 규명하는 데 집중해온 것과는 달리, 계급이

---

1) 사회갈등의 크기에 대한 비교

	세대갈등	노사갈등	빈부갈등	지역갈등	지방갈등	남녀갈등	이념갈등
2010년	2.83	3.12	3.44	2.71	2.89	2.29	2.90
2011년	2.82	3.15	3.36	2.66	2.74	2.26	2.98
2012년	2.94	3.18	3.38	2.63	2.71	2.30	3.07

출처: 서강대 현대정치연구소(2010; 2011; 2012), 한국사회갈등조사연구자료

분배의식에 미치는 영향을 분석하고자 한다. 분배의식에 대한 분석은 그동안 거의 시도되지 않았기 때문에 분석의 결과는 그동안의 학문적 성과에 새로운 기여를 할 것으로 기대된다.

II. 선행연구의 검토와 이론적 논의

1940년대 이후 일련의 투표연구는 개인의 계급적 위치와 정당선호 간의 연관성에 관한 몇 가지 가설을 제공하였다. 가장 단순한 가설은 소득이 낮은 집단은 경제적으로 나아지기 위해 분배평등을 표방하는 좌파정당을 지지하는 반면, 소득이 높은 집단은 그들의 경제적 이득을 유지하기 위해 좌파정당을 반대한다는 것이다(Bendix & Lipset 1957, 82-87; Downs 1957, Ch. 3). 계급투표의 기초로서 물질적 이해관계를 강조하는 이 가설은 그 후 모든 분석가들에 의해 어느 정도 공유되었다(Evans 1993, 263).

그러나 특정 계급의 구성원 상당수가 협애한 계급적 이해관계에 따라 투표하지 않는다는 경험적 사실이 확인되어짐에 따라 계급 구성원과 투표결정을 연결하는 메커니즘에 대한 더 진전된 이론화가 필요했다(Scarbrough 1987; Weakliem & Heath 1994). "콜롬비아 학파"로 불리는 일군의 연구자들은 역사적 계기에 대한 공통의 경험과 계급 내 연결망 및 사회 조직들과의 관계를 반영하여 계급투표가 나타난다는 가설을 제시하였다. 이는 사회 집단의 역사적 경험의 축적과 상대적으로 동질적인 사회적 연결망의 강화 효과에 주목함으로써 단순한 이익 표출을 뛰어넘는 유권자의 투표결정을 설명하려는 것이었다(Lazarsfeld et al. 1948; Berelson et al. 1954).

한편 미국 유권자들의 탈계급적인 투표행태를 이해하려는 접근법이 "미시간 학파"에 의해 제시되었다. 미시간 학파는 투표의 메커니즘을 인과적 순서와 시간적 순서를 나타내는 깔때기를 따라 위치를 점하는 것으로 보았다(Campbell et al. 1960, 24-25). 계급혈통과 직업을 포함하는 사회구조적 변수는 깔때기의 넓은 입구에서 작동하면서, 투표선택을 예견하는 깔때기의 좁은 끝에서는 정치적 태도와 정당일체감과 같은 사회심리학적 속성에 이끌린다는 것이다. 미시간 학파는 대부분의 미국인이 이념적 각성과 정치적 세련됨을 결여하고 있다고 강조하면서, 계급투표는 많은 유권자들에게는 해당되지 않는 정치의 세련된 수준을 요구한다고 보았다(Campbell et al. 1960, Ch. 13).

1960년대 이후 전국적인 선거조사가 축적되면서, 보다 확장된 시기에 걸쳐 계급투표의 연관성에 대한 상세한 규명이 시도될 수 있었다. 1970년대 초기까지 대부분의 발견은 정도의 차이는 있지만 계급이 투표행태에 강한 영향을 미치고 있다는 것이다(Alford 1963; Lipset & Rokkan 1967; Rose 1974). 특히, 립셋과 로칸(Lipset & Rokkan 1967)의 영향력 있는 이론은 두 가지 혁명, 즉 민족혁명과 산업혁명이 서유럽의 거의 모든 곳에서 사회적 갈등 과정을 추동하였다고 주장한다. 두 혁명은 네 가지 기본적인 균열의 세트를 생산하였다. 교회와 세속국가의 균열, 지배문화와 하위문화의 균열(중앙과 지방의 균열), 일차산업과 이차산업의 균열(도시와 농촌의 균열), 그리고 고용주와 노동자의 균열(자본과 노동 간의 계급균열)이 그것이다(Lipset & Rokkan 1967, 14). 이들 균열에 대한 정치적 접합은 지정학적 구조와 정치·경제 발전의 타이밍에 따라 나라마다 다르지만, 그 기본적인 양상은 유사하다는 것이다. 즉 산업화의 진전은 계급균열 이외의 다른 균열의 쇠퇴를 가져왔고 민주적인 계급투쟁을 확대시켰으며, 이렇게 구축된 서유럽의 균열구조는 적어도 1960년대까지 "결빙(freezing)"되어왔다는 것이다(Lipset & Rokkan 1967; Rose & Urwin 1970; Bartolini & Mair 1990).

그러나 1970년대 이후 서구 사회는 계급균열의 쇠퇴를 경험하였다. 제조업 중심에서 서비스산업 중심으로의 산업구조의 개편, 기업조직의 분산 및 분권화, 노동계급의 양적 감소, 신중간계급의 증가 등 후기 산업사회의 여러 징후를 겪으면서 서구 사회는 전후의 새로운 세대를 중심으로 탈물질주의라는 가치 정향의 중대한 변화를 경험하게 되었다(Inglehart 1977; 1990). 환

경, 평화, 페미니즘, 소수자 인권과 같은 탈물질주의적 가치의 확산은 행동
양식과 이슈, 그리고 주도집단 등에서 이전의 정치운동과는 전혀 다른 '새로
운 사회운동(new social movement)'으로 이어졌고, 기존의 좌우 이념 축을
가로지르는 새로운 균열 축의 형성은 '새 정치 정당(new politics parties)'
의 진입을 허용하면서 1960년대까지 안정되었던 서유럽 정당체제의 변동을
가져왔다는 것이다(Pogunke 1987). 물질주의 대 탈물질주의 가치갈등의
등장은 1960년대까지 서유럽 정치에서 가장 두드러졌던 계급균열을 약화시
켰다. 좌우 이념의 쇠퇴, 정당일체감의 약화, 투표유동성의 증대와 함께 육
체노동자의 좌파정당 지지와 중간계급의 우파정당 지지라는 기존의 정당-유
권자 지지연합의 이완(dealignment)이 나타난 것이다(Dalton et al. 1984).
   균열이론과 탈물질주의 이론이 주창된 이후, 계급투표의 지속과 변화를
확인하려는 일련의 경험적 연구가 이어졌다. 이들 연구에서 실시한 계급투
표의 측정은 계급의 자연적 정당(natural party) 지지율에 대한 절대적 측정
과 상대적 측정으로 나눌 수 있다. '알포드 인덱스(Alford Index)'는 육체노
동자의 좌파정당에 대한 지지율에서 다른 계급의 좌파정당에 대한 지지율을
뺀 값으로 계급투표의 증감을 측정하고(Alford 1963, 79-80), 절대적 계급
투표 측정(absolute class voting measure)은 육체노동자의 좌파정당에 대
한 지지율과 중간계급의 우파정당에 대한 지지율을 더한 값이다(Crewe
1986, 620). 그리하여 이들 숫자는 많은 나라에서 좌파정당에 대한 육체노
동자의 지지가 그 정당에 대한 고용주와 비육체노동자의 지지가 늘어나는
만큼 줄어든다는 것을 의미한다. 그리하여 유권자가 그들의 자연적인 계급
정당을 선택하는 비율이 줄어들면, 계급투표의 수준이 쇠퇴하고 있다고 말
할 수 있다는 것이다. 이 둘의 측정은 모두 계급투표에 대한 절대적 측정이
다. 이에 비해 톰센(Thomsen 1987)은 비육체노동자의 좌파정당에 대한 지
지율에 대한 육체노동자의 좌파정당에 대한 지지율의 비율로서 계급투표에
대한 상대적 강도를 측정하였다. 그러나 이들 인덱스가 구성하고 있는 단순
한 이분법적 계급측정방법은 해석의 오류를 낳음으로써 현존하는 계급적 차
이와 계급투표 형태를 포착해 낼 수 없다는 비판을 받는다(Waal et al.

2007; 유진숙 2011). 측정의 또 다른 문제는 위에서 언급한 인덱스들이 모두 전통적인 계급 정의에 따라 육체노동자와 비육체노동자 혹은 육체노동자와 중간계급과 같은 직업 변수에 기초하고 있다는 것이다.

그러나 몇몇 연구자들은 직업보다는 소득이 계급을 더 잘 나타내는 변수라고 보았다(Sorensen 1991; Clark 2001). 소득 불평등의 증대는 소득 수준에 따라 서로 다른 정치적 선호도를 갖게 만든다는 것이다. 동일 직업 내의 소득격차의 증가로 말미암아, 다른 소득을 가진 유권자들을 직업에 따라 하나의 집단으로 범주화하는 것은 계급에 기반을 둔 정치행태를 이해하는 데 부적절하게 되었다는 것이다.

비서구 국가와 관련한 계급투표의 논의는 이들 국가의 정당과 사회구조에 관한 연구에서 개별적으로 다루어졌다(Dix 1989; Van Cott 2000; Myers 1998; Scully 1995; Munck and Bosworth 1998). 이들 연구에서 공통된 발견은 비서구 국가에서는 계급균열이 결여되어 있거나 현저하지 않고, 따라서 계급투표 현상은 거의 보이지 않는다는 것이다. 제3세계 민주주의국가에 균열이론의 적용 문제를 제기한 랜달(Randall 2001)에 의하면, 일반적으로 제3세계에서는 경제적 이해를 둘러싼 기능적 균열(functional cleavage)이 지배적이지 않고, 인종과 지역적 균열 그리고 식민지 지배의 역사를 통해 형성된 '억압받는 민족 대 제국주의 세력 사이의 균열'이 두드러지게 나타난다는 것이다. 그녀에 따르면, 비서구권에서 계급균열이 부재한 이유는 서구 사회가 밟은 발전의 순차성(sequence)을 결여하고 있기 때문이다. 서유럽의 균열구조는 민족혁명과 산업혁명 사이에 상당한 기간에 걸쳐 형성되며 보통선거권의 등장과 함께 계급에 기초한 균열이 전면에 등장하게 되는데, 제3세계 국가는 국가건설과 산업화 그리고 정치적 동원이 거의 동시적으로 일어나기 때문에 계급균열이 현저하게 나타나지 않는다는 것이다. 균열정치의 부재는 정당의 제도화가 미약하다는 것과도 연관된다. 비서구 국가에서 정당은 사회적 '뿌리내림'이 취약하여 제도화가 미약한 것으로 관찰되었다(Randall and Svasand 2002). 오랜 기간 권위주의적 지배가 계속되면서 정당은 국가 지도자의 개인적 야망을 위한 수단으로 형성되는 경우가 많았고, 정당과 사회집단과의 관계는 일종의 후원자와 고객의 성격(patron-clientelistic nature)을 띠었다. 민주화가 국가로부터 정당의 자율성을 증대시킬 것으로 기대되지만, 칠레나 브라질에서처럼 정당 지도자들이 유권자에 대한 접근을 텔레비전에 의존하면서 '조직으로서의 정당' 혹은 정당의 집단 대표 가능성은 크게 제한되었다(Munck and Bosworth 1998).

투표행태에 관한 국내 연구의 일반적 발견은 한국 유권자들 사이에 계급투표의 증거가 잘 나타나지 않는다는 것이었다. 이에 대한 설명에는 몇 가지 흐름이 있다. 하나는 비판이론가들에 의해 제기된 '계급정당 부재' 가설이다. 이들은 한국 정당 및 정당시스템의 계급적·물질적 토대에 천착하면서 한국 정당시스템에서 계급균열이 전면화되지 않는 이유를 지역균열을 동원하는 패권 정당의 이데올로기적 동원 전략에 있다고 본다(최장집 1996; 2006; 2010; 손호철 1993; 백준기 2003). 이들의 주장에 따르면, 분단과 전쟁을 거치면서 남한에서는 사회주의 정치세력들이 사라지고 보수우익 정당들만 제도 정치의 안에 남아 계급균열이 구축될 수 없었으며, 민주화 이후에도 정당과 정치지도자들의 불명료한 계급성 때문에 지역균열을 지지 동원의 유일한 자원으로 활용했기 때문에 계급정치가 발전할 수 없었다는 것이다.

계급투표 부재에 대한 또 다른 설명은 전통적 계급균열 구조의 약화, 세계적인 계급정치의 종식 경향과 탈산업사회로의 사회변동을 강조한다(김수진 2008; 정진민 2008). 비판이론가들과는 달리 이들은 계급정치의 부재를 시대적인 불가피성으로 이해한다. 계급이 파편화하고 해체됨에 따라 계급정당의 기반이 상실되었거나(김수진 2008, 18), 한국사회가 탈산업사회로 진입하면서 계급정치로의 진화보다는 가치균열로 발전을 보이고 있다는 것이다(정진민 2008, 34).

이상과는 다른 각도에서 계급투표의 부재를 설명하는 가설도 있다. 즉 그동안 한국에서 계급투표 현상이 나타나지 않은 이유는 대중들의 계급적 처지가 계급의식으로까지 발전하지 않았기 때문이라는 것이다(이갑윤 1998; 2011; 조중빈 1988). 대중들 사이에 계급의식의 미발달이 한국에서 계급투표 부재 현상을 초래한 가장 근본적인 원인이라는 것이다. 이 가설에 따르면, 계급투표의 부재를 정치인의 동원 전략 탓으로만 돌리는 분석은 옳은 추론이 아니다. 왜냐하면 정치인들이 계급을 동원하지 않았던 이유가 그들의 이념이 보수적이어서라기보다는 국민들 사이에 계급의식이 미약했기 때문이다. 국민들 사이에 분배의식이나 계급의식이 성숙되지 않았던 증거는 계급정당을 표방한 민주노동당이 나타나서 원내 진입을 했을 때도 그들의 지지층은 계급적으로 구성되지 않았고 젊은 층과 고학력층으로 주로 구성되어 있었다는 발견에서도 알 수 있다(이갑윤 2011, 96).

이러한 설명은 비판이론가들의 주장에 대한 반박이기도 하지만 '계급정치 부재의 현실적 불가피론'에 대한 문제제기이기도 하다. 즉, 한국에서 계급투표가 나타나지 않을 것이라는 주장도 지나친 속단일 수 있다는 것이다. 사회경제적인 상황의 변화와 시민사회의 성숙 여부 등에 따라 앞으로 얼마든지 계급투표가 등장할 수 있기 때문이다. 혹은 이미 계급투표가 출현할 만큼 계급의식이 확산되었는데도 그간의 연구에서 보여준 분석방법이 이를 발견하지 못했기 때문인지도 모른다.

국내 연구가 대부분 계급투표의 부재를 확인하는 동안, 최근 한 연구는 계급투표의 가능성을 시사하고 있어 주목을 받았다. 손낙구(2010)는 집합자료를 활용하여 경기도 전역을 동 단위로 분석하면서 주택이라는 재산의 속성을 가지는 변수가 유권자의 정당지지와 연관성이 있다는 증거를 제시하였다. 이 연구는 기존연구에서 찾아 볼 수 없었던 거주형태(전·월세와 자가)를 투표선택의 설명변수로 하여 계급투표의 증거를 제시하였다는 점에서 커다란 의의를 지닌다고 하겠다. 그러나 이 연구는 분석 대상이 경기도에 한정되어 있어 전국적 결과를 볼 수 없는 한계를 지니고 있고, 그보다 더 심각하게는 '생태학적 오류(ecological fallacy)'라고 알려진 집합통계의 편향(aggregate bias)의 문제를 지니고 있다(조기숙 2010). 로빈슨(Robins 1950)이 주장한 것처럼, 집합통계의 발견은 개인 수준에서의 관계를 감추고 있을지 모른다는 것이다. 전월세 주거의 비율이 높은 동네가 자가 주거의 비율이 높은 동네보다 민주당 지지가 높게 나왔다고 해서 전월세 사는 유권자가 자가 주택에 사는 유권자에 비해 민주당에 투표할 확률이 반드시 높은 것은 아니다. 집합자료의 분석결과는 개인 수준에서 그럴 수 있을 개연성을 나타내지만, 그렇다고 그렇게 판단하는 것은 논리적 비약인 것이다.

그러나 위의 연구가 이후 연구를 위해 기여한 점은 한국적 맥락에서는 계급의 측정자로서 재산을 고려하였다는 것이었다. 전통적인 계급이론에 입각하여 기존의 연구들은 객관적 계급의 측정자로서 직업과 소득을 주로 사용하였다. 그동안 대부분의 조사에서는 베버나 마르크스적 계급 구분을 감안하면서 자본가, 자영업자, 사무직 노동자, 생산직 노동자, 판매서비스직 종사자 등의 직업 구분으로 계급의 측정자로 사용하였다. 다른 한편, 미국적 맥락에서는 동일 직업 내의 소득격차의 증가로 말미암아 직업에 따른 계급 분류가 부적절하다는 이유에서 소득을 계급의 또 다른 측정자로 사용하였다 (김진하 2004). 그러나 기존연구는 한국사회의 맥락에서 계급의식과 연관이 있을 수 있는 재산을 설명변수로 포함하여 분석해 보지 못한 한계를 안고 있었다.

기존연구의 또 다른 문제점은 계급적 조건과 직접 연관될 수 있는 분배의식을 분석에 포함시키지 않았다는 것이다. 기존연구들은 계급의식으로 주관적 이념이나 정책이슈에 대한 태도를 주로 포함시켜 직업이나 소득과 같은 계급 변수와의 연관성을 살펴보았다. 그러나 이념과 이슈에 대한 태도만 해도 객관적 계급으로부터 어느 정도 거리가 있는 의식 변수이다. 기존연구는 객관적 계급과 직접 연관이 될 수 있는 '소득에 대한 만족'이나 '분배의 공정성 정도'와 같은 분배에 대한 의식을 포함시키지 않았다. 분배에 대한 의식은 계급의식을 측정하는 가장 직접적인 측정자가 될 수 있음에도 불구하고 그동안 분석에서 이 부분이 누락되었던 것이다.

III. 연구가설과 분석모형

이상과 같은 이론적 논의로부터 이 논문의 기본적인 가설은 소득과 직업 및 재산이라는 객관적인 계급적 처지가 분배의식, 이슈태도와 같은 계급의 식을 형성하고, 이것이 투표참여와 정당지지를 통해 투표행태에 영향을 미친다는 것이다. 즉, 일반적인 계급투표 모형처럼 계급적 존재는 계급의식을 통해서 계급행동으로 전환된다는 것이다.

그리하여 이 논문의 구체적인 연구가설은 다음과 같다. 첫째, 일반적인 정치정향에 있어서 재산이 많은 사람일수록 재산이 적은 사람보다 더 높은 참여적 정향을 가질 것이다. 재산이 많을수록 국가로부터 혜택을 받고 있다는 의식이 높을 것이고, 국가 기관이나 사회조직에 대한 신뢰가 높을 것이기 때문이다. 또한 재산이 많을수록 정치적 관심이나 참여에 대한 기회비용에 부담을 덜 가질 것이기 때문이다.

둘째, 분배의식이나 이념 및 정책태도에 있어서 재산이 많은 사람일수록 재산이 적은 사람보다 더 보수적인 태도를 가질 것이다. 재산이 많을수록 소득에 대한 만족도, 자신이 속한 계층에 대한 만족도가 높을 것이며, 분배가 공정하게 이루어지고 있다는 의식을 가지고, 사회적 대우도 높다고 느낄 것이기 때문이다. 따라서 재산이 많을수록 자신을 보수적이라고 인식할 것이며, 사회경제적 정책에 있어서도 보수적 태도를 취할 것이다. 즉, 재산이 많을수록 시장개방, 기업 규제완화, 세금인하 등 경제정책에 있어서 보수적인 태도를 가질 것이며, 사회적 약자 보호, 복지 확대나 지역균형발전 등 사회정책에 있어서도 보수적 태도를 보일 것이다.

셋째, 그렇기 때문에 재산이 많은 사람일수록 보수적인 정책을 제시하는 새누리당(구 한나라당)을 지지하는 비율이 더 높을 것이다. 새누리당과 민주당과 같은 주요 정당들의 사회경제적 정책에 대한 대조가 뚜렷하게 인식되면 될수록, 특히 정권교체를 통해 정부 간 정책 산출(policy output)의 차이를 계급적으로 인식하면 할수록 계급에 따른 투표결정이 현저하게 나타날 것이다.

이 논문은 네 가지 회귀모형을 통해 재산이 계급의식 및 이슈 태도, 그리고 투표행태에 미치는 영향을 분석한다. 첫 번째 모형은 일반적인 정치정향을 종속변수로 하는 회귀모형이며, 두 번째 모형은 분배의식을 종속변수로 하는 회귀모형이다. 세 번째 모형은 정책이슈에 대한 태도를 종속변수로 하는 회귀모형이다. 정치정향과 분배의식 및 이슈 태도에 대한 척도는 점수가 높을수록 긍정적 태도를 나타내고 점수가 낮을수록 부정적 태도로 나타낸다. 네 번째 모형은 투표참여 여부와 새누리당 지지 여부를 종속변수로 하는 로짓 회귀모형이다.

회귀식은 주요한 인구사회학적 변수들을 독립변수로 포함시켰다. 성별은 남성을 1, 여성을 0으로 하였으며, 학력은 중졸 1, 고졸 2, 대재 3으로 측정하였다. 연령은 19세 이상 나이의 연속변수로, 소득은 한 달 가구 소득을 120만 원대부터 700만 원 이상까지 6등급으로 나눈 서열변수로 측정하였다. 직업은 생산노무직을 기준변수로 하여 농림어업과 자영업을 구중간계급으로, 판매서비스 및 사무전문직을 신중간계급으로 묶고, 나머지를 기타 직업으로 분류하는 더미변수를 사용하였다. 재산은 부채를 제외한 가구의 순재산을 1천만 원 미만부터 10억 원 이상까지 11등급으로 나눈 서열변수로 측정하였다.[2][3] 거주지는 수도권 지역을 기준변수로 하고 충청, 호남, 영남 거주자를 더미변수로 처리하였다. 지역 규모는 대도시를 1로 하여 3점 척도의 서열변수로 측정하였고, 주거 형태는 자가 소유와 비소유를 더미변수로 처리하였다.

이 장에서 사용한 자료는 2011년 서강대학교 현대정치연구소가 전국의 일반국민을 대상으로 실시한 1,500명 면접조사 자료이다. 설문지는 계급계층 소속감, 분배의식 및 이념, 정책 태도와 정치정향, 정당거리감 및 투표결

---

2) 소득과 재산의 상관관계는 0.435로 같은 모형의 독립변수에 포함시킬 때 나타날 수 있는 다중공성선의 문제는 없다.
3) 가구 순재산에 대한 등급은 국세청의 10분위 등급에 기초하였다.

정 등 한국사회의 계급균열을 분석하기 위한 질문들로 구성되었다.

IV. 분석결과

〈표 1〉은 일반적 정치정향에 미치는 인구사회학적 변수의 영향을 보여주고 있다. 성별은 정치관심도와 사회적 신뢰에 영향을 미치는데, 남성이 여성

〈표 1〉 일반적 정치정향에 미치는 인구사회학적 변수의 영향력

	수혜의식	정치 관심도	정치효능감	사회적 신뢰
(상수)	3.290***	3.908***	1.541***	3.210***
성별	0.010	0.162***	-0.039	-0.074*
연령	0.001	0.012***	-0.001	0.004**
학력	0.065	0.251***	-0.078*	0.064
소득	-0.019	0.001	-0.009	-0.002
구중간	-0.056	-0.001	0.138*	-0.109*
신중간	0.202***	0.166**	-0.076	-0.051
기타_직업	-0.024	0.026	-0.039	0.055
순재산	0.018*	-0.020*	-0.017	0.020*
충청_거주지	0.156**	0.163*	-0.248***	-0.059
호남_거주지	0.229***	0.021	0.063	0.131*
영남_거주지	-0.063	0.040	-0.068	0.018
지역규모	-0.044	0.019	0.046	0.012
자가소유	0.001	-0.015	-0.089*	0.041
adj R2	0.040	0.079	0.035	0.015

*=p〈0.05, **=p〈0.01, ***=p〈0.001
출처: 서강대 현대정치연구소(2011)

보다 정치에 대한 관심이 더 많고 사회적 신뢰는 낮은 것으로 나타났다. 연령 역시 정치관심도와 사회적 신뢰에 영향을 미치는 것으로 나타났는데, 나이가 많을수록 정치에 대한 관심이 많고 사회적 신뢰도 높다. 학력 또한 높을수록 정치에 대한 관심은 높아지는데, 역으로 정치효능감은 떨어지는 것으로 나타났다.

　다음으로 계급변수의 하나로 볼 수 있는 소득에서는 일반적 정치정향과 어떤 유의미한 연관성을 찾을 수 없었다. 직업으로 분류된 계급에서는 일정한 영향이 있는 것으로 나타났는데, 육체노동자에 비해 구중간계급이 정치효능감은 높고 사회적 신뢰는 낮다. 신중간계급은 수혜의식과 정치관심도에서 육체노동자보다 더 높게 나왔다. 이 장에서 주목하고 있는 순재산은 정치효능감을 제외한 모든 정향에서 작지만 영향을 미치는 것으로 나타났다 (p<0.05). 소득이 정치정향에 아무런 영향을 미치지 못하는데 반해, 재산의 영향력은 상대적으로 크다는 것을 알 수 있다. 거주지도 부분적으로 정치정향에 연관성이 있는 것으로 나타났다. 충청도에 거주하는 사람이 수도권에 거주하는 사람보다 수혜의식도 높고 정치관심도 높았고, 호남 거주자는 수혜의식과 사회적 신뢰에서 높았다.

　〈표 2〉는 분배의식에 미치는 인구사회학적 변수의 영향을 보여주고 있다. 성별은 소득 만족과 계층 만족에서만 영향을 미친다. 남성이 여성보다 소득 만족도와 계층 만족도가 높은 것으로 나타났다. 연령은 계층 만족과 사회적 대우에서 미약하지만 영향을 미치는 것으로 나타났는데, 나이가 많을수록 자신이 속한 계층에 만족도가 높고 자신의 노력에 비해 대우를 잘 받는 것으로 인식한다. 학력은 소득 만족과 계층 만족 그리고 공정한 분배에 연관성이 있는 것으로 나타났는데, 학력이 높을수록 소득 만족도와 계층 만족도, 그리고 분배가 공정한 편이라는데 공감하는 상층의식을 갖는다. 소득은 소득 만족과 계층 만족에서만 높은 영향을 미치는 것으로 나타났다. 당연한 말이지만 소득이 높을수록 소득 만족도와 계층 만족도가 높다. 직업은 분배의식에 큰 영향을 못 미치는 것으로 나타났는데, 그래도 육체노동자에 비해 신중간계급의 소득 만족도와 계층 만족도가 더 높은 것으로 나타

〈표 2〉 분배의식에 미치는 인구사회학적 변수의 영향력

	소득 만족	계층 만족	공정분배	사회적 대우	빈부격차	업적주의
(상수)	3.499***	3.788***	3.451***	3.504***	1.460***	-2.421***
성별	0.063*	0.068*	0.040	0.037	0.015	-0.146
연령	0.002	0.004**	0.001	0.003*	0.001	-0.022***
학력	0.066*	0.075*	0.077**	0.031	-0.002	0.028
소득	0.057***	0.057***	0.016	0.014	-0.003	0.005
구중간	-0.009	0.011	-0.009	0.013	-0.021	-0.162
신중간	0.091*	0.119*	0.060	0.036	-0.026	-0.194
기타_직업	-0.013	-0.011	-0.016	-0.013	0.027	-0.121
순재산	0.029***	0.042***	0.017**	0.016*	-0.023**	-0.046
충청_거주지	0.332***	0.341***	0.241***	0.093*	-0.116*	-0.588**
호남_거주지	0.158**	0.147**	0.049	0.102*	-0.078	0.097
영남_거주지	0.074*	0.061	0.065*	0.098**	-0.072	-0.260
지역규모	-0.010	0.019	0.035*	0.017	-0.009	0.049
자가소유	0.105**	0.104**	0.023	0.015	-0.085*	-0.346*
adj R2	0.103	0.120	0.049	0.014	0.013	0.050

*=p〈0.05, **=p〈0.01, ***=p〈0.001
출처: 서강대 현대정치연구소(2011)

났다.

이 모형에서 눈에 띄는 것은 계급을 나타내는 요소의 하나인 재산이 분배의식에 큰 영향을 미친다는 것이다. 재산은 업적주의를 제외한, 모든 분배의식 변수에서 높은 영향력을 보이고 있다. 재산이 많을수록 소득 만족과 계층 만족이 높고, 공정한 분배와 사회적 대우에 대해서도 긍정적인 태도를 보이는 데 반해, 빈부격차에 대해서는 부정적인 태도를 보인다. 이 모형에서 특이한 것은 충청 거주자들이 수도권 거주자들에 비해 거의 모든 분배의식에서 보수적인 태도를 취하고 있다는 것과 호남 및 영남 거주자들도 부분적

으로 분배의식에 보수적 태도를 취하고 있다는 것이다. 요컨대, 분배의식에
서는 수도권 거주자들이 비수도권 거주자들에 비해 더 부정적인 태도를 취
하고 있음을 알 수 있다. 자가 소유의 유무도 분배의식에 관한 변수에 영향
을 미치고 있는 것으로 나타났다.

〈표 3-1〉은 유권자들의 정치경제적 정책 태도에 미치는 인구사회학적 변
수의 영향을 보여주고 있다. 이 모형에서 눈여겨 보아야 할 점은 연령과
학력이라는 인구학적 변수와 재산이라는 계급적 변수가 서로 다른 종류의
정책 태도에 영향을 미치는 것으로 나타났다는 것이다. 즉 종속변수가 확연

〈표 3-1〉 이념 및 정치경제적 이슈에 대한 태도에 미치는 인구사회학적 변수의 영향력

	이념성향	대북지원	사형제 폐지	시장개방	규제완화	세금인하
(상수)	4.393***	3.663***	2.880***	3.159***	2.826***	1.474***
성별	0.076	-0.037	-0.060	-0.119*	-0.001	0.090
연령	0.036***	0.005*	0.003	0.003	0.006**	-0.004
학력	-0.294**	0.203***	0.074	0.134**	0.047	-0.110*
소득	-0.025	0.041*	-0.042	-0.025	0.004	0.008
구중간	0.135	-0.097	-0.058	-0.005	0.016	-0.007
신중간	0.104	0.043	0.061	-0.076	0.019	-0.104
기타_직업	-0.015	0.011	-0.059	0.089	-0.028	0.055
순재산	0.012	-0.020	-0.021	0.035***	0.022*	-0.042***
충청_거주지	-0.313*	0.082	0.092	0.203**	-0.002	-0.238**
호남_거주지	-0.744***	0.566***	0.238**	-0.067	0.047	0.018
영남_거주지	-0.225*	-0.059	0.056	0.131*	0.042	-0.237***
지역규모	-0.105	0.008	-0.019	0.040	0.006	-0.034
자가소유	0.203*	-0.100	0.021	-0.103*	-0.103*	0.148**
adj R2	0.115	0.065	0.011	0.030	0.004	0.031

*=p〈0.05, **=p〈0.01, ***=p〈0.001
출처: 서강대 현대정치연구소(2011)

히 구분된다는 것이다. 기존연구에서 자주 발견되듯이, 연령과 학력 그리고 호남 거주지는 보수·진보의 이념성향과 대북지원에 대한 태도에 강한 영향을 미치고 있다. 반면에 재산은 시장개방과 기업규제와 같은 경제적 이슈에 대한 태도에 영향을 미치는 것으로 나타났다. 즉, 재산이 많을수록 시장개방에 지지하고 기업규제에 반대하는 보수적 태도를 보였다. 여기서 특이한 것은 재산이 적을수록 세금인하를 지지하는 태도를 보이고 있는데, 이는 재산이 적은 사람들이 일반적으로 징세에 경제적 부담을 더 많이 느끼기 때문일 것이다. 주택의 자가 소유 여부도 경제적 이슈에 대한 태도에 영향을 미치고 있는 것으로 나타났다. 흥미로운 것은 주택을 소유하고 있는 사람들은 세금인하정책에 찬성하고 전·월세에 사는 사람들은 세금인하정책에 반대하는 경제적 이해관계를 분명히 보이고 있다는 것이다.

이 회귀모형은 한국사회에서 보수·진보의 이념이 대북지원이나 한미동맹과 같은 정치외교적 정책 태도를 둘러싸고 구성되고, 이들에 영향을 미치고 있는 인구사회학적 변수는 주로 연령, 학력, 그리고 지역이라는 기존연구의 일반적 발견을 확인하고 있다. 그러나 이 모형은 기존연구에서 거의 발견할 수 없었던 증거, 즉 재산과 주택소유라는 계급적 변수가 모든 경제적 이슈태도에 영향을 미치는 것을 보여주고 있다. 이는 한국사회에서도 객관적 계급 조건이 계급의식으로 발전하고 있다는 증거로 볼 수 있겠다.

〈표 3-2〉는 사회문화적 정책태도에 미치는 인구사회학적 변수의 영향을 보여주고 있다. 성별은 복지확대를 제외하고는 사회문화적 이슈에 거의 영향을 못 미치는 것으로 나타났다. 연령은 무상급식과 인터넷 실명제에 대한 태도에서만 영향력이 있는 것으로 나타났는데, 나이가 많을수록 이들 이슈에 대해 보수적 태도를 갖는다. 학력은 지역균형발전과 인터넷 실명제에서 유의미한 영향이 있는 것으로 나타났는데, 고학력일수록 지역균열발전은 찬성하나 인터넷 실명제는 반대하는 것으로 나타났다. 호남 거주자는 수도권 거주자에 비해 사회적 약자와 무상급식 및 지역균형발전에 대해 진보적 입장을 가지는 데 반해, 충청과 영남 거주자는 사회적 약자와 복지확대에 대해 보수적 입장을 가지는 것으로 나타났다. 지역변수가 정책태도와 관련하여

〈표 3-2〉 사회문화적 이슈에 대한 태도에 미치는 인구사회학적 변수의 영향력

	사회적 약자	복지확대	무상급식	지역균형 발전	대학입시 자율화	인터넷 실명제
(상수)	1.797***	1.759***	1.748***	2.196***	2.016***	2.983***
성별	0.043	0.118**	0.014	0.040	-0.054	-0.019
연령	-0.001	-0.000	-0.009***	0.003	-0.000	0.007**
학력	0.063	0.014	-0.014	0.129**	0.007	0.145**
소득	0.009	0.018	-0.005	0.007	-0.003	0.010
구중간	-0.035	-0.162*	-0.018	-0.017	0.054	0.003
신중간	0.004	-0.099	0.103	0.013	0.094	0.023
기타_직업	-0.007	0.093	-0.020	-0.008	0.009	-0.027
순재산	-0.030***	-0.065***	-0.040**	-0.030***	-0.023*	-0.013
충청_거주지	-0.181**	-0.212**	0.039	-0.096	-0.174*	0.055
호남_거주지	0.181**	-0.008	0.572***	0.335***	-0.099	0.027
영남_거주지	-0.019	-0.181***	0.029	0.083	-0.066	0.012
지역규모	0.052*	0.031	-0.017	0.080**	0.014	0.089*
자가소유	-0.028	-0.002	-0.082	-0.035	-0.016	-0.010
adj R2	0.024	0.051	0.060	0.044	0.005	0.004

*=p〈0.05, **=p〈0.01, ***=p〈0.001
출처: 서강대 현대정치연구소(2011)

이념적 대조를 이루는 것은 기존연구에서도 자주 발견되었다. 그러나 지역 출신 혹은 거주 자체가 이념태도에 영향을 미친다기보다는 그로부터 형성된 정당일체감이 정책태도에 영향을 미치는 것으로 판단된다. 지역 규모에 있어서는 대도시로 갈수록 사회적 약자보호와 지역균형발전 그리고 인터넷 실명제 모두에 진보적인 태도를 갖는다. 그러나 무엇보다도 이 모형에서 가장 두드러지게 눈에 띄는 것은 재산이 인터넷 실명제를 제외한 모든 사회문화적 이슈태도에 영향을 미치는 것으로 발견되고 있다는 것이다. 재산이 많을

수록 사회적 약자보호, 복지확대, 무상급식, 지역균형발전 등의 정책에 대해
보수적인 태도를 취한다. 경제정책에 이어 사회정책에서도 재산은 영향이
있는 것으로 나타나고 있어, 계급적 처지가 계급의식으로 발전하고 있는 모
습을 확인할 수 있다.

〈표 4〉는 인구사회학적 변수가 투표참여와 정당지지 그리고 후보선택 등
투표행태에 미치는 영향을 보여주고 있다. 투표참여에 영향을 미치는 주요
변수는 연령이고, 성별과 학력은 작은 영향을 갖고 있는 것으로 보인다. 이

〈표 4〉 투표참여 및 정당지지에 미치는 인구사회학적 변수의 영향력

	한나라당 선호도 (2011년)	한나라당 지지 (2011년)	투표참여 (2007년)	투표참여 (2008년)	이명박 투표 (2007년)	한나라당 투표 (2008년)
(상수)	2.390***	-5.727***	-2.967***	-3.424***	-2.702***	-2.040*
성별	0.254	0.323*	0.356*	0.160	0.537***	0.433**
연령	0.039***	0.066***	0.057***	0.070***	0.032***	0.034***
학력	-0.148	0.069	0.280	0.289*	0.207	-0.011
소득	-0.075	0.070	0.073	0.092	-0.113	-0.040
구중간	0.162	0.326	0.049	0.172	0.350	-0.277
신중간	-0.380	0.100	-0.006	0.201	-0.021	-0.257
기타_직업	-0.012	-0.050	-0.110	-0.155	0.148	0.118
순재산	0.133***	0.028	0.035	0.013	0.073*	-0.016
충청_거주지	-0.323	-0.360	0.243	0.271	-0.468*	-0.497*
호남_거주지	-2.178***	-3.887***	0.401	0.432	-2.845***	-3.990***
영남_거주지	0.452**	0.507**	0.287	0.189	0.553**	1.114***
지역규모	-0.070	0.017	0.207*	0.202*	0.053	-0.175
자가소유	0.197	0.177	-0.054	0.103	0.081	0.468**
Cox&Snell R2	0.164	0.149	0.074	0.111	0.182	0.249

*=p〈0.05, **=p〈0.01, ***=p〈0.001
출처: 서강대 현대정치연구소(2011)

에 비해 정당지지나 후보선택에서는 역시 연령과 지역이 강한 영향을 미치고 있는 것으로 나타났다. 나이가 많을수록 한나라당을 선호하고 지지하며, 2007년 대선에서 이명박 후보를 지지하였고, 2008년 총선에서 한나라당 후보를 선택하였다. 호남 거주자는 수도권 거주자들에 비해 한나라당 후보를 선호하지 않거나 지지하지 않을 가능성이 훨씬 더 높았으며, 2007년 대선과 2008년 총선에서 이명박 후보와 한나라당 국회의원 후보를 지지하지도 않았다. 영남은 이와 반대 성향을 나타냈다. 기존연구에서와 마찬가지로 직업이나 소득은 투표행태에 거의 영향을 못 미치는 것으로 나타났다. 그러나 재산은 정당 호오도에서 영향을 미치는 것으로 나타났고, 2007년 이명박 지지에서 작지만 영향을 미쳤던 것으로 보인다. 재산이 많을수록 보수적인 한나라당을 좋아하고 2007년 대선에서 성장을 강조한 이명박 후보를 더 많이 지지한 것으로 나타났다. 계급을 나타내는 또 다른 변수로 자가 소유는 2008년 총선에서만 자가 소유일수록 한나라당 후보를 지지한 것으로 보인다. 이 모형이 보여주는 것은 재산 변수가 계급을 표시하는 다른 변수, 즉 소득과 직업 변수에 비해 정당지지와 후보선택에서 영향력이 조금 더 있는 것으로 보이지만, 그러나 그 영향은 분배의식이나 정책태도에서 나타난 것에 비하면 매우 미미하다는 것이다.

〈표 5〉는 계급적 변수를 중심으로 분석결과를 종합한 것이다. 일반적 정치정향 모형에서 재산이 4개의 정향 중 3개에 대해 유의미한 영향을 미치는 것으로 나타났다. 분배의식에서는 소득이 2개의 분배의식 변수에 영향을 미치고 있는 데 반해, 재산은 6개의 분배의식 관련 변수 중 5개에 영향을 미치는 것으로 나타났다. 재산과 비슷한 속성을 지닌 자가소유 역시 4개의 분배의식 변수에 영향을 주는 것으로 나타났다. 재산이 이념 및 정책이슈에 대한 태도에 영향을 보면, 이념과 정치외교적 이슈에 대한 태도에는 별 영향을 못 미치는 것으로 나타난 반면, 시장개방, 기업규제 반대, 세금인하와 같은 이슈에는 민감하게 반응하고 있음을 알 수 있다. 반면에 소득은 모든 이슈 태도에 대해 유의미한 영향을 미치지 못하고 있다. 또한 재산은 모든 사회적 이슈에 대해서도 영향을 미치고 있음을 보여준다. 마지막으로 투표행태

〈표 5〉 계급적 변수의 종속변수에 대한 유의도 비교

		직업			소득	순재산	자가 소유
		구중간	신중간	기타			
정치정향	수혜의식		***			*	
	정치관심도		**			*	
	정치효능감	*					*
	사회적 신뢰	*				*	
분배의식	소득 만족		*		***	***	**
	계층 만족		*		***	***	**
	공정 분배					**	
	사회적 대우					*	*
	빈부 격차					**	*
	업적 주의						
정치경제 이슈	이념성향						*
	대북지원				*		
	사형제 폐지						
	시장 개방					***	*
	기업 규제					*	*
	세금 인하					***	**
사회적 이슈	사회적 약자					***	
	복지 확대					***	
	무상 급식					**	
	지역균형발전					***	
	입시자율화					*	
	인터넷실명제						
투표 참여, 정당 지지	한나라당선호('11)					***	
	한나라당지지('11)						
	투표참여('07)						
	투표참여('08)						
	이명박 투표('07)					*	
	한나라당투표('08)						**

를 보면 연령과 지역규모가 투표참여에 영향을 미치는 것으로 나타났지만, 재산이나 소득 및 직업과 같은 계급적 속성들은 영향을 거의 미치지 못하는 것으로 나타났다. 특히, 소득과 직업 등 다른 계급 변수들은 모든 투표결정에 전혀 영향을 미치지 않는 것으로 발견되었다. 이에 비해 재산은 2011년 한나라당 선호와 2007년 이명박 투표에 영향을 미친 것으로 나타났다. 이는 재산이라는 계급적 속성이 때에 따라 투표결정에 영향을 미치고 있음을 말해주지만, 분배의식이나 이슈 태도에 미치는 영향에 비해서는 크지 않음을 동시에 보여주고 있다. 결론적으로 말해, 재산은 분배의식과 사회경제적 이슈에 대해 학력이나 거주지에 못지않게 비슷하거나 더 큰 영향을 미치고 있으나, 투표선택에는 아직 적은 영향을 가진다는 것이다.

V. 결론: 분석결과의 함의

끝으로 이상의 분석결과에 대한 이론적 함의를 제시함으로써 이 장을 마무리하고자 한다. 왜 재산이 다른 계급적 속성보다 계급의식 형성에 중요한가? 한국사회는 국가주도 산업화를 통해 압축 성장을 달성하였다. 이 과정에서 복지는 개인과 가족의 책임으로 맡겨지고, 근검절약과 저축이 장려되었다. 저축은 집과 토지에 대한 전통적 소유관념으로 인해 부동산의 형태로 축장되어 재산을 형성하였다. 이렇게 산업화 과정에서 축적된 노장년층 세대의 부는 유교적 전통에 따라 자식들에게 대물림되는 경향이 강하다. 완전고용을 실현한 고도성장 경제가 끝남에 따라 개인의 업적(소득과 직업)보다 귀속(재산)이 그의 사회적 지위를 결정하는 양극화 현상이 나타난 것이다. 이러한 맥락에서 한국사회에서는 재산이 소득과 직업보다도 계급의식을 형성하는 데 더 결정적인 요인이 되었던 것이다. 예컨대, 400만 원을 벌지만 재산이 전세 보증금밖에 없는 근로자와 200만 원을 벌지만 부모로부터 물려

받은 집이 있는 근로자 중 전자가 더 하층의식을 느끼는 것이 한국사회의
현실이다. 소득의 차이가 아니라 재산의 차이가 교육과 문화생활의 격차를
낳고 있는 것이다.

그렇다면, 재산이 많고 적은 처지가 계급의식의 형성에 크게 영향을 미치
는 데 반해, 왜 정당지지 및 투표결정에는 커다란 영향을 미치지 못하는가?
이는 정당이 계급 이슈를 강력하게 제기하지 않았기 때문이다. 계급 이슈는
대체로 진보적인 정당에 의해 동원되는 경향이 있다. 상대적으로 진보적 성
향을 갖는 민주당은 호남지역과 진보세력의 연합으로 지지극대화 전략을 취
해 왔다. 이 연합 안에서 진보는 지역주의가 약한 비호남 지역의 젊은 사람
을 설득할 수 있는 이념으로 민주화, 남북한 평화통일, 대미자주와 같은 이
슈를 주로 제기해왔다. 이는 민주당의 리더십과도 관련된다. 민주당의 리더
십을 실질적으로 구성하고 있는 세력은 1980년대 민주화운동을 이끌었던
386세대이다. 이들은 그동안 선거와 주요 정치사안마다 '민주 대 반민주'라
는 정치구도를 설정하면서 젊은 층의 지지를 동원해 왔다. 이러한 전략적
판단과 리더십 구성으로 인해 상대적으로 진보적이라고 할 수 있는 민주당
은 그동안 계급균열의 동원에 적극적으로 나서지 않았다고 할 수 있다.

이러한 논의는 정당체제가 사회적 균열을 그대로 반영하는 것이라는 소
위 '정치의 사회학(sociology of politics)'을 받아들이는 것은 아니지만,
계급투표를 지나치게 정당의 동원 전략의 결과로만 보는 '정치적 사회학
(political sociology)'에 대한 반박이기도 하다.[4] 사르토리(Sartori 1990)에
따르면, 계급은 단순히 객관적으로 놓인 사회적 존재가 아니라, 그 안에는
계급조건, 지위의식, 계급의식과 계급행동이 모두 내포되어 있다는 것이다.
그리하여 계급조건과 계급행동 사이의 넓은 간극을 매개하는 변수로서 노조

[4] 사르토리(Sartori 1990)는 정치체제에 대한 사회학적 접근을 '정치의 사회학(sociology of politics)'이라고 명명하면서 비판하였다. 사회학적 접근이 대중의 정치행태를 지나치게 사회계급과 계층의 자국으로만 보려한다는 것이다. 그에 따르면, 정당과 정당체제는 사회 계층화, 사회구조, 경제적·사회문화적 균열의 반영이기도 하지만 정당과 정당체제가 독립변수로서 정치과정에 간섭하는 측면을 동시에 보아야 한다는 것이다.

와 정당 같은 조직과 이들이 보내는 정당 신호(party cue)로서 이념이 존재한다는 것이다. 쉐보로스키(Przeworski 1985) 또한 계급투표에 대한 정당의 역할을 강조한다. 그에 의하면, 계급적 지위가 사람들의 일상 경험을 구조화하고, 이해관계를 부여하고, 사물에 대한 비슷한 느낌과 해석을 조장하지만, 이러한 경험은 자연발생적으로 집단화되지 않고, 이념의 수준에서 사회관계에 대한 인식과 함께 한 계급으로서 집단화된다는 것이다. 그리하여 좌파정당의 노동자 계급에 대한 동원의 정도, 즉 자신의 계급만을 주로 동원하거나 다른 계급과 연대 속에서 계급적 동원을 온건하게 하는 등의 전략적 행동이 나라마다 혹은 시간에 따라 계급투표의 정도를 다르게 만든다는 것이다.

계급의식에서 계급투표까지 가는 데는 정당의 동원 전략이 중요하게 작용하겠지만, 계급에서 계급의식으로의 발전은 그렇지 않은 것 같다. 왜냐하면 민주당이 계급균열을 정치적으로 동원하지 않았음에도 불구하고, 유권자들 사이에 계급의식의 증대가 드러나기 때문이다. 이는 달리 말하면, 계급정당이 출현하여 계급적 이해를 아무리 정치적으로 동원하더라도 유권자들의 계급의식이 성숙되어 있지 않으면 계급적 이해에 따른 정당지지가 나타나지 않는다는 것이다. 예컨대, 17대 국회의원선거에서 뚜렷한 진보적 이념과 노동자 권익의 대변을 표방한 민주노동당이 원내 진입을 성공했을 때도 민주노동당에 대한 지지는 민주당에 대한 지지와 유사하였고, 소득과 직업 등 계급변수와는 연관성이 없는 것으로 나타났다(이갑윤 2011). 1987년 민주화 직후 정치지도자들이 계급균열보다 지역균열을 동원하였던 이유는 그들이 보수적이어서가 아니라 유권자들의 계급의식이 그만큼 확산되지 않았기 때문일 것이다. 그러한 상황에서 계급동원은 지지를 극대화하지 못하고 선거에서 필패할 것이 자명했기 때문이다.

그러나 이 장은 자료의 부재로 과거는 알 수 없으나 적어도 현재는 한국인들 사이에 계급의식이 존재한다는 것을 보여주었다. 이는 IMF 외환위기 이후 한국이 처한 경제적 상황과도 관련이 있을 것이다. 완전고용을 구가하던 1970~80년대와 달리, 한국경제는 IMF 외환위기와 국제금융위기를 거치면서 '고용 없는 성장'의 지속, 사회 양극화의 구조화, 중산층의 축소와 근로 빈곤층의 증가 등의 문제에 직면하고 있다. 이러한 상황은 한국인들 사이에 계급의식이 확산될 수 있는 계기가 되기에 충분하였다. 빈부의 격차가 심하고, 부의 분배가 공정하게 이루어지지 못하고 있으며, 노력한 만큼 대우받지 못한다는 의식이 팽배해지고 있는 것이다.

현재 한국의 정당정치는 유권자들 사이에 계급의식이 확산되어가고 있음에도 이를 정치적으로 동원하지 못하고 있는 것 같다. 즉 유권자들의 정책 태도에 나타난 계급균열이 정당지지에서의 계급균열로 전환되지 못하고 있는 것이다. 이러한 발견은 정당들의 동원 전략에 변화가 필요하다는 것을 시사한다. 이제 젊은 층을 대상으로 한 '민주 대 반민주'의 이슈 전략은 그 효력을 잃어가고 있는 것으로 보인다. 지난 대통령선거 과정에서도 볼 수 있었듯이, '민주 대 반민주'의 이슈보다는 하우스푸어 문제나 경제민주화와 같은 이슈가 점차 국민들 사이에 호소력을 발휘하고 있는 것이다.

이러한 실제적인 시사점 외에도 필자는 앞으로 계급투표에 대한 학문적 연구에서 계급의 측정자로서 재산 변수를 반드시 포함시킬 것과 계급적 처지와 직접 연결될 수 있는 분배의식을 다룰 것을 제안한다. 그리하여 후속 연구에서 한국적 맥락에서의 계급투표에 대한 분석이 보다 체계적으로 이루어지길 기대한다.

✛ 참 고 문 헌 ✛

김수진. 2008. "정당정치와 계급정치, '노동없는 민주주의'의 예외성에 관한 고찰." 『세계지역연구논총』 26집 3호, 5-27.

김진하. 2004. "소득수준에 따른 계급 투표의 부활: 미국 대선의 경험적 분석." 『한국정치학회보』 38집 2호, 465-493.

백준기·조정관·조성대. 2003. "이데올로기와 지역주의 그리고 2002년 대통령선거." 『국가전략』 9권 4호, 139-168.

서강대 현대정치연구소. 2010. 『한국사회 갈등연구 조사자료』. 서울: 한국리서치.

_____. 2011. 『한국사회 갈등연구 조사자료』. 서울: 한국리서치.

_____. 2012. 『한국사회 갈등연구 조사자료』. 서울: 한국리서치.

손낙구. 2010. 『대한민국 정치사회지도』. 서울: 후마니타스.

손호철. 1995. 『해방50년의 한국정치』. 서울: 새길.

이갑윤. 1998. 『한국의 선거와 지역주의』. 서울: 도서출판 오름.

_____. 2011. 『한국인의 투표형태』. 서울: 후마니타스.

유진숙. 2011. "한국정당연구이론 동향분석: 정치경제학적 접근을 중심으로." 『국가전략』 17권 3호, 123-148.

정진민. 2008. 『한국의 정당정치와 대통령제 민주주의』. 서울: 인간사랑.

조기숙. 2010. "손낙구씨의 '계급투표'주장에 대한 또 다른 시각," http://www.ohmynews.com/NWS_Web/View/at_pg.aspx?CNTN_CD=A0001323729 (검색일: 2013.3.10).

조중빈. 1988. "사회계층과 정치의식." 『한국정치학회보』 22집 2호, 131-146.

최장집. 1996. 『한국 민주주의의 조건과 전망』. 서울: 나남.

_____. 2006. 『민주주의의 민주화, 한국민주주의의 변형과 헤게모니』. 서울: 후마니타스.

_____. 2010. "한국민주주의를 이해하는 방법에 관한 하나의 논평." 『경제와 사회』 (봄) 85호, 93-120.

Alford, R. R. 1963. *Party and Society*. Chicago: Rand McNally.

Bartolini, S., and Mair, P. 1990. *Identity, Competition, and Electoral Availability: The Stabilization of European Electorates, 1885-1985*. New York: Cambridge University Press.

Bendix, Reinhard, and Seymour. M. Lipset. 1957. Political Sociology: An essay with special reference to the development of research in the United States of America and Western Europe. *Current Sociology* 6: 79-99.

Berelson, B. R., Paul F. Lazarsfeld, and William McPhee. 1954. *Voting: A Study of Opinion Formation in a Presidential Campaign*. Chicago: Chicago University Press.

Campbell, A., Philip E. Converse, W. E. Miller, and D. E. Stokes. 1960. *The American Voter*. New York: Wiley.

Clark, T. N. 2001. "The Debate over 'Are Social Classes Dying?" In T. N. Clark and S. M. Lipset, eds. *The Breakdown of Class Politics*, 9-38. Washington D.C.: Woodrow Wilson Center Press.

Crewe I. 1986. "On the death and resurrection of class voting: some comments on how Britain votes." *Political Studies* 34: 620-38.

Dalton, Russell J. 1984. *Electoral change in advanced industrial democracies: realignment or dealignment?* Princeton: Princeton University Press.

Downs, A. 1957. *An Economic Theory of Democracy*. New York: Harper.

Dix, Robert H. 1989. "Cleavage structures and party systems in Latin America." *Comparative Politics* 22: 23-37.

Evans, G. 1993. "Class, prospects and the life-cycle: explaining the association between class position and political preferences." *Acta Sociol* 36: 263-76.

Inglehart, R. 1977. *The Silent Revolution*. Princeton: Princeton University Press.

_____. 1990. *Culture shift in advanced industrial societies*. Princeton: Princeton University Press.

Lazarsfeld, P. F., B. R. Berelson, and H. Gauzet. 1948. *The People's Choice*. New York: Columbia University Press.

Lipset, S. M., and S. Rokkan. 1967. "Cleavage structures, party systems and voter alignments: an introduction." In S. M. Lipset and S. Rokkan, eds. *Party Systems and Voter Alignments*, 1-64. New York: Free.

Munck, Gerardo, and Jeffrey A. Bosworth. 1998. "Patterns of representation and competition: Parties and democracy in post-Pinochet Chile." *Party Politics* 4: 471-93.

Myers, David J. 1998. "Venezuela's political party system: Defining events, reactions and the diluting of structural cleavages." *Party Politics* 4: 495-521.

Poguntke, Thomas. 1987. "New politics and party systems: the emergence of a new type of politics." *West European Politics* 10: 76-88.

Przeworski, Adams. 1985. *Capitalism and Social Democracy*. New York: Cambridge University Press.

Randall, Vicky. 2001. "Party systems and voter alignments in the new democracies of the Third World." In Lauri Karvonen and Stein Kuhnle, eds. *Party Systems and Voter Alignments Revisited*, 238-60. London and New York: Routledge.

_____, and Lars Svasand. 2002. "Party institutionalization in new democracies." *Party Politics* 8: 5-29.

Robins, W. S. 1950. "Ecological Correlations and the Behavior of Individuals." *American Sociological Review* 15: 351-357.

Rose, R., ed. 1974. *Electoral Behavior: A Comparative Handbook*. New York: Free.

Rose, R., and D. Urwin. 1970. "Persistence and change in Western party systems since 1945." *Political Studies* 18: 287-319.

Sartori, Giovanni. 1990. "The Sociology of Parties: A Critical View." In Peter Mair, ed. *The West European Party Systems*, 150-182. Oxford: Oxford University Press.

Scarbrough, E. 1987. "The British electorate twenty years on electoral change and election surveys." *British Journal of Political Science* 17: 219-46.

Scully, Timothy. 1995. "Reconstituting party politics in Chile." In S. Mainwaring and T. Scully, eds. *Building Democratic Institutions: Party systems on Latin America*, 78-112. Stanford University Press.

Sorensen, A. B. 1991. "On the usefulness of class analysis in research on social mobility and socioeconomic inequality." *Acta Sociol* 34: 71-87.

Thomsen, Søren Risbjerg. 1987. *Danish Elections 1920–79: A Logit Approach* to *Ecological Analysis and Inference.* Aarhus: Politica.

Van, Cott, and Lee Donna. 2000. "Party system development and indigenous populations in Latin America: The Bolivian case." *Party Politics* 6: 155-74.

Waal, Jeroen van der, Peter Achterberg, and Dick Houtman. 2007. "Class Is Not Deal-It Has Been Buried Alive. Class Voting and Cultural Voting in Postwar Western Societies(1956-1990)." *Politics & Society* 35: 403-426.

Weakliem, D. L., and A. F. Heath. 1994. "Rational choice and class voting." *Rationality & Society* 6: 243-70.

【부록】 계급적 변수와 관련한 설문항

배문3-1. 선생님 가구의 부채를 제외한 순재산(부채-금융부채, 주택임대료 제외)은 어느 정도입니까?

① 1천만 원 미만
② 1천만 원~2천5백만 원 미만
③ 2천5백만 원~5천만 원 미만
④ 5천만 원~7천5백만 원 미만
⑤ 7천5백만 원~1억 원 미만
⑥ 1억 원~2억 원 미만
⑦ 2억 원~3억 원 미만
⑧ 3억 원~4억 원 미만
⑨ 4억 원~5억 원 미만
⑩ 5억 원~10억 원 미만
⑪ 10억 원 이상

배문4. 선생님 댁의 주거형태는 무엇입니까?

※ 면접원: 응답에 따라 해당하는 주거형태에 표시하시오.

① 자가소유, 자가거주
② 자가비소유, 전세거주
③ 자가소유, 전세거주
④ 자가비소유, 월세거주
⑤ 자가소유, 월세거주
⑥ 기타(   )

배문6. 선생님 댁의 월 평균 (실질)소득은 어느 정도입니까?

① 120만 원 미만
② 120~250만 원 미만
③ 250~350만 원 미만
④ 350~450만 원 미만
⑤ 450~700만 원 미만
⑥ 700만 원 이상
⑦ 소득 없음

계층인식이 정책선호 및
투표선택에 미치는 영향:
'계층거리감' 변수의 적실성 검토*

서복경·한영빈

I. 문제의식

본 장은 2011년도 서강대학교 현대정치연구소 조사 자료를 사용하여 계층인식이 객관적 계층변수와 독립적으로 정책선호 및 투표선택에 미치는 영향을 분석하고, 한국사회 계층인식을 포착하는 개념으로 계층거리감 변수의 적실성을 검토하고자 한다.

최근 여러 경험연구들은 한국 유권자들이 다른 사회갈등 가운데 계층갈등을 가장 심각하고 중대한 갈등으로 인식하고 있음을 확인해 왔고(김선업·윤인진 2009; 김윤태 2007; 김태홍 외 2005; 윤상우 2011), 다양한 계층변인들이 정당 및 정책선호나 투표선택에 미치는 영향력을 검증하려는 노력들

* 이 글은 2009년도 정부재원(교육인적자원부)으로 한국연구재단의 지원을 받아 연구되었음(NRF-2009-322-B00002).

도 늘어나고 있다(강원택 2013; 손낙구 2010; 이갑윤 외 2013; 장승진 2013; 한귀영 2013). 하지만 사회갈등으로서 계층갈등의 심각성 인식에 견줄 때, 이것이 정치태도에 일관된 영향을 미치고 사회적 자원의 갈등적 배분에도 영향력을 행사한다는 연구결과는 충분하지 않다.

고전적 사회갈등 이론에 따르면, '사회갈등의 주체는 개인이 아닌 집단이며 … 갈등은 주관적인 상태나 행위의 가능성이라기보다 공공연한 행동을 의미'(A. Oberschall 1978, 291)하고, '지위, 권력, 희소자원을 얻기 위한 가치나 주장을 둘러싼 투쟁'(L. Coser 1967, 232)이 있어야 한다. 한국사회에서 논의되는 계층갈등이 사회갈등의 한 차원이라면, 권력이나 자원을 얻으려는 목표를 가진 계층집단이 존재하고 목표를 위한 공공연하며 갈등적인 행위가 있어야 한다는 것이다. 한국사회에서 이런 행위는, 계층집단 간의 상이한 투표선택이나 정당지지 혹은 공공정책결정에 영향력을 행사하려는 계층집단 간의 갈등적 행동 등으로 이해될 수 있다.

하지만 이런 적극적 의미에서의 계층갈등은 최소한 지금까지는 한국에서 일관되게 확인되지는 못했다. 학력, 직업, 소득, 재산, 거주지 등 사회계층을 구성하는 집단적 속성들은 유권자의 투표선택이나 정당지지를 설명하는 경험연구에 오랫동안 설명변수로 활용되었지만, 유의하거나 일관된 설명력을 갖지 않았다. 대신 지역이나 세대, 이념을 달리하는 집단들의 다른 투표선택이나 정당지지들이 확인되었을 뿐이다. 그렇다면 일반 국민들이 인식하는 계층갈등의 심각성은 실체가 없는 것일까? 아니면 어떤 다른 근거에 토대를 둔 판단이라고 보아야 할까?

이 문제에 대한 한 가지 유력한 가설은, 역시 고전적 사회갈등 이론가인 다렌도르프의 '갈등집단 형성(conflict groups formation)'에 관한 이론이다. 그는 객관적이고 물질적인 이해관계만으로 계급갈등을 설명하려 했던 마르크시즘(Marxism) 이론과, 모든 이해관계는 주관적으로 인지된 심리적 반영일 뿐이라는 가이거(T. Geiger 1949; R. Dahrendorf 1959, 174 재인용)의 주장을 모두 비판하면서, '잠재된 이해관계(latent interest)'와 '인지된 이해관계(manifest interest)' 개념을 통해 계층집단 간의 갈등관계는 주어진 것이 아니라 집단 간 상호작용과 그 과정에서 얻어지는 심리적 인지를 토대로 형성되는 것이라고 주장했다.

그에게 있어 잠재된 이해관계란 주어진 사회구조 내에서 특정한 개인에게 기대되는 역할(role)을 의미하는데, 한 사회의 지배적 지위(position)에 있는 사람은 현 상태의 지속을 목표로 하고 지배받는 지위에 있는 사람은 변화를 목표로 해야 한다는 기대 등이 여기에 해당한다. 하지만 이런 기대는 구체적인 현실의 개인에게 인지될 수도 있고 그렇지 않을 수도 있으며, 잠재적 이해관계만을 공유한 사람들은 갈등적 집단(conflict groups)으로 볼 수 없다. 대별되는 잠재적 이해관계를 가진 사람들 가운데 특정한 조건에서 갈등적 상호작용이 발생할 수 있고, 그 과정에서 서로 다른 목표를 두고 경쟁해야 한다는 주관적 인식을 갖게 되며 이런 인식을 가진 사람들이 집단행위를 하게 될 때 비로소 이들은 현실의 사회갈등 주체로서 집단이 될 수 있다. 다렌도르프의 인지된 이해관계 개념은 마르크시즘의 계급의식(class consciousness) 개념과는 다르다. 마르크시즘은 올바른 계급의식과 구분되는 허위의식(false consciousness) 개념을 상정함으로써 계급의식을 객관적인 실체로 간주하는 반면, 다렌도르프의 인지된 이해관계는 개별사회의 특수한 맥락 속에서 갈등적 이해관계를 경험적으로 인지하게 되는 것으로, 그 내용은 옳고 그름으로 판단될 수 없으며 개개인마다 다른 내용을 가질 수 있다(R. Dahrendorf 1959, 173-179).

한국적 맥락에서 보면, 객관적인 계층지위 속에서 공유될 수 있는 공통의 이해관계는 가정될 수 있지만 이것이 집단 간 상호작용을 통해 주관적으로 인지되어 특정한 갈등행위로까지 전환되지는 않은 어떤 상태에 있고, 그 사이의 괴리가 계층갈등을 심각하게 평가하지만 집단갈등 행위는 부재한 현상을 설명해 주는 가설일 수 있다. 나를 제외한 다른 사람들의 계층갈등은 심각해 보이지만, 내가 포함된 집단의 갈등인식과 집단행위는 조직되지 않는 상황으로 해석할 수 있는 것이다. 이렇게 볼 때, 한국사회의 계층갈등을 이해하기 위해서는 계층문제가 사회관계 속에서 개인들에게 어떻게 인지되고 있는지, 그 특성은 무엇인지를 밝히는 작업이 더 진척될 필요가 있으며,

본 장이 계층인식 변수의 독립적인 설명력을 검증하려는 문제의식은 이 지점에서 출발하고 있다.

지금까지의 경험연구들은 사회계층에 대한 주관적 인식을 분석하는 개념으로 계층지위인식과 계층 만족도를 주로 사용해 왔다. 계층 만족도는 소득 만족도, 직업 만족도, 생활수준 만족도, 귀속계층 만족도 등과 함께 계층인식을 측정할 수 있는 개념으로 사용되어 왔는데, 지금까지의 경험연구결과를 토대로 할 때 객관적인 조건과 주관적인 만족도 사이의 관계는 일관되지 않거나 약한 관계를 나타냈으며 특히 갈등적 관계인식이나 태도를 나타내는 변수로서의 설명력은 명료하지 않다. 이것은 만족도 평가가 사회관계로부터 영향을 받아 형성되기도 하지만 개인적 요인들의 개입효과가 더 클 수 있기 때문으로 보인다.

한편 인지된 계층갈등을 측정할 수 있는 변수로 가장 많이 활용되어 온 것이 계층지위인식[1] 개념이다(서광민 2009; 이병훈·윤정향 2006; 장승진 2013). 이 개념은 다른 계층집단과 구별된 특정한 계층집단에 자신을 귀속시킨다는 점에서, 다른 계층집단에 대한 일정한 거리와 상이한 태도를 담을 수 있는 유용한 개념이며 실제로 정당지지나 투표선택에서 유의미한 영향력을 가진다는 연구결과도 제출되고 있다(장승진 2013). 그러나 반드시 관계적 인식을 전제하지 않더라도 계층지위인식은 발생할 수 있으며, 특히 다른 계층집단에 대한 갈등적 인식이나 공공재를 둘러싼 갈등적 태도와 배타적으로 연계되는 것은 아니라는 점에서 맥락적인 이해가 필요한 개념이다. 예컨대 특정 개인이 자신을 사회적 하층집단으로 인식하고 있다 하더라도 다른 계층의 태도나 정향에 대해 갈등적이기보다 순응적인 상황도 충분히 가능하

---

1) 한 사회에 속한 개인이 자신의 사회, 경제, 문화적 조건이나 행태를 기준으로 판단해 특정 계층집단에 자신을 귀속시키는 인식으로 정치학·사회학·교육학 등에서 널리 사용되는 개념이며, 계층귀속의식, 계층지위인식, 주관적 계층의식, 주관적 계층인식, 주관적 계층위치 등의 용례로 사용된다. 정치과정 연구에서는 주로 '주관적 계층인식'으로 사용되지만 본 장에서 사용하는 '계층거리감' 역시 주관적으로 인지되는 계층인식의 하나이므로 여기에서는 구분하여 계층지위인식으로 명명한다.

다는 것이다. 따라서 계층인식을 측정하는 다른 경쟁적 개념과의 비교를 통해 그 설명력을 확인할 필요가 있다.

본 장은 한국사회 계층 간 갈등인식을 측정하는 다른 개념으로 계층 간 사회적 거리감(social distance) 변수를 도입하고, 이 변수와 계층지위인식 변수가 정책 및 정당선호에 미치는 영향력을 비교함으로써 갈등인식 측정의 지평 확대를 시도한다. 또한 계층지위인식과 계층거리감 변수가 정치태도에 미치는 영향력을 확인하는 작업은 한국사회 계층갈등이 정치갈등으로 전이되는 과정의 특수성을 파악하는 데 도움을 줄 수 있을 것으로 기대한다. 이 장에 사용된 데이터는 2011년 서강대학교 현대정치연구소가 한국리서치에 의뢰하여 전국의 19세 이상 일반국민을 대상으로 실시한 1,500명의 면접조사 자료이며, 조사는 2011년 8월 17일부터 9월 16일까지 진행되었다.

II. 이론적 검토

1. 계층갈등의 정치화 관련 연구

한국정치에서 유권자의 정책선호, 정당지지 및 투표선택에 계층적 차이가 미치는 영향력에 대한 사회적 관심은 최근 증가하는 추세에 있다. 1987년 정치민주화 이후 유권자의 정치태도에 영향을 미치는 사회갈등으로 지역갈등이 압도적 지위를 차지했고 2002년을 기점으로 세대 및 이념갈등의 중요성이 부각되었다가, 2010~2011년을 기점으로 '강남3구 현상' 등의 정치담론이 등장하고 무상급식 등 사회경제적 의제가 부상하면서 계층갈등의 정치화 가능성에 관심이 모아졌기 때문이다.

그러나 학문영역에서 계층갈등의 정치화에 대한 관심은 정치학과 사회학을 중심으로 꾸준히 있어왔다. 직업에 따른 사회계층 분류 틀을 사용해 응답자들의 정치태도 차이를 확인하고자 했던 조중빈의 연구(1988)나 중산층의 정치사회의식을 경험적으로 분석했던 홍두승의 연구(1989), 1990년대 초 대도시 중산층의 정치태도를 경험적으로 분석했던 김인철의 연구(1994) 등은 민주화 이행 직후에 제출된 이 분야 초기 연구들이다. 정당경쟁에서 계층동원이 적극적으로 이루어지지 않았던 당시 시점, 위 연구들은 정치참여나 정치관심, 집회 및 시위문화에 대한 태도 등 일반 정치정향과의 연관성을 주로 추적하였고 중산층의 민주주의 정치문화 친화성을 확인하기도 했다.

한국사회 계층갈등 연구의 전환점은 역시 1997년 IMF 외환위기와 그로 인한 사회변동이었다. 한편으로 IMF 이후 수행된 경험연구들은 사회갈등인식에서 계층갈등의 지위변화를 확인했다. 2005년 한국여성개발원 조사에서 우리사회의 가장 심각한 갈등으로 계층갈등이 꼽혔고(김태홍 외 2005, 21), 2006년 대한상공회의소 조사(김윤태 2007, 363), 2007년, 2010년 고려대 한국사회연구소 갈등의식조사에서도 같은 인식이 확인되었다(김선업·윤인진 2009, 49; 윤상우 2011, 105-106). 서강대학교 현대정치연구소가 2010년부터 2012년까지 3개년 연속 수행했던 정치인식조사에서도 응답자들은 계층갈등을 가장 심각한 갈등으로 인식하고 있는 것으로 나타났다(이갑윤 외 2013, 2). 이런 결과는, 과거 지역갈등을 가장 심각하게 인식했던 것과 달리 사회갈등의 지형 변화가 발생했고 이것이 이미 유권자의 주관적 인식에도 반영되고 있음을 확인해 준다. 사회갈등의 해결을 정치의 기본기능으로 본다면, 정치가 계층갈등 의제들에 반응하고 더 나아가 동원하게 될 조건이 갖춰지고 있었음을 경험적으로 확인해 온 것이다.

다른 한편으로 계층구조 변화가 계층인식으로 반영되는 과정을 추적하는 경험연구들이 이 시기 다수 제출되었다. 소득, 교육, 직업, 자가 소유 여부 등 객관적 계층변수들과 계층 만족도, 소득 만족도, 생활 만족도 등 주관적 평가인식들이 계층지위인식과 맺는 관계를 추적한 이 연구들은, 한국사회 계층형성과정의 경험적 토대를 밝히고자 했다는 점에서 의의를 갖는다(김병조 2000; 서광민 2009; 이병훈·윤정향 2006; 조동기 2006). 사회갈등의 정치화 과정에서 잠재적 이해관계가 인지된 이해관계로 전환되는 과정이 중요하다고 본 다렌도르프의 가설에 따르면, 주체가 사회갈등을 어떻게 인식하는가는 정치화를 위한 중요한 조건이 된다. 위 연구들은 계층지위인식이 소득, 학력, 직업, 자가 소유 등과 유의미한 관계가 있다는 점을 밝힘으로써, 객관적 계층변인과 정치태도의 관계를 매개할 수 있는 중요한 갈등인식 기제가 될 가능성을 확인해 주었다.

반면 비교적 최근에는 계층변인들이 직접 정치태도에 미치는 영향을 밝히는 경험연구들이 제출되고 있다. 집합자료를 활용하여 주거유형이 투표결정과 관계가 있다는 점을 밝힌 손낙구(2010)의 연구는, 경험연구에서 자산변수의 중요성을 각인시키는 데 중요한 역할을 하였다. 서강대학교 현대정치연구소의 2011년 조사 자료를 활용한 이갑윤·이지호·김세걸(2013)의 연구는 재산 정도가 정치정향 및 정책태도, 정당지지와 투표선택에 유의한 영향을 미친다는 점을 확인하였고, 강원택(2013), 한귀영(2013)은 2012년 대통령선거 시점 유권자 조사결과를 토대로 소득집단별 정치태도의 차이를 분석하였으며, 장승진(2013)은 2012년 국회의원선거와 대통령선거 유권자 조사결과를 활용하여 객관적 계층변인과 계층지위인식이 정치태도에 미치는 영향력을 검증한 바 있다.

위 연구들은 다양한 계층변인들을 사용해 계층갈등의 정치화 과정을 추적하고 있고, 그 결과는 후속연구를 위해 중요한 함의들을 전달한다. 이갑윤외 연구과 장승진의 연구에서 소득에 따른 계층집단별 정치태도의 차이는 유의하지 않거나 일관되지 않았던 반면, 이갑윤 등의 연구에서 재산에 따른 집단별 차이는 유의하게 확인되었고 장승진의 연구에서 계층지위인식은 유의한 차이를 나타냄으로써 후속연구의 필요성을 제기했다. 강원택의 연구는 세대와 소득집단을 교차하여 세대집단 내 소득변수의 영향력을 확인하고자 했는데, 이 역시 후속연구를 통해 반복적인 검증이 필요한 주장이다.

현 시점 한국사회 계층갈등의 정치화를 둘러싼 연구들은 이처럼 다양한 개념과 측정지표의 도입을 통한 탐색적 성격이 강한데, 향후 이런 시도들은 더욱 다양하고 풍부해져야 할 것으로 보인다. 정치주체의 계층갈등 인식 정

도나 계층갈등의 정치화 정도 등에서 한국정치는 이제 형성단계에 있다고
볼 수 있으며, 현실정치의 변화를 분석하는 학문연구의 분석도구들 역시 앞
으로 더욱 풍부해질 필요가 있기 때문이다.

2. 계층갈등인식의 측정도구로서 '계층거리감'

본 연구가 사용하는 '계층거리감' 변수는 사회학과 교육학 등에서 다양하
게 활용되고 있는 '사회적 거리감(social distance)' 개념을 계층관계인식 측
정에 적용한 것이다. '사회적 거리(감)' 개념을 사회학에 최초로 소개했던
파크는, 공간적 거리와는 구분되는 개념으로 인간관계에 적용할 수 있고 측
정 가능한 개념으로서 사회적 거리를 제안하며 '개인적이고 사회적인 관계
의 특성을 나타내는 이해와 친밀함의 정도'로 정의를 내리고 있다(Robert
E. Park 1924, 339).

이후 사회적 거리(감) 개념을 경험연구에 최초로 적용했던 보가더스는 서
로 다른 인종집단과 언어사용집단에 대해 개인들이 갖는 심리적 거리를 측
정했는데(E. S. Borgardus 1925), 그가 연구에 활용했던 보가더스 지표는
국내에서도 다문화집단에 대한 태도를 경험적으로 분석하는 데 다양하게 활
용되고 있다(권 승 2009; 윤광일 2013; 이명진 외 2010). 이 외에도 국내연
구에서 사회적 거리감 개념은 장애인, 정신지체인, 다양한 소수자집단 등에
대한 사회적 편견을 측정하고 분석하는 데 적용되고 있다.

한편 인간관계의 거리 개념을 보다 체계적으로 분류하고자 했던 럼멜은,
거리 개념을 물리적 거리(material distance), 심리적 거리(psychological
distance), 사회적 거리(social distance)로 구분하고 사회적 거리 개념을 신
분, 권력, 계층이라는 사회적 관계에 한정하는 개념으로 정의하고자 했다
(Rummel 1976, Chap.16). 럼멜의 이런 시도는 사회적 거리 개념이 개인
간의 관계와 집단 간 관계에 혼용됨으로써 개념의 외연이 지나치게 넓어지
고 분석력이 희석되는 것을 막기 위한 것이었는데, 사실 이 개념은 제안 당

시부터 인종집단, 계급집단 등 집단 간 관계의 속성을 집단에 속한 개인들의 관계인식을 통해 파악하려는 의도를 가졌다. 파크에 따르면 한 사회에서 개인이 가진 인종의식(race consciousness), 계급의식(class consciousness) 등은 집단에 속한 개인들 간의 관계에 개입하여 관계를 수정하고 제한하며 서로 다른 환경하에 있는 개인들은 집단에 대한 서로 다른 이해와 친밀도를 가지게 되므로, 각 사회에서 서로 다른 집단에 속한 개인들의 사회적 거리를 측정하는 것은 한 사회의 집단 간 관계를 파악하는 데 유의미한 개념적 도구가 될 수 있을 것으로 가정되었다(Park 1924, 340-341).

우리나라 국내 연구에서도 개인 간의 심리적 거리나 친밀감 정도를 넘어 사회갈등관계 연구에 이 개념이 적용되어 왔는데, 나간채·정근식(1988)은 직업집단 간 사회적 거리감을 경험적으로 측정하였고 미국인들을 대상으로 했던 경험연구와는 상이한 결과를 발견하였으며, 이를 통해 당대 한국사회 계층관계의 특수성을 추정해냈다. 한편 나간채(1990), 장 훈(2001), 최준영·김순흥(2010)의 연구는 지역집단 간 거리감 개념을 적용해 한국사회 지역갈등의 구조와 특성을 분석하는 데 활용하기도 했다.

본 장이 한국 유권자들의 계층관계인식을 분석하는 도구로 계층 간 거리감 개념을 도입한 것은, 한편으로 기존에 일반적으로 활용되고 있는 계층지위인식 개념의 분석적 유용성을 확인할 수 있고 다른 한편으로 갈등관계인식의 새로운 측면을 드러내줄 수 있을 것이라는 기대 때문이다. 계층지위인식 개념은 그 자체로 다른 계층에 대한 상대적 거리를 내포하고 있긴 하지만 계층거리감보다는 귀속적 속성을 가질 수 있다. 반면 계층거리감은 자신이 속한 계층을 기준으로 다른 계층에 대해 가지는 거리와 관계적 판단을 보다 직접적으로 측정할 수 있다는 점에서, 한국사회 계층갈등에 대한 인식적 특성을 보다 명료히 드러내줄 수 있을 것으로 판단하였다.

III. 연구가설과 변수설정

본 장의 첫 번째 가설은 객관적 계층변수들과는 독립적으로 주관적 계층
인식이 유권자들의 정책태도 및 정당선호에 유의한 영향을 미친다는 것이
다. 이는 객관적 계층지위로부터 곧바로 계층갈등의 존재를 확인할 수 있는
것이 아니라, 갈등적 상호작용을 토대로 한 갈등관계인식이 사회갈등의 정
치화를 위한 중요한 단계라는 이론적 입장으로부터 도출된다. 논문은 유권
자의 정치태도에 객관적 계층변인과 주관적 계층인식 변인이 각각 독립적인
설명력을 갖는지를 검증한다.

〈표 1〉 가구 순재산, 소득 빈도

가구 순재산		가구소득	
구간	사례 수	구간	사례 수
1천만 원 미만	150	소득 없음	23
1천만 이상~2천5백만 미만	93	120만 원 미만	145
2천5백만~5천만	124	120만 이상~250만 미만	315
5천만~7천5백만	102	250만~350만	374
7천5백만~1억	178	350만~450만	317
1억~2억	349	450만~700만	248
2억~3억	180	700만 원 이상	73
3억~4억	121	합계	1,495
4억~5억	73	모름/무응답	5
5억~10억	92	총계	1,500
10억 원 이상	36		
합계	1,497		
모름/무응답	3		
총계	1,500		

객관적인 계층변인으로 가구소득, 가구 순재산, 학력, 자가 소유 여부, 거주지규모 변수를 설정하였다. 가구소득은 '소득 없음'부터 700만 원 이상까지 7개 급간으로 측정되었으며, 가구 재산은 1,000만 원 미만부터 10억 원 이상까지 11개 급간으로 측정되었다. 소득 및 재산의 급간 선정은 통계청에서 제공하는 10분위 데이터를 기준으로 삼았으며, 재산은 금융부채 및 주택임대료를 제외한 순재산을 조사한 자료다.

학력은 중졸 이하, 고졸, 대재 이상의 3급간으로 측정했으며 자가 소유 여부는 미소유와 소유의 더미변수를 사용했고, 거주지규모는 대도시·동지역·읍·면지역의 3급간 변수를 사용했다. 계층인식 변수로는 계층지위인식과 계층거리감을 사용한다. 계층지위인식은 상층-하층 5개 급간(상층, 중상층, 중간층, 중하층, 하층)으로 측정되었는데, 상층에 속한다는 빈도가 2개밖에 안 되었기 때문에 상-중상층의 구간을 하나로 통합하여 총 4개 구간으로 처리한 변수를 사용했다. 상-중상층 구간 빈도는 50, 중간층 542, 중하층 697, 하층 212의 분포를 보였다.

계층거리감 변수는 사회계층을 상-하 5개 계층으로 나누고 각 계층에 대해 응답자가 느끼는 거리를 가깝다(0) ↔ 멀다(10)의 11개 구간으로 측정하였다. 각 계층에 대해 측정된 거리감 변수들을 분석한 결과, 상층에 대한 거리감이 한국사회 사회계층 관계를 가장 집약적으로 나타내 줄 수 있다고 판단하였으며 이하 회귀모형에서는 상층거리감 변수를 사용하였는데 세부 내용은 이하 본 분석에서 상술한다. 〈표 2〉는 논문의 분석모형에 포함될 각 계층변인들 간의 상관계수를 나타낸 것으로, 다중공선성의 문제는 없는 것으로 판단하였다.[2]

통제변수로는 성별, 연령, 이념, 거주 지역을 포함했다. 한국사회에서 정책 및 정당선호에 영향을 미칠 것으로 가정되는 이념, 세대, 지역변수의 영향력을 통제하기 위해서였다. 성별은 남, 여 더미변수를 사용했으며, 연령은

---

[2] 이하 각 회귀모형의 분석 단계에서도 공선성 진단을 실시하였는데 VIF값 등에서 문제는 없는 것으로 확인되었다.

〈표 2〉 주·객관적 계층변인 간 상관계수

	순재산	가구소득	학력	상층거리감	계층지위인식
순재산(저 ↔ 고)	1	0.435	0.129	-0.180	-0.297
상층거리감(가깝다 ↔ 멀다)	-0.180	-0.179	-.096	1	0.372
가구소득(저 ↔ 고)	0.435	1	0.433	-0.179	-0.419
학력(저 ↔ 고)	0.129	0.433	1	-0.096	-0.311
계층지위인식(상 ↔ 하)	-0.297	-0.419	-0.311	0.372	1

19세 이상 연속변수를 사용했다. 거주 지역은 수도권을 기준변수로 하여 영남, 호남, 충청 지역 거주자를 더미변수로 처리했으며, 이념은 0~10까지 11개 급간으로 측정된 주관적 이념성향 변수를 사용했다.

이 연구의 두 번째 가설은 계층인식 변수 가운데 계층거리감 변수가 계층지위인식보다 계층 간 갈등의제에 더 설명력을 가질 것이라는 것이다. 이는 계층거리감이 보다 직접적인 계층관계인식과 갈등인식을 드러내줄 수 있을 것이라는 기대 때문이다. 가설검증을 위해 논문은 종속변수로 사회경제적 자원의 배분과 관련된 정책태도, 투표선택 및 정당인식을 채택하여 각 종속변수에 대한 두 변수의 설명력을 비교하고자 한다.

만약 두 변수가 한국사회 계층갈등인식을 포착해낼 수 있다면 사회경제적 자원의 배분을 둘러싼 정책에 대해 유의한 태도 차이를 보일 것이며, 계층거리감이 계층지위인식보다 직접적인 갈등인식을 나타낸다는 가정이 타당하다면 더 유의한 설명력을 가질 것이다. 이를 검증하기 위한 정책이슈로는 세금인하, 복지확대, 시장개방, 무상급식, 기업규제 완화, 지역균형발전, 사회적 약자배려정책 확대를 채택하였다. 각 이슈들은 이미 정치 갈등 의제로 등장했거나 현재 갈등상태에 있는 것으로 추정되는 정책들로, 국가재정 및 시장자원의 배분에 직접 관계되는 정책의제들이다. 각 정책에 대한 태도는 매우 반대-약간 반대-약간 찬성-매우 찬성의 4급간 범주로 측정되었다.

한편 투표선택은 우리사회에서 가장 갈등적인 선택으로 볼 수 있다. 그

선택의 결과가 연속적일 수 없는 배타적 결정이어야 하기 때문이다. 우리사회의 계층갈등이 주관적으로 인지되고 이것이 정치화된 단계에 있다면, 계층인식은 투표선택에 유의미한 영향을 미칠 것이다. 투표선택은 2007년 대통령선거, 2008년 국회의원선거, 2010년 지방선거에서 투표결정 자료를 사용했고 종속변수는 각 선거에서 한나라당 지지 여부를 기준으로 한 더미변수를 사용하였다. 이 시기 집권당은 한나라당이었고 각 선거의 구도가 집권당 대 야권연합의 형태를 띠기도 했으며 야권 정당들의 이합집산이 빈번히 이루어진 시기였기 때문에 한나라당을 기준으로 투표선택을 살펴보는 방법을 채택하였다. 그리고 조사시점 정당에 대한 태도에 역시 계층변인의 영향력을 검토할 것인데, 종속변수로는 한나라당, 민주당에 대해 멀다(0) ↔ 가깝다(10)의 11구간으로 측정된 연속변수를 사용할 것이다.

IV. 분석결과

1. '계층거리감' 변수에 대한 기초분석

본 절에서는 독립변수로서 계층거리감의 설명력을 검증하기 이전에, 기초분석을 통해 변수의 타당성을 살펴본다. 〈표 3〉은 응답자들의 계층지위인식에 따른 집단별 계층거리감 평균값을 나타낸 것이다. 일반적으로 계층지위인식조사의 경우 자신이 상층에 속한다는 응답은 드물며 본 조사에서도 단 2명에 지나지 않았다. 이런 이유로 계층지위인식에 따른 집단은 4개 집단으로 구분되었다. 표는 각 집단이 5개의 구분된 계층에 대해 갖는 거리감의 평균값들을 나타낸 것으로, 분산분석 결과 각 집단 간 차이는 0.001 수준에서 모두 유의한 것으로 확인되었다.

〈표 3〉을 통해 첫 번째 확인할 수 있는 결과는, 계층지위인식에 따른 각

<표 3> 계층지위인식 집단별 계층거리감 평균 비교

		계층거리감(가깝다0 ↔ 멀다10)				
		상층	중상층	중간층	중하층	하층
계층지위 인식	중상층(50)	5.89	**3.35**	3.75	4.69	5.86
	중간층(542)	7.42	5.49	**3.41**	4.04	5.14
	중하층(697)	8.48	6.80	4.98	**3.04**	3.86
	하층(212)	9.22	7.73	6.24	3.90	**2.02**
	합계(1,500)	8.12	6.34	4.55	3.58	4.13

집단들이 자신이 속한 계층을 가장 가깝게 느끼고 있다는 점이다. 이것은 본 조사의 계층거리감 측정이 기존의 계층인식 변수와 정합적으로 이루어졌음을 보여준다. 자신이 중상층에 속한다고 인식하는 집단은 중상층을 가장 가깝게 느꼈고, 중간층은 중간층을, 중하층은 중하층을, 하층은 하층에 대해 가장 거리를 가깝게 인식했다.

그런데 특이할 만한 점은 하층으로 갈수록 자신의 귀속계층에 대한 거리 감을 더 가깝게 느낀다는 점이다. 중상층과 중간층의 경우 각 계층에 대해 느끼는 거리감은 각각 3.35, 3.41인 것에 반해 중하층은 3.04, 하층은 2.02로 거리감의 크기가 줄어들고 있다. 집단 내 거리감의 산포를 유추할 수 있는 표준편차 값을 비교해 보면, 하층이 하층에 대해 느끼는 거리감 표준편차는 1.929, 중하층은 1.976, 중간층은 2.262, 중상층은 2.634로, 하층으로 갈수록 집단 내 편차 역시 줄어들었다. <표 3>을 통해 두 번째로 확인할 수 있는 결과는, 하층에 속한다고 인식하는 사람들일수록 집단 내 친밀감을 더 크게 느끼고 거리인식에서 동질성이 더 높은 경향을 보인다고 점이다.

본 조사에서 계층거리감 측정을 통해 확인할 수 있는 세 번째 결과는, 계층지위인식별 집단들이 더 높은 계층보다 낮은 계층을 더 가깝게 느낀다는 것이다. <표 4>는 <표 3>의 각 집단들이 자신의 준거집단에 대해 느끼는 거리감과 다른 계층에 대해 느끼는 거리감의 차이를 나타낸 것이다. 중상층

〈표 4〉 계층지위인식 준거집단 기준, 다른 계층집단에 대한 거리감 차이

		계층거리감(가깝다 ↔ 멀다)				
		상층	중상층	중간층	중하층	하층
계층지위 인식	중상층(50)	2.54	0.00	0.40	1.34	2.51
	중간층(542)	4.01	2.08	0.00	0.63	1.73
	중하층(697)	5.44	3.76	1.94	0.00	0.82
	하층(212)	7.20	5.71	4.22	1.88	0.00

집단은 자기계층에 비해 상층에 2.54의 거리를 느끼는 반면, 중간층에 대해서는 0.40의 차이만을 느끼고 있었다. 중간층집단은 중상층에 대해서는 2.08의 차이를 느끼는 반면 중하층에 대해서는 0.63의 거리 차이를 나타냈고, 중하층 집단은 중간층에 대해서는 1.94의 차이를 느꼈지만 하층에 대해서는 0.82의 차이만을 느끼고 있었다.

또한 준거집단을 기준으로 상-하 집단에 대해 느끼는 거리감은 상층방향으로 갈수록 그 격차가 커지는 경향을 보였다. 중상층집단이 상층에 대해 느끼는 거리는 2.54, 중간층 집단이 중상층에 대해 느끼는 거리는 2.08, 중하층 집단이 중간층에 대해 느끼는 거리는 1.94, 하층집단이 중하층에 느끼는 거리는 1.88로 그 격차가 점점 줄어들었다. 그 결과, 중상층집단 기준 상층에 대해 느끼는 거리 2.54는 가장 먼 계층인 하층에 대해 느끼는 거리감 2.51보다 컸고, 중간층집단이 상층에 대해 느끼는 거리 4.01은 하층에 대해 느끼는 거리 1.73의 2배를 넘는 것으로 나타난다.

이상의 결과를 토대로 할 때 계층거리감은 상층에 대한 거리감과 하층에 대한 거리감이 비례적이지 않으며, 어떤 준거집단을 기준으로 하더라도 상층에 대한 거리감의 격차가 상대적으로 크다는 점을 확인할 수 있다. 이런 결과는 유권자들의 계층거리감을 계층갈등인식의 측정도구로 활용하고자 할 때, 하층에 대한 거리가 아니라 상층에 대한 거리를 기준으로 측정하는 것이 타당함을 보여준다. 중상층 이하 모든 집단이 하층에 대해서는 상대적

으로 가깝게 느끼는 반면 상층에 대해서는 멀게 느끼고 있다는 것은, 한국사
회 계층관계인식이 중간층이나 하층이 아니라 상층을 기준으로 하고 있음을
확인해주기 때문이다. 이하 회귀모형에서는 계층거리감 개념을 상층계층에
대한 거리감 측정치를 통해 변수화할 것이다.

다음으로 독립변수로서 계층거리감 변수의 적실성을 검토하기 위해 객관
적 계층변인들과의 관계를 살펴보고자 한다. 기존연구들은 조사 자료에 따
라 변수들의 영향력 크기의 차이는 있었지만 소득, 자가 소유 여부, 학력
등 객관적 계층변인들과 계층지위인식 사이에는 유의한 관계가 있음을 밝혀
왔다. 주관적 계층인식이 객관적 계층지위와 무관하게 형성된 것이 아니라
객관적 계층지위들로부터 유의한 영향을 받는다는 것은 객관적으로 존재하
는 계층관계가 인지된 결과라는 의미로, 인지된 사회갈등의 정치화 단계에
서 중요한 함의를 갖게 된다. 계층거리감 변수 역시 계층갈등인식의 측정도
구로 의미를 가지려면 객관적 계층변인에 대한 평가인식을 유의하게 반영할
수 있어야 한다.

〈표 5〉는 객관적 계층변인들과 통제변수를 독립변수로 하여 계층지위인
식과 상층거리감 변수에 대한 영향력을 검증한 회귀분석 결과다. 계층지위
인식에는 학력과 소득, 재산, 자가 소유 여부가 유의한 영향을 미쳤고, 상층
에 대한 거리감에는 소득과 재산만이 영향을 미치는 것으로 확인되었다. 학
력이 높을수록, 소득과 재산이 많을수록, 자가를 소유하고 있을수록 계층지
위를 더 높게 인식했으며, 소득과 재산이 많을수록 상층에 대한 거리를 가깝
게 느끼고 있었다. 계층지위인식은 자신의 객관적 계층을 구성하는 더 다양
한 요소들을 고려하고 있는 반면, 상층거리감은 재산과 소득이라는 비교적
단순한 기준으로 판단하고 있었다. 이런 결과는 두 변수의 개념정의 및 측
정방식에 비추어 볼 때 이해가 가능하다. 계층지위인식은 다른 계층과의 관
계인식도 포함하지만 자신의 사회적·경제적 조건을 고려한 집단귀속의식의
성격이 있으므로 학력이나 자가 소유 등도 유의미한 평가기준이 될 수 있다.
반면 상층계층에 대한 거리감은 자신이 속한 계층집단에 대한 잠정적 판단
을 전제로 하여 상층계층에 대한 평가인식을 요구한 것이므로, 사회계층의

〈표 5〉 계층지위인식, 계층거리감에 미치는 객관적 계층변인의 영향력

	계층지위인식(고-저)	상층거리감(가깝다-멀다)
(상수)	4.272***	10.463***
성별(남0/여1)	-0.011	-0.018
연령(19세 이상 연속변수)	-0.001	-0.005
학력(저-고)	-0.206***	-0.183
가구소득(저-고)	-0.153***	-0.172***
순재산(저-고)	-0.038***	-0.110***
영남_거주지(영남1/기타0)	-0.067	-0.513***
충청_거주지(충청1/기타0)	-0.090	-0.024
호남_거주지(호남1/기타0)	-0.228***	-0.222
지역규모(대-소)	-0.036	-0.106
자가 여부(자가1/비자가0)	-0.147***	-0.023
이념성향(진보-보수)	0.010	0.001
adj R^2	0.231	0.052

*p〈0.05, **p〈0.01, ***p〈0.001

서열화를 야기하는 계층변인에 집중된 평가인식을 반영할 수 있는 것이다. 〈표 5〉를 통해 계층거리감 변수 역시 객관적 계층관계에 토대를 두고 있음을 확인하였으며, 이하 이 변수를 활용한 모형으로 가설검증을 시도한다.

2. 계층인식 변수가 정책태도에 미치는 영향

이 장에서는 계층인식을 측정하는 두 변수가 정치태도에 객관적 계층변인과 독립적인 효과를 가질 것이며, 특히 사회경제적 자원배분 및 정치적 선택에 관계된 태도에 계층거리감이 계층지위인식보다 더 강한 영향력을 가

〈표 6〉 계층인식 변수와 정책태도 1: 지역균형발전, 약자배려 확대, 세금인하

	세금인하정책 (반대-찬성, 4급간)		지역균형발전정책 (반대-찬성, 4급간)		약자배려정책 확대 (반대-찬성, 4급간)	
	B	베타	B	베타	B	베타
(상수)	3.624***		2.649***		2.797***	
성별	0.079	0.047	0.043	0.029	0.050	0.035
연령	-0.004	-0.069	0.002	0.047	-0.001	-0.010
학력	-0.117**	-0.097	0.128***	0.122	0.069	0.066
가구소득	0.014	0.023	0.005	0.009	0.016	0.032
순재산	-0.044***	-0.138	-0.032***	-0.117	-0.028***	-0.104
지역규모	-0.039	-0.035	0.076**	0.080	0.050	0.053
자가여부	0.188**	0.100	0.024	0.015	0.034	0.021
이념성향	0.007	0.015	-0.001	-0.002	-0.011	-0.028
영남_거주지	-0.251***	-0.132	0.084	0.051	-0.009	-0.006
충청_거주지	-0.235**	-0.085	-0.107	-0.044	-0.189**	-0.080
호남_거주지	0.034	0.013	0.321***	0.135	0.174**	0.074
상층거리감	-0.038***	-0.091	0.031**	0.085	0.037***	0.105
계층지위인식	0.090**	0.080	-0.041	-0.042	0.011	0.011
adj R^2	0.039		0.050		0.036	

*p〈0.05, **p〈0.01, ***p〈0.001 ※ B: 비표준화계수, 베타: 표준화계수

질 것이라는 가설을 세웠다. 그리고 사회계층 간 자원배분을 둘러싼 갈등인 식효과를 검증하기 위해 7개의 정책에 대한 태도를 종속변수로 채택했다. 〈표 6〉은 7개 정책태도 가운데 가설을 지지하는 결과를 나타낸 3개의 분석 결과를 나타낸 것으로 세금인하정책, 지역균형발전정책, 약자배려정책 확대 에 대한 태도였다.

세금인하정책에 대한 태도에는 학력, 순재산, 자가 소유 여부라는 객관적

계층변인이 유의한 영향력을 나타냈으며 상층거리감과 계층지위인식이 모두 독립적인 영향력을 갖는 것으로 확인되었다. 반면 소득변수는 태도에 유의한 영향을 미치지 않았다. 학력이 낮을수록, 재산이 적을수록, 자가가 있는 사람일수록, 상층거리감을 멀게 느낄수록, 계층지위가 낮다고 생각할수록 세금인하정책에 찬성입장을 가지고 있었다. 이것은 한국사회에서 하층계층에 속할수록 일반적인 과세부담을 더 크게 느끼며 감세선호경향을 보이는 것으로 해석할 수 있다. 자가가 있는 사람들이 더 감세를 선호하는 것은 주택을 매개로 한 과세부담을 더 크게 느끼고 있는 것에서 기인한 것으로 추정할 수 있다.

계층인식 변수에서 상층거리감 변수는 계층지위인식보다 유의도가 더 높았고 표준회귀계수 베타 값을 기준으로 설명력도 0.011 더 높은 것으로 확인되었다. 세금인하정책에 가장 큰 설명력을 갖는 변수는 재산보유정도였으며(-0.138), 다음으로 자가 소유 여부(0.100), 학력(-0.097), 상층거리감(-0.091)의 크기를 보였다. 통제변수로서 연령이나 이념변수는 정책태도에 영향을 미치지 않았으나, 영남과 충청 거주지 변수는 유의한 영향력을 가졌다. 이것은 이 지역 거주자들이 다른 지역 거주자들에 비해 과세정책 전반에 대해 덜 민감하거나 감세정책선호가 약한 것에서 기인한 것으로 추정된다.

지역균형발전정책에 대한 태도에는 학력과 재산, 지역규모, 호남거주, 상층거리감 변수가 유의한 영향력을 가졌고, 계층지위인식은 유의하지 않았다. 학력이 높을수록, 재산이 적을수록, 농촌지역에 거주할수록, 호남지역거주자일수록, 상층거리감을 멀게 느낄수록 정책에 찬성하는 경향을 나타냈다. 각 변수들이 정책태도에 갖는 설명력의 크기는 호남거주(0.135), 학력(0.122), 재산(-0.117), 상층거리감(0.085), 지역규모(0.080) 순이었다. 한편 호남거주자들만이 유의미한 태도차이를 보인 것은 정책에 대한 실수요가 더 강할 수 있다는 점과 함께 정당변수의 영향을 추정할 수 있다. 역대 민주당 정부들이 지역균형발전정책을 핵심정책으로 채택해왔기 때문에 관련 정책담론에 더 노출되었거나 지지 동원이 이루어졌을 가능성이다.

사회적 약자배려정책을 확대하는 것에 대해서는 계층변수로서 재산과 상층거리감만이 유의한 설명력을 가졌고 충청과 호남거주지 변수가 영향을 미쳤다. 재산이 적을수록, 상층거리감을 더 멀게 느낄수록 정책에 찬성하는 경향을 보였고, 재산변수와 상층거리감 변수의 설명력에는 큰 차이가 없었다(-0.104, 0.105). 반면 계층지위인식은 유의하지 않은 것으로 확인되었다. 충청과 호남 거주자들은 서로 상반된 정책태도를 나타냈는데, 호남거주자들은 찬성입장을 나타낸 데 비해 충청거주자들은 그렇지 않았다. 충청지역 거주자들은 다른 지역 거주자들에 비해 관련정책에 대한 민감도가 더 낮은 것에서 기인한 것으로 추정된다.

다음으로 〈표 7〉은 가설을 기각하는 결과를 나타낸 4개의 회귀분석모형 값이다. 무상급식정책에 대해서는 연령, 재산, 이념, 호남거주 변수가 영향을 미쳤으며 계층인식 변수는 유의한 영향이 없었다. 나이가 젊을수록, 재산이 적을수록, 자신의 이념성향이 진보적이라고 생각할수록, 호남에 거주할수록 정책에 찬성하는 경향을 보였다. 유의한 변수들 가운데 가장 설명력이 큰 것은 호남거주 여부(0.157)였고 계층변인 가운데는 재산보유정도(-0.121)가 가장 큰 설명력을 가졌으며 다음으로 이념(-0.107)이 영향을 미쳤다.

일반적인 복지정책 확대에 대해서는 성별, 재산, 이념, 계층지위인식, 영남과 충청 거주지 변수가 유의한 영향을 미쳤으며 상층거리감은 유의하지 않았다. 여성일수록, 재산이 적을수록, 자신의 이념성향이 진보적이라고 생각할수록, 계층지위가 낮다고 인식할수록 복지정책 확대에 찬성했고 영남과 충청에 거주하지 않을수록 찬성입장을 보였다. 이 모형에서는 재산보유정도(-0.225)가 가장 큰 설명력을 가졌고 다음으로 거주지변수, 이념(-0.096), 계층지위인식(0.081), 성(0.072) 순으로 변수의 설명력을 나타냈다.

시장개방 확대에 대한 태도에는 성, 학력, 재산, 영남·충청 거주지 변수가 영향을 미쳤다. 남성일수록, 학력이 높을수록, 재산이 많을수록 시장개방정책 확대에 찬성입장을 나타냈다. 기업규제완화 정책에 대해서는 연령만이 유의한 영향을 미쳤을 뿐 다른 계층변인들이 유의한 영향을 나타내지 않았다.

〈표 7〉 계층인식 변수와 정책태도 2: 무상급식, 복지확대, 시장개방, 기업규제완화

	무상급식정책 (반대-찬성, 4급간)		복지정책 확대 (반대-찬성, 4급간)		시장개방 확대 (반대-찬성, 4급간)		기업규제 완화 (반대-찬성, 4급간)	
	B	베타	B	베타	B	베타	B	베타
(상수)	3.182***		3.312***		2.176***		2.173***	
성별	0.019	0.010	0.111**	0.072	-0.151***	-0.096	0.002	0.001
연령	-0.007**	-0.104	0.001	0.012	0.002	0.039	0.005*	0.089
학력	0.000	0.000	0.003	0.003	0.117**	0.100	0.055	0.046
가구소득	-0.001	-0.001	0.028	0.051	-0.031	-0.055	0.000	-0.001
순재산	-0.046***	-0.121	-0.067***	-0.225	0.030**	0.098	0.019	0.063
지역규모	-0.027	-0.020	0.020	0.019	0.043	0.041	0.005	0.005
자가여부	0.074	0.033	0.080	0.046	-0.083	-0.047	-0.083	-0.046
이념성향	-0.060***	-0.107	-0.042***	-0.096	0.022	0.050	0.022	0.049
영남_거주지	-0.001	0.000	-0.199***	-0.113	0.127*	0.071	0.035	0.019
충청_거주지	0.007	0.002	-0.225***	-0.088	0.205**	0.078	0.002	0.001
호남_거주지	0.509***	0.157	-0.031	-0.012	-0.075	-0.029	0.053	0.020
상층거리감	0.013	0.027	-0.006	-0.014	0.007	0.017	-0.009	-0.023
계층지위인식	0.034	0.026	0.085**	0.081	-0.065	-0.060	-0.013	-0.012
adj R^2	0.069		0.059		0.032		0.006	

*$p \langle 0.05$, **$p \langle 0.01$, ***$p \langle 0.001$ ※ B: 비표준화계수, 베타: 표준화계수

이 장에서는 사회경제적 자원배분을 둘러싼 계층갈등이 존재할 것이라는 가정에서 위 7개 정책을 채택하였는데, 그중 일부는 가설을 지지했지만 나머지는 기각하는 결과를 보였다.

채택된 7개 정책은 한정된 국가재정자원의 배분에 관계된 정책과 시장자원의 배분에 관계된 정책으로 나누어 볼 수 있다. 전자에 해당하는 것은 세금인하정책, 복지확대정책, 무상급식정책, 지역균형발전정책, 사회적 약

자배려정책 확대이며, 후자에 해당하는 것은 시장개방정책 확대와 기업규제
완화 정책이다. 세금인하, 복지확대, 무상급식, 지역균형발전, 사회적 약자
배려정책, 시장개방 확대에 대해서는 객관적 계층변인으로 재산변수의 영향
력이 일관되게 나타나는데, 이것은 재산의 보유정도에 따라 유권자들의 정
책태도의 차이가 유의하게 존재함을 확인해 준다. 반면 기업규제완화 정책
태도에서는 이 글의 가설과 달리 객관적인 계층변인이나 주관적인 계층인식
변인 어느 것도 유의미한 영향력을 갖지 못하는 것으로 나타났기 때문에
계층 간 갈등의제가 아닌 것으로 해석할 수 있겠다.

또한 계층인식 변수는 시장자원의 배분에 관계된 정책영역에서는 유의성
을 갖지 못했고 국가재정배분에 관련된 정책영역에서만 유의한 영향력을 가
지는 것으로 나타난다. 세금인하, 지역균형발전, 사회적 약자배려, 복지확대
에 대해서는 재산이나 학력 등 객관적 계층변인이 유의한 설명력을 가짐에
도 불구하고 독립적으로 계층인식변인이 영향을 미치고 있었다. 이 가운데
세금인하, 지역균형발전, 사회적 약자배려 확대 정책에 대해서는 계층지위
인식보다 상층거리감 변수의 설명력이 더 컸던 반면, 일반적인 복지확대 정
책에 대해서는 계층지위인식이 더 설명력을 가졌다.

이런 결과는 이슈의 수준에 따른 차이로부터 설명이 가능하다. 일반적인
복지확대가 계층 간 갈등쟁점이라기보다 이미 합의적 쟁점으로 인식되고 있
다면 갈등관계인식보다는 정책수요에 따른 태도차이가 더 유의할 수 있다.
정책지위인식이 유의했던 것은 정책수요의 반영으로 해석할 수 있다는 것이
다. 반면 세금인하나 지역균형발전, 사회적 약자배려정책은 보다 현실적이
고 구체적인 재정자원의 배분에 관계된 갈등적 이슈로 인식되었을 가능성이
있다. 이 경우 해당 이슈에 대한 태도에서 계층거리감이 계층지위인식보다
더 설명력을 가졌던 것은, 자원배분에 대한 계층갈등인식이 반영된 결과로
해석할 수 있다.

한편 무상급식정책과 복지정책 확대에 대한 태도에서는 거주지 변수를
제외할 때 재산보유정도와 이념성향이 상대적으로 큰 설명력을 가지고 있음
을 알 수 있다. 무상급식정책은 2010년 지방선거를 기점으로 정치경쟁의제

로 부상한 바 있었고, 복지확대는 오랫동안 진보-보수 이념경쟁의 핵심의제로 자리 잡아 왔다는 점에서 이념변수의 영향력은 이해가 가능하다. 반면 〈표 6〉과 〈표 7〉의 모형들에서 일관되게 재산변수의 유의미한 설명력이 확인되는 것은 주목할 만한 결과다.

3. 계층인식 변수가 투표선택 및 정당인식에 미치는 영향

본 절에서는 투표선택과 정당인식을 종속변수로 계층인식 변수의 영향력에 대한 가설을 검증하였다. 먼저 〈표 8〉은 2007년 대통령선거와 2008년 국회의원선거, 2010년 지방선거[3]에서 한나라당 후보에 투표한 응답자와 그렇지 않은 응답자를 종속변수로 한 회귀모형의 분석결과다. 세 번의 선거에서 한나라당 후보 선택에 일관되게 영향을 미치는 것은 성, 연령, 영·호남 거주지, 이념변수였다. 나이가 많을수록, 자신의 이념이 보수적이라 생각할수록, 영남에 거주할수록 더 한나라당에 투표했고 호남 거주자들은 유의하게 덜 투표를 했는데 이는 기존연구들과 일관된 결과다. 여성이 남성보다 한나라당에 더 투표했다는 결과는 기존연구들의 발견에서 일관되지는 않지만, 본 모형에서 성별 변수는 유의하게 한나라당 투표선택에 영향을 미치는 것으로 나타났다.

객관적 계층변인을 기준으로 보면 2007년 대선에서 재산이 많을수록 이명박 후보에게 더 투표를 한 것으로 나타났지만, 2008년 총선과 2010년 지방선거 투표선택에서는 이런 경향이 발견되지 않았다. 2008년 총선에서는 자가를 소유한 사람이 그렇지 않은 사람보다 한나라당에 더 투표를 한 것으로 확인되지만 2010년 지방선거에서 이런 경향은 발견되지 않는다. 반면 주관적 계층인식의 두 변수는 세 번의 선거에서 모두 유의한 설명력을 가졌

---

3) 조사문항은 국회의원선거에서 지역구 국회의원 투표후보를 물었고, 지방선거에서는 시도지사선거에서 투표후보를 물었다.

〈표 8〉 계층인식 변수와 투표선택: 2007년 대선, 2008년 총선, 2010년 지선

	2007년 대통령선거 (이명박 투표1/기타 0)	2008년 국회의원선거 (한나라당 투표1/기타0)	2010년 지방선거 (한나라당 투표1/기타0)
성별	0.486***	0.446***	0.306*
연령	0.042***	0.045***	0.051***
학력	0.257*	-0.006	0.079
가구소득	-0.084	-0.031	0.009
순재산	0.057*	-0.028	-0.020
영남_거주지	0.559***	0.946***	0.981***
충청_거주지	-0.257	-0.296	-0.447
호남_거주지	-2.541***	-3.779***	-4.836***
지역규모	0.166*	-0.075	0.024
자가 소유 여부	-0.040	0.322*	0.264
이념성향	0.178***	0.233***	0.236***
계층지위인식	-0.199*	-0.231*	-0.218*
상층거리감	-0.081**	-0.135***	-0.106***
상수항	-3.251***	-2.579***	-3.752***
Cox&Snell R^2	0.191	0.255	0.246

*$p<0.05$, **$p<0.01$, ***$p<0.001$

고, 계층지위를 높게 인식할수록, 상층에 가깝게 느낄수록 한나라당에 더 투표를 한 것으로 나타난다. 또한 상층거리감 변수는 세 선거에서 모두 계층지위인식 변수보다 더 유의도가 높은 것으로 확인된다. 2007년 대선에서 상층거리감은 0.01 수준에서 유의한 설명력을 가졌던 데 반해 계층지위인식은 0.05 수준에서 유의했고, 2008년 총선과 2010년 지방선거에서 상층거리감 변수는 모두 0.001 수준에서 유의한 설명력을 가졌다.

투표선택은 특정 정책에 찬반 의견을 갖는 것과는 다르다. 후자는 개인이

가진 인식 차원인 반면, 전자는 결정행위이므로 더 다양한 요소들이 고려되
며 단일변인의 설명력을 명료히 확인하기는 쉽지 않다. 또한 특정 시점 투
표선택은 주어진 선거경쟁구도 안에서 이루어지게 되므로, 사회적 갈등이
존재한다 하더라도 그 갈등이 해당 선거경쟁과정에서 동원되지 않는다면 표
출기회를 갖기 어렵다. 그럼에도 지속적인 정당경쟁 과정에서 특정 사회갈
등을 반복적으로 동원하거나 대표하면서 정당의 정체성이 형성되며 유권자
역시 그 정체성에 일관된 반응을 나타내게 된다. 이렇게 볼 때 투표선택에
서 계층인식변인들의 영향력이 반복적으로 확인되고 있는 점은 한나라당이
계층갈등의 한 축을 대표하고 있고 유권자들 역시 이를 인지하며 반응하고
있다는 것을 의미할 수 있다.

한나라당에 대한 인식에서 계층변인의 영향력을 보다 명료히 확인하기
위하여 〈표 9〉 회귀모형을 분석하였다. 종속변수는 한나라당과 민주당에
대해 유권자들이 느끼는 거리감을 연속 11급간으로 측정한 것이다. 한나라
당과 민주당에 대한 거리감 인식에는 모두 연령, 재산, 이념, 영남·호남 거
주지, 상층거리감 변수가 유의한 영향을 미쳤는데 유의도와 설명력의 크기
에서는 차이가 있었다.

연령이 높을수록, 보수적일수록, 영남에 거주할수록 한나라당을 더 가깝
게 느끼고 호남에 거주할수록 멀리 느낀다는 것은 기존연구결과와 일치한
다. 그런데 본 모형에서는 재산과 상층거리감이 유의한 설명력을 갖는 것으
로 나타났다. 재산이 많을수록, 상층에 거리감이 적을수록 한나라당을 가깝
게 느꼈다. 호남거주(-0.220), 이념(0.192), 연령(0.149)의 설명력이 여전히
크지만, 상층거리감 변수의 설명력(-0.170)은 연령변수의 설명력을 능가했
고 재산변수의 설명력(0.119)도 작지 않은 것으로 확인된다. 반면 계층지위
인식은 한나라당 인식에 영향력을 갖지 못했다.

한편 민주당에 대한 영호남 거주자의 편향적 태도나 스스로 진보적이라
고 인식할수록 민주당을 더 가깝게 느낀다는 것은 역시 기존연구와 일치한
다. 그런데 민주당에 대한 인식에서도 약하지만 재산변인과 상층거리감의
영향력이 확인된 반면, 계층지위인식 변수의 상반된 영향력도 확인되었다.

〈표 9〉 계층인식 변수와 정당인식4)

	한나라당 인식(멀다0-가깝다10)		민주당 인식(멀다0-가깝다10)	
	B	베타	B	베타
(상수)	3.436***		4.729***	
성별	0.244	0.045	0.021	0.004
연령	0.028***	0.149	0.012*	0.073
학력	-0.173	-0.044	-0.046	-0.013
가구소득	-0.108	-0.056	0.026	0.015
순재산	0.123***	0.119	0.060*	0.066
지역규모	-0.058	-0.016	-0.029	-0.009
자가여부	0.001	0.000	-0.152	-0.028
이념성향	0.293***	0.192	-0.220***	-0.163
영남_거주지	0.434**	0.070	-0.737***	-0.136
충청_거주지	-0.220	-0.024	-0.339	-0.043
호남_거주지	-1.968***	-0.220	1.739***	0.221
상층거리감	-0.229***	-0.170	-0.066*	-0.055
계층지위인식	0.049	0.014	0.273**	0.085
adj R²	0.216		0.109	

*p<0.05, **p<0.01, ***p<0.001 ※ B: 비표준화계수, 베타: 표준화계수

보유재산이 더 많을수록, 상층과 거리를 적게 느낄수록 민주당을 가깝게 느끼는 것으로 나타나 그 방향이 한나라당과 일치하고 있었다. 이런 결과는 나이가 많을수록 민주당에 거리를 덜 느끼는 모형의 결과와도 연결되어 해

4) 계층거리감과 동일방법으로 측정하였으므로 '정당거리감'으로 명명할 수 있으나 본 논문에서 사회적 거리감은 사회갈등인식의 측정지표로 가정되므로 개념의 혼란을 야기할 수 있어 정당인식이라 명명하였다.

석될 수 있다. 하지만 계층지위를 낮게 인식할수록 민주당을 더 가깝게 느끼는 경향이 훨씬 유의하게 나타나고 있다는 점을 고려할 때 해석에 주의를 요한다.

이 결과는 한편으로 나이든 세대일수록 한나라당이든 민주당이든 기성정당에 반감이 덜한 반면 젊은 세대일수록 반감이 큰 현상이 반영된 것으로 보인다. 재산이 많을수록 역시 이런 경향을 갖는 것으로 추정할 수 있다. 그러나 다른 변수들을 통제할 때 계층지위가 낮다고 생각할수록 민주당을 가깝게 느끼고 있고 그 계수 값(0.273)이 이념(-0.220)변인보다 크게 나타나고 있는 것은, 유권자들이 민주당에 대해서 한나라당과는 다른 일정한 계층적 정체성을 부여하고 있다고 해석할 수 있겠다.

V. 분석의 함의

논문은 한국사회 계층갈등이 정치화되는 과정의 중요한 매개로서 계층인식에 관심을 가지며 객관적인 계층변인과 독립적인 계층인식 효과를 검증하고자 했고, 계층거리감 변수를 도입하여 계층 간 갈등인식의 효과를 보다 직접적으로 검증해 보고자 했다. 이를 위해 계층 간 갈등이슈로 가정된 7개 정책에 대한 태도와 3번의 선거 투표선택, 그리고 정당인식을 종속변수로 활용하였다.

7개의 정책이슈는 국가재정배분에 관계된 5개 정책과 시장자원의 배분에 관계된 2개의 정책으로 나뉠 수 있다. 후자에 해당하는 기업규제 완화정책에 대한 태도는 객관적 계층변인이나 주관적 계층인식 변인이 모두 영향을 미치지 않아 계층갈등이슈가 아닌 것으로 판명되었다. 시장개방 확대에 대해서는 학력이 높고 재산이 많을수록 찬성입장을 가져 객관적 계층지위에 따라 유의미한 태도차이가 있었으나, 계층인식변인은 영향이 없었다. 인지된 계층갈등의제라기보다는 정책수요의 반영으로 추정할 수 있다. 국가재정 자원의 배분에 관계된 5개 정책태도에서는 모두 재산에 따른 태도차이가 유의하게 발견되었으며 4개 정책태도에는 객관적 계층변인과 주관적 계층 인식 변인이 모두 유의한 영향력을 가졌다. 그리고 그중 3개의 정책태도에 서는 계층지위인식보다 상층거리감 변수의 설명력이 더 유의하거나 큰 것으 로 확인되었다.

한나라당 후보를 기준으로 2007년 대선, 2008년 총선, 2010년 지방선거 의 투표선택을 분석한 결과, 객관적 계층변인의 영향력은 일관되지 않았던 반면 계층인식변인의 영향력은 모두 유의한 것으로 확인되었다. 그리고 로 지스틱 회귀계수 값은 계층지위인식변수가 더 컸지만 세 번의 선거에서 모 두 상층거리감 변인의 유의도가 더 높은 것으로 나타났다. 한나라당에 대한 인식에서는 재산과 상층거리감이 모두 0.001 수준에서 유의했으나 계층지 위인식은 유의하지 않은 것으로 확인되었다.

이상의 분석결과를 통해 계층갈등의제에 관하여 계층인식이 객관적 계층 변인과 독립적인 영향력을 가질 것이며, 계층인식 변인 가운데 계층거리감 이 계층지위인식보다 갈등관계를 더 잘 반영할 수 있을 것이라는 논문의 가설은 지지된 것으로 판단한다. 특정 정책이 계층갈등의제인지 아닌지, 유 권자 수준에서 계층 간 갈등의제로 인지되고 있는지 그렇지 않은지 등을 판별하는데 계층거리감 변수가 역할을 할 수 있기를 기대한다.

계층갈등의 정치화 과정에서 유권자들이 계층갈등을 어떤 대상을 통해, 어떤 인지 틀로 반영하고 있는지를 확인하는 작업은 중요하다. 본 장에서 확인한 바에 따르면 한국 유권자들은 시장자원의 배분에 관계된 정책에 대 해서는 계층 간 갈등의제로 인식하지 않는 반면, 국가재정자원의 배분에 대 해서는 갈등의제로 인식하고 있는 것으로 나타난다. 그러나 후속연구를 통 해 더 구체적이고 다양한 정책태도를 분석한다면 다른 결론에 이를 수 있다. 시장자원 배분에 관계된 정책 가운데에서도 어떤 정책은 갈등의제로, 다른 정책은 비(非)갈등의제로 인식할 수 있다. 이를 확인하는 것은 정책대안의 마련이나 대안마련의 과정을 기획하는 데 중요한 정보가 될 것이다.

한편 이 장에서 확인된 재산변수의 영향력은 주목할 만하다. 같은 조사자료를 활용한 이갑윤 외(2013)에서도 다른 종속변수와 모형을 활용해 재산변수의 영향력을 확인한 바 있었는데, 이는 향후 유권자 정치조사에서 재산변수의 지속적 검증이 필요함을 말해준다.

✤ 참 고 문 헌 ✤

강원택. 2013. "한국 선거에서의 "계급 배반 투표"와 사회 계층." 『한국정당학회보』 제12권 제3호, 5-28.

권 승. 2009. "다문화사회에 대한 지방정부 공무원의 수용성에 관한 연구." 『21세기 정치학회보』 제19집 1호, 353-378.

김병조. 2000. "한국인 주관적 계층의식의 특성과 결정요인." 『한국사회학』 제34집 제2호, 241-268.

김선업·윤인진. 2009. "갈등의식, 갈등경험 및 갈등대처 양식의 일반적 특징." 윤인 진 외. 『한국사회의 갈등구조』. 고려대학교 출판부.

김태홍 외. 2005. 『사회갈등해소를 위한 갈등관리제도의 구축 및 효율적 운영 방안 연구』. 한국여성개발원.

김윤태. 2007. "한국의 사회갈등과 사회통합: 포용의 민주국가를 위하여." 『기억과 전망』 16호, 357-387.

김인철. 1994. "우리나라 도시중산층의 정치·경제적 행태와 사회안정: 서울·부산· 대구·대전·광주 등 5개의 대도시 중류생활자들을 대상으로." 『한국정치학 회보』 제28집 제1호, 81-100.

나간채. 1990. "지역민간의 사회적 거리감." 한국사회학회 편. 『한국의 지역주의와 지역갈등』. 서울: 성원사.

나간채·정근식. 1988. "직업계층간의 사회적 거리감에 관한 연구." 『한국사회학』 제 22집 여름호, 109-133.

서광민. 2009. "주관적 계층의식에 영향을 미치는 요인에 관한 연구: 소득·교육수 준·직업·소득 만족도·생활 만족도를 중심으로." 『한국사회학회 2009 전기 사회학대회 자료집』 911-921.

손낙구. 2010. 『대한민국 정치사회 지도』. 서울: 후마니타스.

송한나·이명진·최샛별. 2013. "한국 사회의 객관적 계급위치와 주관적 계층의식 간 격차 결정요인에 관한 연구." 『한국인구학』 제36권 제3호, 97-119.

윤광일. 2013. "북한 주민에 대한 태도가 대북정책 선호에 미치는 영향." 『사회과학 연구』 25권 2호, 29-64.

윤상우. 2011. "한국의 경제갈등과 갈등의식." 『한국사회』 제12집 2호, 91-121.

이갑윤·이지호·김세걸. 2013. "재산이 계급의식과 투표에 미치는 영향." 『한국정치 연구』 제22집 제2호, 1-25.

이명진·최유정·최샛별. 2010. "다문화사회와 외국인에 대한 사회적 거리." 『한국조 사연구학회 조사연구』 11권 1호, 63-85.

이병훈·윤정향. 2006. "사회계층의식의 변동에 관한 연구." 『경제와 사회』 통권 제 70호, 111-140.

장승진. 2013. "2012년 양대 선거에서 나타난 계층균열의 가능성과 한계." 『한국정 치학회보』 제47집 제4호, 51-70.

장 훈. 2001. "한국 대통령제의 불안정성의 기원: 분점정부의 제도적, 사회적, 정치 적 기원." 『한국정치학회보』 제35집 4호, 107-127.

조동기. 2006. "중산층의 사회인구학적 특성과 주관적 계층의식." 『한국인구학』 제 29권 제3호, 89-109.

조중빈. 1988. "사회계층과 정치의식." 『한국정치학회보』 제22권 제2호, 131-146.

최준영·김순홍. 2010. "지역간 거리감을 통해서 본 지역주의의 실상과 문제점." 『사 회연구』 제1호, 65-95.

한귀영. 2013. "2012년 대선, 가난한 이들은 왜 보수정당을 지지했는가?" 『동향과 전망』 통권 89호, 9-40.

홍두승. 1989. "階層構造와 階層意識: 社會調査資料를 통하여 본 現實과 展望." 『한국 사회과학』 제11권 제1호, 123-153.

Akerlof, George A. 1997. "Social distance and social decisions." *Econometrica*, 65(5), 1005-1027(http://www.wcas.northwestern.edu/nescan/akerlof_19 97.pdf).

Bogardus, Emory S. "Social Distance and Its Origins." *Journal of Applied Sociology* 9, 216-226(http://www.brocku.ca/MeadProject/Bogardus/Bo gardus_1925b.html).

Coser, Lewis A. 1967. *Continuities in the study of social conflict.* New York: Free Press.

Dahrendorf, Ralf. 1959. *Class and Class Conflict in Industrial Society.* Stanford: Stanford University Press.

Geiger, Theodor Julius. 1949. *Die Klassengesellschaft im Schmelztiegel.* Arno Press.

Oberschall, Anthony. 1978. "Theories of Social Conflict." *Annual Review of Sociology* 4, 291-315.

Park, Robert Ezra. "The Concept of Social Distance As Applied to the Study of Racial Attitudes and Racial Relations." *Journal of Applied Sociology* 8, 339-344(http://www.brocku.ca/MeadProject/Park/Park_1924.html).

Rummel, R. J., 1976. *Understanding Conflict and War: Vol.2: The Conflict Helix.* Beverly Hills, CA: Sage Publications(http://www.hawaii.edu/po werkills/TCH.CHAP16.HTM).

Laumann, E. O. 1965. "Subjective Social Distance and Urban Occupational Stratification." *American Journal of Sociology* 71, 26-36.

제3부

세대 및 이념균열

세대별 이념갈등의 이질성:
세대 내 이슈태도 분석을 중심으로*

이현우 · 이정진

I. 문제제기

　민주주의 국가에서 국민적 통합이란 집단 간 이견이 선거 등 공식적이고 집단적 의견수렴과정을 거쳐 타협을 이루는 과정을 의미한다. 따라서 통합이란 모든 국민이 동일한 의사를 갖는 것이 바람직하다는 규범적 의미를 갖는 것이 아니라 갈등이 존재하되 이를 제도적 절차에 따라 전체의사를 결정하는 것이다. 따라서 정치 및 사회갈등에 대한 연구는 합의를 위해 선행되어야 할 주제라 하겠다. 근대화 이후 한국사회의 균열이 한편으로는 립셋과 로칸(Lipset and Rokkan 1967)이 주장한 바와 같이 서구사회에서 나타나는 자본과 노동의 대립과, 다른 한편으로 북한과의 관계인식에 따른 갈등을 근저로 정치현실에서는 경제개발을 정당화 도구로 했던 정치적 독재와

---

* 이 글은 『국가전략』 제19권 1호(2013)에 게재된 논문을 수정·보완한 내용임.

민주주의 실현이라는 규범이 오랫동안 갈등의 중심축이 되었다.

갈등연구의 중요성에도 불구하고 언론은 물론이고 학문적 연구에서도 갈등은 일차원적 수준에서 다루어져 왔다. 즉 하나의 이슈에 관해 한 집단은 찬성을 하고 다른 집단은 반대를 하는 관계를 상정하고 집단 간 갈등정도를 분석하는 경우가 많았다. 그런데 이러한 관계설정은 두 집단이 동일한 이슈에 관해 모두 관심이 높다는 것을 가정해야 가능하다. 과거 독재시절에는 민주화라는 정치목표가 단일한 균열축을 형성하였지만, 사회가 다분화할수록 다양한 이슈가 등장하고 서로 다른 이슈에 대한 관심의 정도와 태도를 달리하고 경쟁하는 집단들이 나타나게 되었다.

그리하여 동일한 이슈를 두고 서로 갈등하는 관계뿐 아니라 서로 다른 이슈를 쟁점으로 들고 나와 시민이나 정부의 관심을 얻으려는 경쟁관계도 형성되기 시작하였다. 예를 들어 전통적인 균열 축인 경제적 위치에 따른 정치적 갈등이 여전히 중요하지만, 잉글하트가 주장하는 바와 같이 탈물질적인 가치관의 도입으로 인해 삶의 질이나 환경보존 등의 이슈도 젊은 세대를 중심으로 정치적으로 영향력 있는 집단을 형성하고 있다(Inglehart 1997).

따라서 갈등연구는 그동안의 동일한 이슈에 대해 상호 반대적 입장의 집단을 구분하고 이들 집단의 성향이나 행태를 연구하는 수준을 넘어서 다양한 집단의 다차원적 가치중요성의 등장과 이로 인한 정치적 신념의 다차원성에 관심을 둘 필요가 있다. 오래전 컨버스(Converse 1964)가 지적한 바와 같이 대중의 신념은 일관성을 갖는 것이 아니라 다차원으로 형성되기 때문에 이슈에 따라서 이념을 벗어나 비일관적이라는 주장은 상당한 시사점을 준다.

본 연구는 한국갈등연구에서 중심이 되고 있는 집단구분으로서 세대와 이념이라는 두 개념을 중심으로 다루지만 몇 가지 점에서 기존연구와 차별성을 갖는다.[1] 먼저 본 연구에서는 세대와 이념이라는 집단구분 방식에 의

---

1) 이념과 세대 이외에 지역갈등도 중요하지만 이념 및 세대와 중첩성을 갖지 않는다. 또한 지역갈등은 선거 때만 유독 강하게 나타나며 다른 이슈들을 지배하지 않는다는

해 갈등의 내용이 다른지를 검토한다. 세대와 이념을 통한 집단구성을 보면 젊은세대-진보, 기성세대-보수라는 중첩성이 통계적으로도 높은 유의성을 갖지만, 이슈의 특성을 기준으로 보면 세대에 따른 갈등과 이념에 따른 갈등이 상호 다르게 나타날 가능성이 있다. 예를 들어 전통적인 이념구분의 균열축인 물질적 이슈(분배와 성장, 대북관계)에 있어서는 진보-보수라는 이념적 구분이 더욱 유의미하지만, 탈물질적 이슈(환경, 문화)와 관련해서는 세대구분이 더 의미를 가질 수도 있다. 따라서 한국사회에 유의미한 갈등이슈들이 그 내용에 따라 집단구분이 달라지는지를 확인해 보도록 한다.

두 번째로는 갈등이 시간이 지남에 따라 어떤 추이를 보이는가를 분석해 보도록 한다. 이러한 주제를 다루기 위해서는 시계열적 자료가 필수적이다. 그러나 일관성 있는 설문항을 포함한 시계열 자료가 없기 때문에 보완적으로 세대별로 구분하여 갈등의 수렴 혹은 심화의 추세를 살피도록 한다.

그리고 마지막으로 그동안 대부분의 세대연구는 주로 세대 간 차이에 주목하였다. 이는 동일한 세대는 동질성이 높다는 것을 가정한 것이다. 그러나 비록 각 세대별로 이념평균에 편차가 존재하기 마련이고 이에 따라 이슈에 대한 태도는 유사할 수도 혹은 상이할 수도 있다는 것을 거의 무시해왔다. 이 글에서는 세대별로 각 세대에서 이념과 이슈태도 사이의 관계가 어떠한지를 분석한다. 세대에 따라서는 비록 이념은 다르지만 이슈태도는 유사할 수도 있다면 기존연구에서 모든 세대에서 이념에 따라 이슈태도가 다를 것이라는 가정은 옳지 않은 것이 된다.

_____

점에서 이 글에서 다루지 않았다.

II. 기존논의 및 가설

1960년대에 이미 다니엘 벨(Daniel Bell 1973)이 『이데올로기의 종언』
이라는 책을 통하여 서구의 지식인들 사이에서는 이미 복지사회, 분권화의
의미, 정치적 다원주의와 혼합경제에 대한 상당한 합의가 이루어졌기 때문
에 이념의 시대는 종식되었다고 주장하였다. 이는 20세기 중반 이후 놀라운
경제성장과 이에 따른 고용유형과 생활여건의 변화에 따른 것이다. 3차 산
업에서의 고용증대, 지역적 사회적 이동성의 증대 등이 전통적인 이념구분
을 모호하게 만들었다. 이후 연구에서 복지국가의 출현에 대한 공감대가 형
성되는 것이 전통적인 이념적 구분의 퇴조를 보이는 지표로 사용될 수 있다
는 결과가 벨의 예측을 뒷받침하였다(Thomas 1979). 즉 풍요의 시대가 도래
하면서 과거의 경제적 논쟁의 의미가 축소되고 정치적 공감대의 시대가 열렸
다는 것이다(Beer 1978). 1990년대에 들어서도 서구민주주의 국가에서 사
회집단의 투표행태(bloc voting)가 줄어들었는데, 이는 전통적 균열에 따른
사회적 갈등을 국가가 성공적으로 다루어왔기 때문이라는 것이다(Franklin
etc. 1992). 덧붙여 현대사회가 점차 세속화되면서 정치논쟁에서 규범적 내
용이 감소하였다는 점에도 주목할 필요가 있다. 과거 서구에서 정치이념은
대중지지를 확대하기 위해 종교를 등에 업고 경쟁하였는데, 대중들의 종교
애착심이 감소하면서 정치적 태도에 대한 감정적 애착이 미치는 영향이 줄
어들게 되었으며, 이는 정치적 갈등을 줄이고 타협의 가능성을 높여 주었다
(Norris and Inglehart 2004).
    시계열 자료를 통해 유럽 다수국가의 정당정강을 분석한 연구에서도 전
통적인 경제나 계급이슈에 관해서는 정당 간 정책적 입장이 이전보다 상당
히 수렴하고 있다는 것을 확인할 수 있다(Thomas 1980). 정당 간 차이가
감소한다는 것이 정치과정에서 대중들의 인식을 반영한 결과라는 점에서 사
회적 갈등에 고전적 균열축의 영향력이 적어지고 있음을 보여주는 것이라
할 수 있다. 이념갈등에 대한 국가 간 비교분석 연구 역시도 위 주장과 일치

하고 있다. 다니엘 벨의 주장을 좀 더 확장해보면 이념의 종식은 경제성장
과 사회가치의 합의에 따른 안정적 민주주의 확보의 결과물이다. 따라서 제
3세계 국가에서는 경제이슈와 계급에 따른 균열이 여전히 중요한 정치경쟁
의 대상이 될 것이다. 이에 대한 경험적 연구를 보면 전통적 의미의 좌-우의
양극화 정도가 빈곤하고 민주화가 덜 된 국가에서 훨씬 강하게 나타난다.
좌-우의 극단적 정치정향의 국민비율이 최빈국에서는 20%에 달하는 데 비
하여 서구민주주의 국가에서는 5%에 불과하다. 정치양극화의 원심적 힘은
정치적 합의를 저해하기 때문에 빈곤국가에서는 극단적 정당을 지지하는 비
율이 높아지고 결국 정치폭력 발생으로 이어지는 경향이 있다(Powell 1982;
Dalton and Sickle 2004).

반면에 이 같은 정치이념의 퇴조논리와 달리 탈물질주의 가설은 산업화
된 사회에서의 이념종식 그 자체가 아니라 전통적 이념의 퇴조와 함께 새로
운 이념갈등의 등장이라는 점에 주목한다. 잉글하트(Inglehart 1977; 1984;
1990)는 계층균열과 경제적 가치를 바탕으로 하는 이념적 균열의 감소현상
을 인정하지만, 이를 대치하는 삶의 유형, 삶의 질 그리고 자기표현 등의
이슈에 기초한 새로운 정치논쟁이 등장하고 있음에 주목해야 한다고 주장한
다. 따라서 진보-보수에 대한 정의와 내용도 변화한다는 것이다(Knutsen
1995; Evans et al. 1996). 기성세대의 이념스펙트럼에서는 여전히 이념구
분은 사회경제적 양극화와 동일한 의미를 갖는다. 즉, 진보란 사회복지의
확대, 노동자 계층의 이해 그리고 노조의 영향력에 대한 지지를 나타내며
보수란 제한된 정부, 중산층의 이해, 사적 경제영역의 영향력 등을 중시하
는 성향을 의미한다. 그러나 젊은 세대에서는 탈물질주의 혹은 자유의지론
(libertarian)과 관련된 이슈가 새로운 이념적 정체성의 근거를 만들어준다.
이들에게 있어 진보란 핵연료 사용반대, 환경보호, 성적평등, 국제주의적 정
향과 다문화 수용 등이 주된 정향성이다. 반면에 이들에게 보수란 전통적
삶의 방식, 도덕적 가치, 전통적 국가관과 국가이익의 옹호 등을 특성으로
한다. 이러한 분석틀의 타당성은 서구국가를 대상으로 한 경험적 연구를 통
해서 증명되었다(Inglehart 1984; Evans et al. 1996). 요약하면 탈물질주의

가설의 핵심은 이념은 종식된 것이 아니라 사회의 변화에 따라 그 내용이 변화했다는 것이다.

이념종언을 주장하는 다니엘 벨과 비교하여 이념논쟁의 종식을 거부하는 탈물질주의 가설은 새로운 형태의 이념갈등을 제시해야 한다. 따라서 다음의 세 가지 경우 중 하나 또는 그 이상의 변화를 증명할 수 있어야 설득력을 가질 것이다. 1) 세대교체가 중요한 이념갈등의 내용변화 요인이 되었을 경우, 2) 사회경제적 환경의 변화에 따라 다수 국민들의 이슈에 대한 관심과 태도가 달라진 경우, 3) 전통적 균열축이 그대로 유지되면서 새로운 세대에서 오히려 그 균열이 심화되는 경우이다.

첫 번째 가정은 세대별로 사회화 단계에서 다른 정치적 경험을 하였기 때문에 그 영향력이 이후 정치적 정향을 규정하는 데 중요한 역할을 하게 된다는 주장을 바탕으로 한다. 유럽의 경우 냉전을 경험한 세대와 그 이후 세대 지도자들을 대상으로 한 연구에서 이 두 집단이 분명히 다른 정치 리더십을 보여준다. 1960년대 이탈리아 엘리트의 자료를 분석한 퍼트남의 연구는 연령과 정치적 적대감 사이의 뚜렷한 상관관계가 있음을 보여준다. 즉 노령의 정치인들은 정치를 분명한 정당구분의 개념을 통해 설명하지만, 젊은 정치인들은 그보다 훨씬 덜 배타적이라는 것이다(Putnam 1973, ch. 5). 이와 같은 설명은 동일한 세대가 시간이 지남에 따라 태도가 변화한 것이 아니라 새로운 정치정향을 가진 세대가 지속적으로 충원되고 이들의 구성비가 높아짐에 따라 기존이 균열이 약화되거나 주목할 만한 새로운 균열축이 나타나게 된다는 것을 의미한다.

두 번째 가정은 1970년대 말부터 고도의 산업사회와 관련된 새로운 이슈의 등장을 통해 확인할 수 있다. 환경의 질, 여성의 권리, 소비자 보호, 더 높은 시민참여를 통한 민주화 실현 등이 선진민주주의 국가에서 새로운 정치적 아젠다로 등장하였다. 정치집단의 재편성(realignment)을 넘어 새로운 정당의 출현을 통해 이들의 정치적 영향력이 커졌던 것을 유럽의 사례를 통해 보여주고 있다. 이러한 새로운 이슈의 등장은 이념정치의 부흥을 가져왔다. 새로운 이슈를 제기한 집단들은 자신들의 특정한 정책관심을 표현했으며 근본적인 사회변화를 요구하였다. 이에 부응하여 사회주의 기조를 차용하기도 하고 새로운 정치 패러다임의 도입을 주장하는 정치가들이 등장하였다. 이러한 과정에서 정책적 변화뿐 아니라 새로 규정되는 정치이념의 필요성이 제기되기도 하였다.

세 번째 가정은 유럽에서 1960년대에 이룩한 경제성장에 따른 복지국가에 대한 사회적 합의가 1970년 중반 이후 심각한 경제위기를 겪으면서 보수주의자들을 중심으로 복지국가에 대한 회의, 조세저항 그리고 산업의 비국유화 등이 설득력을 갖게 되었다는 사실에 주목한 것이다. 경제여건의 변화가 이미 공감대를 형성하여 균열이 미약했던 전통적 경제이슈를 재조명하고 사회갈등을 강화시킬 수도 있다. 영국 대처 수상의 정책들은 기성세대가 아닌 젊은 보수층의 등장과 지지 덕분에 가능했으며, 위약한 보수당을 다시 세우는 데 공헌하였다. 젊은 정치참여자들은 기성세대보다 더 이념적이었으며 정당 간의 정책적 차이를 더욱 크게 인식하였다.

한국의 갈등연구는 서구의 이론틀과 함께 한국적 특성을 고려한 분석틀을 제공하였다. 한국사회의 균열의 특수성을 정리한 강원택(2005)에 따르면 네 가지로 갈등내용이 정리될 수 있다. 먼저 보수와 진보를 구분하는 잣대로서 반공이데올로기가 갈등축으로서 큰 영향력을 갖는다. 반면에 경제적/물질적 가치의 배분과 관련된 서구의 좌/우라는 이념분석틀은 제한적 영향력을 가질 따름이다. 또한 권위주의 정치유산으로 인하여 권위 대 자유주의라는 균열축이 서구의 탈물질주의와 물질주의 사이의 갈등보다 훨씬 강하게 작용한다. 결국 반공이데올로기의 거부와 자유주의적 정향의 강조라는 조합으로 만들어지는 진보집단과 반공이데올로기의 수용 및 권위주의 강조라는 보수집단 사이의 갈등이 정치구도를 결정짓는 요인이라는 주장이다. 강원택의 분석틀이 서구와 차별적인 한국사회의 갈등을 분석할 수 있는 시각을 제공했음에도 불구하고 그의 경험적 분석은 엘리트(국회의원) 분석에 그치고 있다는 점이 연구의 한계를 보여준다. 국민에 의해 선출된 국회의원의 이념분포를 정당별로 분석하는 것이 국민들의 갈등구도가 어떠한지를 보여주는 간접적 증거가 될 수는 있지만 선거에서 유권자의 선택이 이념만으로 이루어지지 않는 것이 한국선거의 특징이다. 즉, 지역주의를 기반으로 하는 한국선거의 특성을 간과한 채 당선된 국회의원들에 대한 분석만으로 국민들의 갈등구조를 이해하려는 것은 해석에 무리가 따르는 것이라 하겠다.

한편, 이현출(2005)은 좀 더 세부적으로 이념을 정치, 경제, 사회의 세 가지 차원으로 구분하고 응답자들의 이념성향이 세대별로 뚜렷한 차이를 보인다는 것을 보여주고 있다. 20대와 30대가 이념적 근접성을 보이며 30대가 세대경험으로 인해 더욱 강한 진보성을 보인다는 점도 확인하였다. 그리고 이념성향의 차이가 미국, 대만, 독일 등과 비교했을 때 더 두드러진다는 것을 발견하였다. 다수의 연구들이 비슷한 경험적 결과를 내 놓으면서 이념을 바탕으로 하는 세대균열이 한동안 한국정치를 지배할 것이라는 예견이 있었지만(강원택 2003), 이후의 대선과 총선에서 그러한 영향력이 확연히 감소했다는 것이 밝혀지게 되었다. 특히 민주화 이후 모든 대선과 총선을 분석한 연구결과(이갑윤 2011, 168-171)는 2000년대 초반에만 이념성향이 선거에 영향을 미쳤다는 것을 정확히 보여주고 있어, 이념성향의 영향력에 대한 그간의 주장들이 과장되었음을 보여준다.

왜 강력했던 세대갈등이 급격히 그 영향력을 잃었는가에 대해 설명하는데 필요한 것이 외부적 정치환경에 대한 고려이다. 세대갈등이 정치, 특히 선거에 영향을 미치려면 단순히 세대집단의 결속력뿐만 아니라 동력을 부여할 수 있는 정치환경적 요인이 뒷받침을 해야 한다는 것이다. 세대의 형성은 사회적 환경 속에서 이루어질 수 있지만, 세대가 정치적 영향력을 갖기 위해서는 세대를 정치적으로 동원할 수 있는 정당과 세대균열을 정치균열로 확대할 수 있는 정치체제가 존재해야만 가능해진다. 즉 일반적인 세대란 비슷한 시기에 출생한 사람들이 역사적 경험과 사회화를 공유하며(출생 코호트), 동시에 비슷한 연령층이 갖는 연령에 따른 인식의 시간적 변화(연령효과)를 공유하는 집단을 의미한다(박재홍 2003). 그런데 일반적 세대가 정치세대로서 영향력을 갖기 위해서는 사회균열로서의 위치를 점해야 하며 아울러 이를 정치체제가 수용할 수 있는 환경이 조성되어야 한다. 따라서 세대균열은 그 자체로서만 평가되는 것이 아니라 다른 사회균열과의 관계 속에서만이 정치적으로 반영될 수 있다. 이러한 분석틀에 의하면 2002년 16대 대선에서 지역균열, 이념균열, 세대균열이 사회균열이자 정치균열로 작동하면서 세대정치가 큰 의미를 가졌다. 세대균열을 선호하는 정당이 존재했다는 것이 결정적 조건이었다. 반면에 2007년 17대 대선에서는 위에서 언급한 사회균열들이 약화되면서 집권세력이 지역주의나 진보이념 그리고 친민주적 세대를 동원하지 못했으며, 이로 인해 세대정치의 의미가 퇴색하게 된 것이다(윤상철 2009).

　이상의 설명이 거시적 분석틀에서 세대갈등의 영향력 감소를 설명한 것이라면 다른 각도에서 세대갈등의 의미변화를 설명하는 것도 가능하고 필요하다. 각 세대의 이념적 특성에 초점을 맞추어 그 상이함을 검토하는 것이 필요하다. 이런 시각에서 본다면 기존연구에서 이념과 세대영향력에 대한 예측의 오류원인은 여러 가지가 있겠지만, 먼저 시계열적 분석을 위한 설문 자료 확보의 현실적 어려움으로 인해 단기간의 현상을 과도하게 일반화하여 향후에도 분석당시의 갈등구도가 동일하게 지속되리라고 예측했기 때문이다. 여기에는 세대나 이념이라는 것이 단기적 요인이 아니고 장기적 요인이라는 점이 작용했다. 그러나 그보다 중요한 문제는 그동안의 연구들이 모두 세대 간의 차이를 분석하고 설명하는 데 집중했을 뿐, 각 세대의 특성 자체에 관심을 두지 않았기 때문이다. 한국정치에서 소위 386세대의 동질성과 영향력이 장기간 지속되었기 때문에 이후의 세대에서도 유사한 속성과 영향력이 나타날 것이라고 예상한 것이다.[2] 다수의 논문들은 횡단면적 분석(cross-sectional analysis)을 통해 세대별로 이념의 차이가 있다는 것을 증명하였는데, 모든 선거는 연속성과 변화라는 두 가지 측면이 있다는 것을 염두할 때, 그러한 현상이 이후에도 지속된다는 것을 증명하는 충분한 근거

---

[2] 세대 간 충돌을 문화적 측면에서 해석한 송호근(2005, 200)은 2030세대를 "유동성 (momad) 문화"라는 개념으로 특징짓는다. 탈이념과 정보화세대의 특성을 갖는 젊은 세대는 자유주의, 개인주의, 이성과 일사불란함에의 거역, 감성과 감성적인 것에의 욕망 등이 혼재한 상태라는 것이다. 이들은 개인의 책무나 공동체적 윤리의식이 결여되어 있다고 본다.

가 되지 못한다. 따라서 2030세대의 이념이 이전 세대들과 차별적이라는 사실 이외에 이들 젊은 세대가 어떤 특성을 가지고 있는지에 대한 세밀한 분석이 필요하다.

그러한 분석을 위해 가장 먼저 수행해야 할 것은 균열축의 타당성이다. 즉 각 세대들이 동일한 이슈에 대해 유사한 정도로 관심을 가지고 있어 정치행태에 결정적 영향을 미쳤는지를 확인해야 하며, 여기에는 정치정향에 대한 연구가 필요하다. 예를 들어 기성세대와 젊은 세대가 반공이데올로기에 대해 다른 입장을 보인다 해도, 젊은 세대가 그 이슈를 중시하지 않는다면 그들의 정치행태에 영향을 미친다고 볼 수 없다. 따라서 특정 이슈에 대해 세대별로 입장이 다르다는 것이 모든 세대들이 동일한 비중으로 정치정향에 영향을 미친다고 할 수는 없다. 또 한 가지 논의해야 할 것은 집단의 평균적 경향을 볼 때 세대별로 차이가 있다 해도 집단 내에서 어떠한 분포를 이루는지에 대해 상세히 살펴보아야 한다. 이는 통계값을 이해하기 위해 고려해야 할 것에 속하는데 단순히 평균비교 이외에 집단 내에서 어떤 분포를 이루는가, 얼마나 동질적인가 이질적인가에 따라 향후 어떠한 영향을 지속적으로 미칠 수 있는지를 판단할 수 있다.

이 글에서는 이러한 문제의식을 바탕으로 세대별 차이를 보여주는 것뿐만 아니라 그 차이의 속성이 무엇인지를 설명함으로써 세대 및 이념 갈등에 대한 이해를 높이고자 한다. 이 글에서는 앞에서 살펴본 서구국가들의 경험과 결론이 한국사회의 갈등변화에 얼마나 적실성을 갖는지는 경험적으로 살펴본다. 한국사회를 분석해 보면 서구의 변화경향성과 일치하는 부분도 있지만, 그들이 경험과는 다른 형태의 변화방향을 볼 수도 있을 것으로 기대한다. 따라서 본 연구에서 제시하는 가설은 서구국가 연구의 주제와 유사성을 갖는다. 본 연구는 한국사회의 갈등을 분석함에 있어 다음의 세 가지 질문에 대한 답을 경험자료 분석을 통하여 얻고자 한다.

〈가설 1〉 세대 간에 정책적 견해뿐만 아니라 이슈 관심도에도 차이가 있다.

한국은 급격한 정치 및 사회경제적 변화를 경험하였기 때문에 세대별로 사회화 과정에 뚜렷한 차이가 있다. 특히 민주화로의 이행단계를 경험한 40, 50대와 절차적 민주화가 이루어진 이후의 20, 30대 사이에는 정치정향이 뚜렷이 다를 것이다. 40, 50대는 여전히 정치적 민주화에 대해 민감한 반면에 이후의 세대들은 탈물질적 가치에 관심을 두는 비중이 상대적으로 높을 것으로 기대한다. 따라서 동일한 이슈에 대해 세대별 견해차가 존재하고 아울러 관심을 갖는 이슈가 무엇인지도 세대별로 다를 수 있다.

〈가설 2〉 이념에 따른 이슈태도가 세대별로 차이가 있다.

사회전반에 정치의 영향력이 과도했던 시대를 경험했던 40, 50대는 정치를 경쟁구도로 인식하여 이념적 동질성이 높을 뿐만 아니라 이슈태도로 일관성을 지닌다. 반면에 상대적으로 집단의식과 정형성이 작은 2030세대에서는 이념에 따른 일관된 이슈태도를 보이지 않을 것이다. 4050세대는 이념에 근거하여 정치태도의 일관성이 높은 데 비해 젊은 세대는 이념속성의 다차원성을 보이는 경향을 띨 것이다.

III. 경험분석

1. 자료 및 기초분석

경험적 분석을 위해서 이 글에서 사용한 자료는 서강대학교 현대정치연구소에서 실시한 설문조사 결과이다.[3] 분석을 위한 변수 중 연령은 10년

---

3) 이 조사는 한국리서치에 의해 2012년 2월 13일부터 3월 14일 사이에 전국성인 대상

단위로 분류하였다.[4] 이념은 두 가지 지표를 사용하여 조작적으로 정의하
였다. 설문항 중 본인의 주관적 이념위치를 10점 척도로 묻는 질문과 좌·우
의 이념축 중 어디에 속하는 지를 묻는 질문을 이용하여 이념분류를 시도하
였다. 즉 이념점수 중 5점만을 중도로 보지 않고, 이념점수가 5점이라고 평
가한 응답자들과 이념점수가 4점이지만 본인이 우에 가깝다고 답한 응답자
그리고 이념점수가 6점이라고 평가하지만 본인을 좌에 가깝다고 평가하는
응답자 등을 모두 중도이념으로 간주하였다. 따라서 진보로 분류된 응답자
들은 3점 이하의 이념점수와 4점 평가자들 중 진보라고 생각하는 응답자들
이 포함된다. 한편, 보수로 분류된 응답자들은 본인의 이념점수가 7점 이상
이라고 답한 이들과 이념을 6점으로 평가하고 자신을 우의 이념성향으로
정의한 응답자들이 포함된다. 이러한 기준에 따른 응답자들의 분포는 진보,
중도 보수가 각각 30.9%, 33.9% 그리고 35.2%로 나타났다. 이를 세대별로
분류한 결과가 〈표 1〉이다. 기존의 연구와 마찬가지로 20대와 30대에서
10%p 이상 전체에 비해 진보의 비율이 높은 것을 볼 수 있다. 반대로 50대
에서는 진보비율이 전체보다 10%p 가까이 낮고 대신에 60대 이상에서 보수

〈표 1〉 세대별 이념분포(%)

	20대	30대	40대	50대	60대	전체
진보	48.2	43.3	30.7	21.5	11.3	30.9
중도	35.3	39.1	37.8	28.9	27.8	33.9
보수	16.5	17.6	31.6	49.6	60.9	35.2

1,500명 샘플을 대상으로 대면면접으로 이루어졌다.

4) 세대구분의 논의는 정진민(1992), 정진민·황아란(1999), 황아란(2009)을 참조, 10년
단위 세대구분의 유용성에 대해서는 이내영(2002)을 참조할 것. 이 글은 세대구분을
주제로 삼지 않고 있으므로 가장 단순한 연령구분을 이용하였다. 그럼에도 불구하고
일정한 패턴이 발견된다면 정교한 세대구분에서는 더 명확한 결과를 얻을 것으로 기대
한다.

의 비율이 전체평균보다 25%p 이상 높은 것을 알 수 있어 연령과 이념 사이에는 높은 상관관계가 있다는 것으로 나타났다. 한편, 중도이념의 비율은 진보나 보수이념의 분포만큼 연령에 따라 두드러진 차이를 보이지는 않지만, 40대 이하에서 중도비율이 상대적으로 더 높다는 것을 알 수 있다. 매우 뚜렷한 선형(linear)관계는 연령이 낮을수록 진보이념의 비율이 높아지고, 연령이 높아질수록 보수의 비율이 증가한다는 것이며 여기에는 예외가 없었다.

2. 세대 간 차이비교

시간이 지남에 따라 국민들의 정치정향의 변화가 어떻게 진행되는지 추적하기 위해서는 시계열 자료가 반드시 필요하다. 불행이도 동일한 설문으로 반복적으로 조사된 설문자료가 없는 현실에서 이를 대신할 수 있는 방법론적 보완책으로 생각할 수 있는 것이 세대에 따른 정치정향의 차이가 있는지를 확인하는 것이다. 물론 횡단면 자료를 분석하여 세대별로 정치정향의 차이가 있다는 것을 확인한다 해도 시계열적 해석을 위해서는 세대별 정치정향의 특징이 이후에도 변하지 않으리라는 가정이 수반되어야 한다. 뿐만 아니라 세대별 차이가 세대경험의 차이에 의한 것인지 혹은 연령효과인지를 정확히 밝혀 낼 수는 없다는 문제도 있다. 그럼에도 불구하고 연령효과와 세대효과의 특성을 염두한다면 경험적 자료에 의존하지 않고도 세대 간 차이가 세대경험에 의한 것인지 연령효과에 의한 것인지 판단하는 것이 가능하다. 세대효과란 응답자가 사회에 대한 주체적 인식을 습득하는 시기를 전후하여 발생한 역사적 사건과 정치, 사회, 경제적 환경이 미치는 영향이 장기적으로 변하지 않고 영향을 미치는 것을 말한다. 따라서 세대효과는 태도의 일관성을 주된 개념으로 한다. 반면에 연령효과는 나이가 들면서 나타나는 태도의 변화를 의미하는데 태도의 변화방향은 이전보다 타협적이고 보수화 혹은 중도화 경향으로 나타난다. 따라서 세대 간 이념분석을 통해서 만일 연령효과가 강하다면 나이 든 집단 내부에서 이념적 양극화 정도가 젊은 세대보다 낮을 것으로 기대한다. 이처럼 중요한 이슈들에 대한 양극화 정도를 세대별로 비교해보면 연령효과의 정도를 추정해 볼 수 있다.

지난 10년 사이에 세대별 이념갈등이 어떻게 변했는지를 간단히 비교해 볼 수 있는 것이 다음의 〈표 2〉와 〈그림 1〉이다. 두 조사시기의 차이가 10년이기 때문에 세대별 비교가 가능하며, 이를 기초로 정보를 얻을 수 있다. 전체평균을 보면 10년 사이에 이념은 5.23점에서 5.06점으로 약간 진보의 방향으로 이동한 것을 알 수 있다. 그리고 연령이 높아질수록 보수적 이념성향을 띠는 것은 동일하다. 흥미로운 것은 세대별로 볼 때 어떤 세대에서 가장 큰 변화를 가져왔는가 하는 것이다. 〈표 2〉의 가장 우측 열에 정리한 바와 같이 2002년 조사 당시 20대는 0.48점만큼 진보성향으로 바뀌어 다른 세대에 비하여 큰 이념의 변화를 보인다. 이에 비하여 2012년에 조사에서 40대가 된 집단은 이념의 변화가 0.1점도 되지 않는다. 더욱이 2002년 40대는 50대가 된 2012년 조사에서 오히려 좀 더 보수화된 것으로 나타났다(5.36 → 5.60). 0.24점만큼 보수화된 것이다. 이것은 40대에서만 나타난 것이 아니라 2002년 당시 50대에서도 마찬가지로 오히려 더 큰 폭으로 보수화 경향이 나타난 것을 확인할 수 있다. 50대에서는 40대의 변화 폭보다 2배 이상 커진 0.54만큼 보수화된 것으로 확인되었다.

요약하면 2002년 조사 기준으로 10년 후 20대는 진보적으로 변화, 30대의 평균이념은 거의 변화가 없고, 40대는 약간의 보수화 그리고 50대는 상당한 정도의 보수화라는 이념변화를 확인할 수 있다. 이처럼 두 번의 조사에서 세대별로 진보와 보수의 순서는 이전과 동일하지만 이념변화 방향과 폭이 다른 것은 연령효과로 설명할 수 있다. 즉 나이가 들수록 변화보다는 안정과 질서에 대한 관심이 높아지고 사회적 가치를 존중하며 동시에 사회적 기득권에 따른 보수화 경향을 띠게 되는 것이 연령효과의 핵심이다. 그리고 〈표 2〉는 이러한 논리를 경험적으로 증명하고 있다.[5]

---

5) 2002년 조사에서 40대와 50대가 2012년 조사에서 보수적 경향을 띠게 된 것이 모두

〈표 2〉 2002년과 2012년 세대별 이념평균 비교[6]

2002 → 2012	2002	2012	이념차
20대 → 30대	4.82	4.34	0.48
30대 → 40대	5.08	4.99	0.09
40대 → 50대	5.36	5.60	-0.24
50대 → 60대	5.64	6.18	-0.54
전체	5.23	5.06	0.17

〈그림 1〉은 위의 표를 기반으로 작성된 것으로, 그림을 통해 뚜렷이 확인할 수 있는 사실은 2002년에 비해 2012년에 세대 간 이념 폭이 더 커졌다는 점이다. 다시 말해서 이념의 양극화가 이전보다 오히려 더 강해졌다고 할 수 있다. 2002년 조사에서는 이념 차이가 0.82점이었지만 2012년에는 그 차이가 1.84점까지 벌어져 이전보다 2배 이상 커진 것을 알 수 있다. 20대는 30세가 되어 더욱 진보적이 되었고 보수적이었던 50대는 더욱 보수적으로 변하였다.

기존의 세대특성에 관한 연구들이 주장하는 바를 정리해 보면 60대를 6.25의 경험과 반공이데올로기에 충실한 전전(前戰)세대라고 규정하며, 이들은 경제성장 중시와 친미적 성향을 특징으로 한다. 그리고 소위 386세대라고 불리는 현재의 50대는 민주세대로 볼 수 있는데 이들의 특징은 민주주의를 신뢰하는 세대로서 개혁지향적이면서도 현실합리적 성향을 지녔다고 할 수 있다. 민주세대는 한편으로는 관념적 민주주의와 자생적 반미주의를

연령효과에 의한 것이라고 속단할 수는 없다. 환경적으로 2002년보다 사회가 전반적으로 진보성향이 강해지면서 기존에 보수적 성향의 이들 세대가 반발로 보수적 성향을 더욱 강화했을 가능성도 충분히 있기 때문이다.

6) 2002년 자료는 중앙일보 조사, 2012년 자료는 서강대 현대정치연구소 조사. 10년 간격의 두 조사에서 모두 동일하게 응답자의 주관적 이념위치를 0점에서 10점 사이에 선택하도록 한 설문항을 이용하였다. 장기적 추세를 위한 1980년대, 1990년대 자료는 구할 수가 없었다.

〈그림 1〉 세대별 이념평균

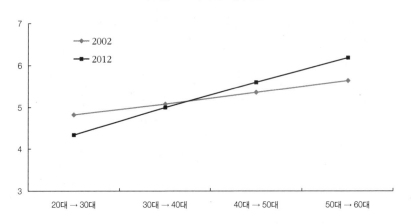

띠지만 권위주의, 연고주의, 전통주의로부터 자유롭지는 못하다. 즉 평등을 주장하면서도 획일적 가치관과 태도를 갖는 다층적 모습을 보인다. 이러한 현상은 연령효과에 의해 일부 설명될 수 있다(윤상철 2009). 사회중심에 위치하고 기득권에 대한 애착이 생기면서 80년대 민주화시대의 정치적 동인을 상당 부분 잃은 것이다. 그러나 개혁적 성향은 정치경제적 조건이 조응하는 경우 언제든지 발현될 수 있는 잠재력을 지니고 있다고 보아야 할 것이다.

한편, 40대는 80년대 후반의 경제호황과 군사문화의 유산이라 할 수 있는 교련복이 사라진 시대에 고등학교 교육을 받은 세대이다. 이들은 민주화 이후의 세대로 민주세대와 달리 권위주의에 저항한 진보적 야당의 가치와 의미를 인식하지 못한 채 총체적으로 정치에 대한 비판의 성향을 갖는다. 그렇지만 구체적 역사에 대해서는 강한 의식관을 보여주는데, 전향적 통일관이나 광주민주화운동에 대한 엄격한 태도로 일관된 반미적 태도가 대표적이다(김 행 1996). 30대는 제도적 민주주의가 정착된 이후의 정치중심주의가 약화된 시대에 경제적 문제에 몰두하였다. 소위 '88만원 세대'라고 불릴만큼 대학시절의 IMF 경제위기와 이후 치열한 취업전선에서 윗세대가 누린 경제

혜택을 전혀 받지 못했다는 경험을 가지고 있다. 따라서 월드컵세대로서 문화적 대중참여의 경험과 자신감은 있지만 이것이 사회참여 및 정치참여로 이어지지 못한 채 개인적 냉소주의로 변질되는 특성을 보인다. 오히려 촛불집회와 같은 정치참여를 경험한 20대보다도 정치에 대한 자신감이 결여되어 있으며 개인적 경제문제 해결에 매달려 있는 형편이다. 비록 이들은 2002년 노무현 대통령의 당선이라는 정치적 승리를 경험하기도 했지만, 이후 노무현 정권의 실패는 세대정체성에 부정적 영향을 미쳤다. 마지막으로 20대는 30대보다 높은 정치효능감을 가지고 있는데 인터넷을 소통의 중심으로 삼고 있어 개인적 성향이 강할 뿐 아니라 개인의 권리에 대한 높은 기준을 가지고 있다. 따라서 상대적으로 집단의 이질성이 높고 탈물질적 속성을 다른 세대에 비해 강하게 보인다고 할 수 있다(윤상철 2009).

기존의 연구에서 밝혀진 결과가 이번 분석에서도 타당성이 있음을 알 수 있다. 설문에 대한 응답에서 세대별로 과제의 우선순위 차이가 뚜렷이 나타난다. 바로 국민참여와 언론자유에 대한 부분이다. 물가에 대한 우려는 압도적인 과제로 언급되었는데, 20대를 제외한 모든 세대에서 거의 비슷한 정도의 비율이 나타났다.[7] 국가과제 중 사회질서 유지의 필요성에 대해 5060세대가 3040세대보다 심각하게 생각하는 비율이 월등히 높은 것을 알 수 있다. 참여확대에 대해서는 일관되게 나이가 젊을수록 그 중요성 인식이 높아지고 있다. 이는 언론자유 확대와도 유사한 패턴을 보이는데 2030세대가 다른 세대보다 상대적으로 이들 두 가지 이슈를 국가과제로 꼽는 비율이 높은 것은 개인과 소수에 대한 존중의식이 강하기 때문이다. 또한 월드컵과 촛불집회 등 직접참여의 경험이 의사소통의 활성화에 대한 관심을 높이는 배경이 되었다. 특히 정보화와 인터넷을 통한 토론과 광장정치에 익숙한 20대에서 언론자유 확대를 국가과제로 언급한 비율이 높은 것은 2012년 당시 국가에 의한 개인의 표현의 자유제한에 대한 불만을 보여주는 것이라 하

---

7) 이 결과만을 바탕으로 20대가 다른 세대에 비해 인플레이션을 우려하는 비율이 뚜렷하게 낮다는 것이 이들 중 탈물질적 성향이 강하기 때문이라고 단정지을 수는 없다.

〈표 3〉 시급한 국가과제 인식(%)

	20대	30대	40대	50대	60대
사회질서유지	22.8	16.3	19.4	25.7	29.4
국민참여확대	23.3	17.4	13.7	11.4	7.3
물가상승억제	39.4	63.2	60.2	61.9	60.6
언론자유확대	14.4	3.2	6.6	1.0	2.8

* 질문) "다음의 네 가지의 우리사회 가치 및 과제 중에서 가장 중요하다고 생각하시는 것은 무엇입니까?"

겠다.

국가의 당면과제에 대한 응답자들의 선택을 보면 탈물질주의 가치로 분류되는 참여확대와 언론자유 확대에서 젊은 층이 가치를 중시하는 것을 확인할 수 있지만, 다른 세대집단에서는 사안의 중요성 인식과 별개로 어떠한 입장을 취하고 있는지 비교분석해 볼 필요가 있다. 다음의 〈표 4〉는 세대별로 주요 이슈에 대한 찬성한 비율을 보여주고 있다. 우선 세대별 차이를 보이지 않는 이슈로 '외국인 이민자들의 문화를 존중해야 한다'는 주장에 대해 전체의 80%가 넘는 응답자들이 동의를 하고 있는데, 이는 문항자체가 갖는 도덕적 규범성이 영향을 미친 것으로 생각한다. 이러한 해석은 '여성고용 의무화'에도 적용된다. 그리고 정부의 국공영 기업의 민영화에 대해서는 세대에 관계없이 찬반의 의견이 팽팽한 균형을 이루고 있다. 복지확대에 대해서도 복지의 직접 수혜자 집단인 60대가 다른 세대보다 찬성비율이 높았고, 나머지 세대에서는 50% 내외의 찬성과 반대로 균형을 이루고 있다. 한편, 핵문제와 별도로 최대한 북한을 지원해야 한다는 주장에 대해서는 세대별로 대체로 25% 정도의 찬성비율을 보여준다.

반면에 대북정책에서 미국의 의견을 존중해야 한다는 주장에 적극 찬성하거나 찬성하는 편이라는 의견이 20대에서는 41.7%이며 60대에서는 80.7%에 이르고 있다.[8] 여기에는 전전세대의 친미적 성향과 젊은 세대의 반미적 성향이 영향을 미친 바가 있다고 하겠다. 대북이슈와 관련하여 20대의 태도는 다른 세대와 차별적인데, 다수가 핵개발과 북한지원을 연결하면서도 미국의 간섭에 반대하는 태도는 북한에 민족정체성을 바탕으로 접근하는 30대와 다르며 현실적으로 미국의 영향력을 인정하는 다른 세대들과도 구분이 된다. 이들은 대한민국을 중심으로 보기 때문에 북한의 안보위협에 대해 합리적 대책과 미국이라는 강대국으로부터의 독립적 위치를 원하고 있는 것이다.

아래의 교차표 분석에서 서열변수 분석에 사용되는 감마값을 기준으로 보면 탈물질주의 및 문화와 관계된 영역에서 세대에 따른 의견의 차이가

〈표 4〉 주요 이슈에 대한 세대별 정책적 입장(%)

주제	세부 질문	20대	30대	40대	50대	60대	전체	감마
대북관련	최대한 북 지원	26.1	34.7	29.4	24.3	24.8	27.8	.05
	미국의견 존중	41.7	52.6	53.1	66.8	80.7	59.7	-.35**
문화	인터넷의 표현자유	81.7	75.3	68.2	61.9	53.2	67.4	.30**
	다문화 존중	81.7	81.6	82.9	82.2	78.0	81.2	.08*
경제	경제성장 우선	51.7	57.4	57.3	69.3	72.0	61.9	-.18**
	경제보다 복지	50.0	49.5	50.2	47.0	63.3	52.2	-.10**
탈물질주의	환경훼손 감수	38.3	33.7	35.5	51.0	54.1	42.9	-.20**
	소수여론 반영	75.6	80.0	70.6	60.9	58.3	68.6	.23**
	개인자유 존중	73.3	68.9	59.2	63.4	64.2	65.5	.10**
정부경제간여	여성고용 의무화	67.8	73.2	73.5	73.3	75.7	72.8	-.01
	민영화	45.0	45.3	52.1	48.5	45.4	47.4	-.06

** p⟨.01

---

8) 기존의 연구에서는 주로 고전적 의미에서의 정치적인 영역을 중심으로 분석하였는데 본 연구와 유사한 결과를 보여준다(윤성이 2006; 황아란 2009).

뚜렷한 것을 알 수 있다. 구체적으로 '경제개발을 위한 환경훼손', '소수의 의견을 여론에 반영', '인터넷상의 표현자유' 등에 대해 40대 이전의 세대와 그 이후의 세대 사이에 일관된 의사의 차이를 보이고 있다. 참여의 확대, 표현의 자유, 환경보호 등 삶의 질 향상이라는 가치를 중시하는 것이 탈물질주의의 핵심내용이라는 점에서 2030세대는 분명이 그 이전 세대에 비해 탈물질적 성향이 강하다는 것을 확인할 수 있다.

이상에서 젊은 세대와 기성세대 사이에 서로 중시하는 가치이슈가 다르며 동시에 이슈태도도 다르다는 것을 알게 되었다. 갈등이 두 개 이상의 집단들이 동일한 사안에 대해 높은 관심을 보이고 서로 상이한 입장을 갖는 것이라면, 세대 간에 서로 다른 이슈에 관심을 두고 있다는 점에서는 균열축이 단일하게 형성되지 않는다. 즉 평상시에는 자발적인 세대갈등이 심각하지 않다는 것이다. 그러나 갈등은 선거 등 정치경쟁이 있을 때 정치엘리트가 지지집단을 확대하기 위한 정치적 동원이 일어나게 되며, 이때 갈등이슈가 정치인들에 의해 제기되고 시민들이 이에 반응함으로써 평상시에 인식되지 않았던 세대별 긴장관계가 형성될 수 있다.

3. 세대 내 차이비교

세대 간 차이 분석은 한 세대 내에서 존재하는 정치정향의 복잡성에는 주목하지 않는다. 이러한 횡단면 분석으로는 향후 세대 간 갈등이 줄어들 것인지 혹은 더 심각해질 것인지에 대한 적절한 답변을 할 수 없다. 앞에서 살펴본 바와 같이 이념수렴가설은 향후 이념갈등이 줄어들 것이라는 주장인데, 젊은 세대에서 보수는 진보방향으로 진보는 보수방향으로 수렴하는 현상을 보이게 될 것이라는 기대이다(Bell 1973; Thomas 1980)〈그림 2-1〉. 그림처럼 선형화된 추세를 보인다면 새로운 세대가 충원되어도 동일한 집단 내에서의 이념갈등은 줄어들 것이다. 반대로 이념양극화 가설은 기성세대와 비교하여 젊은 층에서 보수는 더욱 보수적 성격을 그리고 진보는 더욱 진

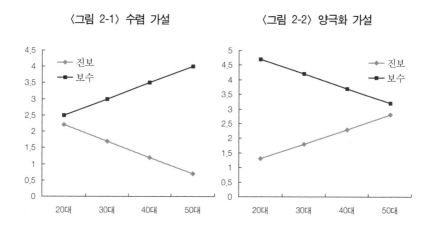

〈그림 2-1〉 수렴 가설   〈그림 2-2〉 양극화 가설

보적 색체를 강하게 갖게 되어 이념의 차가 심해질 것이라는 예측이다 (Inglehart 1984)〈그림 2-2〉. 만일 새로 등장하는 현대사회의 이슈에 대해 관심이 많은 젊은 층에서 이들에 대한 찬반이 갈라지고, 오히려 기성세대는 그러한 이슈들에 대해 덜 민감하고 상대적으로 동질적 태도를 보인다면 이는 이념양극화 이론을 뒷받침하는 경험적 결과라고 하겠다.

이들 모델검증은 동일한 연령대에서 이슈태도가 얼마나 동질적 혹은 이질적인지를 통해 이루어진다. 시계열적 비교가 가능한 자료가 없는 상태에서 세대별로 이념적 동질성을 살펴서 이전보다 이념갈등이 심각해질지 혹은 완화될지를 예측하는 것이 핵심이다. 따라서 동일 세대 내의 갈등을 구분할 수 있는 균열 축으로 이념을 채택하였다. 여기에 이슈는 전통적인 것과 새로 등장한 이슈로 구분하여 수렴가설과 양극화 가설의 타당성을 경험적으로 살펴보도록 한다. 여기서 한 가지 고려해야 할 요인이 연령효과이다. 연령효과는 나이가 들면서 점차 보수화 경향을 보이는 것으로 나타나는데, 두 가지 가설 중 양극화 가설의 경우에는 진보가 보수의 경향을 띠는 패턴이 나타나므로 연령효과를 의심해 볼 수 있다. 반면에 수렴가설에서는 오히려 젊은 층에서 수렴하는 현상이 나타나므로 연령효과에 의한 현상은 무시해도 될 것이다. 결론부터 말하면 다음의 경험분석에서는 대부분의 결과가 수렴

가설에 합치되기 때문에 연령효과에 의한 차이를 고려할 필요가 없다.

다음의 〈그림 3〉과 〈그림 4〉는 전통적 이슈와 새로운 이슈들에 대한 태도가 세대별로 구분했을 때 이념에 따라 얼마나 차이를 보이는지를 모아 놓은 것이다. 〈그림 3〉에서는 오랫동안 한국사회의 보수와 진보를 구분하는 이슈들에 대한 분석이고, 〈그림 4〉는 산업화 이후 사회에서 새로이 등장한 이슈들에 대한 분석이다. 전통적인 이슈 중 '핵문제와 분리하여 북한을 최대한 도와야 한다'는 의견에 대해 당연히 진보적 응답자들이 보수적 응답자들보다 긍정적 태도를 보인다.9) 그런데 보수응답자들은 연령이 높아가면서 반대의 강도가 더 높은 것으로 나타나고, 진보응답자들의 경우에는 그와는 반대로 연령이 높을수록 찬성하는 강도가 높다. 따라서 세대별로 추이를 보면 수렴가설에 해당하는 것을 확인할 수 있다. 40대 이상의 진보응답자들이 무조건적 북한돕기에 상대적으로 찬성입장이 많이 나타나는 것은 연령이 높음에도 불구하고 진보의 성향을 갖는 것은 그만큼 진보의 신념이 강하기 때문이라는 점에서 높은 연령층에서 진보와 보수 사이에 큰 차이를 보이는 것을 이해할 수 있다. 2030세대에서는 진보와 보수 사이에 차이가 크지 않은데, 이들 세대는 90년대 이후 제도권 교육을 받은 세대로 이전 세대와 같이 반공이데올로기 속에서 북한을 바라보지 않기 때문이다. 따라서 4050 세대는 반공교육을 그대로 간직한 보수집단과 이를 극복한 진보집단으로 구분되어 이념에 투영되는 것과 차별적이다.

'경제발전이 우선 정책이어야 한다'는 주장에 대해서도 예상한 바와 같이 모든 세대에서 보수응답자들의 찬성비율이 진보응답자들보다 높으며 2030 세대에서는 진보와 보수 간에 태도의 차이가 거의 없다. 20대의 경우 아직 직접 경제를 책임질 시기가 아닌 경우가 많아서 진보나 보수 모두 탈물질적 경향을 보이는 것이라 생각할 수 있다. 30대의 경우 사회경쟁에서 아직 취약한 상태에 머물고 있기 때문에 진보응답자들도 국가경제발전을 통한 개인

---

9) 응답측정은 매우 찬성 1; 찬성하는 편 2; 반대하는 편 3; 매우 반대 4로 코딩되었으며, 이하 모든 분석에서 코딩은 동일하다.

〈그림 3〉 전통적 이슈

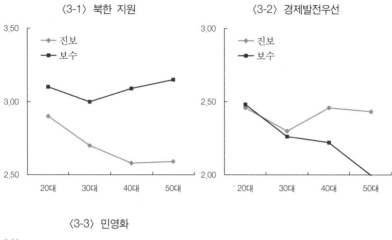

〈3-1〉 북한 지원

〈3-2〉 경제발전우선

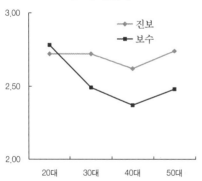

〈3-3〉 민영화

경제의 향상을 기대하는 바가 있을 수 있어 찬성비율이 높고 보수응답자들과 유사한 입장을 보이는 것으로 해석하게 된다. 그렇지만 40대와 50대를 보면 같은 연령대에서도 보수가 월등히 높은 찬성비율을 보이고 있어 이들 집단에서는 이념에 따라 뚜렷한 입장차이를 보인다. 특히 50대에서는 거의 모든 보수응답자들이 찬성의 입장을 취하고 있어 다른 어떤 연령층에서보다 강한 지지를 보이고 있다. 반면에 40대와 50대 진보응답자들 사이에는 찬성비율에 큰 차이가 없다. 국공기업의 민영화에 대해서는 보수와 진보 모두

40대가 가장 호의적인 반응을 보이고 있다. 세대별로 이념적 구분에 따른 태도의 차이는 역시 40대와 50대에서 젊은 세대보다 더 크게 나타나고 있다.

새로운 이슈들에 대해서 세대별로 구분했을 때 이념에 따른 동질성 정도를 살펴본 것이 다음의 〈그림 4〉이다. 그 결과는 〈그림 3〉에서 본 바와 별반 다르지 않다. 새로운 이슈들에 대해서도 40대 이상의 연령층에서 진보와 보수 사이에 더 큰 입장의 차이를 보여주고 있다. 구체적으로 인터넷상의 표현의 자유가 보장되어야 한다는 주장에 대해서는 세대에 관계없이 이

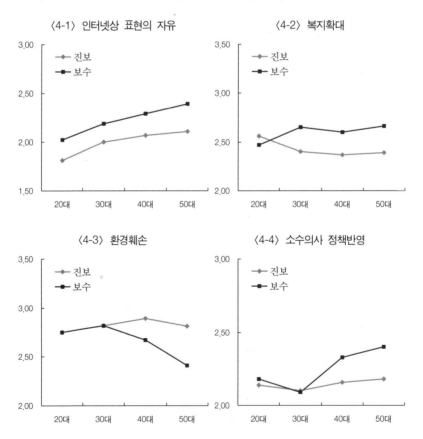

〈그림 4〉 새로운 이슈

넘에 따라 진보의 찬성비율이 높으며, 젊은 세대일수록 표현자유의 가치를 중시하는 것을 알 수 있다. 한편, 증세를 해서라도 복지를 확대해야 한다는 주장에 대해서 4050세대에서 진보와 보수 간의 차이가 젊은 세대에서보다 큰 것을 확인할 수 있다. 이슈의 특성상 진보나 보수 모두에서 혜택의 대상이 되는 50대 반대비율이 40대보다 그리 높지 않은 것을 알 수 있다. 나머지 경제개발을 위한 환경훼손과 소수의 의견을 정책에 반영해야 한다는 주장에 대해서도 예상한 바와 같이 이념에 따른 찬성과 반대비율을 보이며, 세대별로 보면 2030에서는 이념에 관계없이 유사한 입장인 데 비해 4050세대에서는 40대에서의 차이보다 50대에서 이념별로 차이가 더 크게 나타난다.

이상의 분석에서 다룬 이슈들은 그동안 이념분석에 관한 연구에서 한국의 이념을 구분하는 중요한 요인들로 발견된 것들이다. 대북문제, 경제발전 우선 등은 오랫동안 진보와 보수를 결정짓는 균열이슈였으며, 복지확대와 환경 및 소수자 존중은 비교적 최근의 이념이슈로서 경험적으로 증명되어온 것들이다.

이 글에서 발견한 내용을 요약하면 세대 내부적으로 이념에 따라 이슈태도가 어떠한지를 살펴본 결과 전통적 이슈이든 혹은 새로운 이슈이든 세대별 이념에 따른 동질성 정도는 젊은 세대인 20대와 30대에서 높게 나타나고 4050세대에서는 동일한 세대 내에서도 이념에 따라 이슈태도가 상당히 차별적인 것을 알 수 있었다. 연령효과가 유의미하다면 기성세대에서 수렴하는 현상이 더 많이 발생해야 하는데, 오히려 상대적으로 더 큰 의견의 양극화를 보여주는 것은 이념적 대립이 크다는 것을 의미하기 때문에 연령주기가 이념대립에 미친 영향은 별로 없다고 보아야 한다. 이보다는 이념대립이 극심하던 70~80년대에 사회화를 경험한 40, 50대들이 세대효과를 그대로 유지하고 있는 면이 크다고 볼 수 있다.

이 같은 일정한 패턴은 앞에서 검토한 가설 중 수렴가설에 해당되는 것이다. 여기서 경험적으로 수렴가설이 타당하다는 것이 갖는 의미에 대해 살펴보아야 한다. 젊은 세대에서 이념과 독립적으로 이슈에 대한 태도의 동질성이 높다는 것은 두 가지 의미를 전달한다. 첫째는 향후 이념보다 세대가 더 중요한 균열축이 될 수 있다는 것을 말한다. 세대를 통제한 상태에서 이념에 따른 차별성이 없다는 것은 이념에 따른 정치적 동원이 이루어지지 않는다는 것을 지칭한다. 이처럼 세대 간의 동질성이 높다는 것은 세대효과가 크게 작용한다는 것을 의미하기도 한다. 앞으로 현재 2030세대 이후의 세대가 등장하고 이들 세대집단이 현재 2030집단과 다른 이슈태도를 갖는다면 세대 간 갈등은 이념갈등을 넘어서 중요한 균열축이 될 것이다. 두 번째 의미도 이러한 균열가능성과 연관이 있는데, 양극화라는 것은 경쟁하는 집단 간의 태도 사이에 큰 간격이 있다는 것을 의미할 뿐만 아니라 각 집단내부의 동질성이 강하다는 것을 조건으로 한다. 따라서 2030세대에서 중요이슈에 대한 태도의 동질성이 높다는 것은 세대를 중심으로 하는 확실한 균열형성의 가능성을 내포한다는 것을 보여준다.

IV. 요약 및 결론

이 글은 기존의 세대에 관한 연구들이 주로 세대 간 차이를 분석하여 이념적 차이나 정치행태의 차이에 초점을 맞춘 것과 달리 세대 간 비교뿐만 아니라 세대 내 동질성 분석을 시도했다는 점에서 차별성이 있다고 하겠다. 또한 세대갈등을 주제로 한 연구에서는 동일한 이슈에 대해 세대별로 갈등을 겪는다는 것을 가정하지만, 사실은 세대별로 관심이슈가 다르기 때문에 평상시에는 세대갈등이 심각하지 않다는 것을 보여준다. 세대 간 갈등은 동일한 이슈에 대한 다른 태도에 따른 갈등이 아니라, 세대별로 중시하는 이슈가 다르기 때문에 각각 선호하는 이슈가 중요한 이슈(salient issue)가 될 수 있도록 경쟁하는 갈등이 선거 때 정치엘리트에 의해 만들어진다. 연구의 주제가 가까운 미래에 이념갈등 혹은 세대갈등이 중요한 갈등의 축이 될 수 있는가에 있다면 이념이나 세대에 따라 얼마나 양극화가 되어 있는지를 살펴보아야 한다. 그리고 이를 위해서는 횡단면 자료를 통한 세대 간 분석이 유용할 수 있다. 더욱이 단기적이라도 적절한 시계열 자료가 있다면 그 추세를 분석함으로써 이전과 비교하여 향후의 갈등구도를 예측해 볼 수 있다. 그러나 좀 더 장기적 관점에서 이념갈등이나 세대갈등을 예측하는 방법으로 또한 현재까지 현상적으로 이념갈등과 세대갈등이 중첩적으로 나타나고 이를 구분하기 쉽지 않은 상태에서 세대 내 이념에 따른 이슈태도 분석은 여러 가지 정보를 제공해 준다.

앞에서 본 바와 같이 2002년과 비교해 보면 2012년에 세대 간 갈등이 더 심해진 것을 알 수 있다. 그러나 이념의 개념과 역할은 추상적이고 총체적인 용어로 사용되는 것이지 선거현장에서는 이념을 반영한 주요이슈들이 유권자들을 동원할 수 있다는 점에 주목할 필요가 있다. 따라서 이념구분을 바탕으로 한 갈등분석보다는 이슈태도를 기준으로 하는 갈등분석이 세대 내 갈등을 측정하는 데 더 유용할 수 있다. 이러한 관점에서 이 글에서 분석한 바에 따르면 세대별로 중시하는 이슈가 다를 뿐만 아니라, 2030세대는 이념을 규정할 수 있는 중요한 이슈에 대해 이념이 다를 경우에도 이슈태도의 차이가 크지 않다는 것이 일관적이다. 4050세대는 다수의 중요 이슈에 대해서 이념에 따라 뚜렷한 입장의 차이를 보임에 따라 세대보다는 이념갈등이 중요하다는 것을 보여준다. 반면에 2030세대는 이념차가 이슈에 대한 태도를 설명하는 데 별로 유용하지 않다. 이들의 이슈태도의 동질성이 높다는 것은 이념갈등이 젊은 세대에서는 큰 의미를 갖지 못할 것이라는 것을 보여준다. 단지 이들 이후 새로운 세대가 충원되고 신세대가 이들과 다른 이슈를 중시하거나 특정 이슈에 대해 입장을 달리한다면 새로운 세대 간 갈등이 중요해질 수 있다.

위의 결론에도 불구하고 이 글에서 발견한 사실들을 일반화하는 데 몇 가지 한계가 존재한다. 첫째, 세대분석에서 개념적으로는 명확하지만 경험적으로 구분하기 어려운 세대효과와 연령효과의 명확한 측정이 이루어지지 못했다는 점이다. 비록 수렴가설이 적용되어 연령효과를 우려할 필요가 없었지만, 논의의 심도를 높이기 위해서는 이들 효과를 구분하여 제시하는 것이 필요하다. 둘째, 비록 기존연구에서 이념을 결정하는 데 중요한 이슈들을 선정하여 분석하였지만 이 글에서 사용한 자료에서도 그러한 이슈들이 이념 결정에 중요한지 살펴보아야 했다. 셋째로 왜 세대별로 이념의 효과가 다른 지를 세부적으로 경험자료를 제시하면서 설명하지 못하고 있다. 세대별로 사회화의 과정과 내용이 영향을 미친 것이라면 경험적으로 근거를 밝히는 작업이 필요하다. 이러한 한계에도 불구하고 기존연구가 세대 간 연구에 치중한 것에 비해 세대 내 분석을 통해 새로운 정보를 찾으려 했다는 점에서 연구의 의미가 있다고 하겠다.

✛참고문헌✛

강원택. 2005. "한국의 이념 갈등과 진보·보수의 경계."『한국정당학회보』4권 2호, 193-217.
_____. 2003.『한국의 선거정치』. 서울: 푸른길.
김 행. 1996. "여론조사로 본 세대별 정치의식 사회의식."『역사비평』34권, 182-195.
박재홍. 2003. "세대 개념에 관한 연구: 코호트적 시각에서."『한국사회학』37권 3호, 1-23.
송호근. 2003.『한국, 무슨 일이 일어나고 있나』. 서울: 삼성경제연구소.
윤상철. 2009. "세대정치와 정치균열."『경제와 사회』81권, 61-88.
윤성이. 2006. "한국사회 이념갈등의 실체와 변화."
이갑윤. 2011.『한국인의 투표행태』. 서울: 후마니타스.
이내용. 2002. "세대와 이념정치."『계간 사상』14권 3호, 53-79.
이현출. 2005. "한국국민의 이념성향."『한국정치학회보』39권 2호, 321-343.
정진민. 1992. "한국선거에서의 세대요인."『한국정치학회보』26집 1호, 145-167.
정진민·황아란. 1999. "민주화이후 한국의 선거정치: 세대요인을 중심으로."『한국정치학회보』33집 2호, 1151-1344.
황아란. 2009. "한국 정치세대의 이념적 특성과 정치행태."『한국과 국제정치』66호, 191-217.

Beer, Samuel. 1978. *The British Political System*. New York: Random House.
Bell, Daniel. 1973. *The Coming of Post-industrial Society*. New York: Basic Books.
Converse, Philp. E. 1964. "The nature of belief systems in mass publics." In D. E. Apter, ed. *Ideology and discontent*, 206-261. London, Free Press of Glencoe.

Dalton, Russell, and Alix van Sickle. 2004. "Who protests? The resource, institutional and cultural bases of protest." Paper presented at the annual meetings of the American Political Science Association, Chicago.

Evans, Geoffrey, Anthony Heath, and M. Lalljee. 1996. "Measuring Left-Right and Libertarian-Authoritarian values in the British electorate." *British Journal of Sociology* 47: 93-112.

Franklin, Mark, Tom Mackie, and Henry Valen, eds. 1992. *Electoral Change.* New York: Cambridge University Press.

Inglehart, Ronald. 1977. *The Silent Revolution.* Princeton: Princeton University Press.

_____. 1984. "Changing Political Cleavages in Advanced Industrial Societies." In Russell Dalton et al., eds., *Electoral Change in Advanced Industrial Democracies.* Princeton: Princeton University Press.

_____. 1990. *Culture Shift in Advanced Industrial Society.* Princeton: Princeton University Press.

_____. 1997. *Modernization and Postmodernization: Cultural, Economic, and Political Change in 43 Societies.* N.J.: Princeton University Press.

Knutsen, Oddbjørn. 1995. "Left-Right materialist value orientations." In Jan van Deth and Elinor Scarbrough, eds. *The Impact of Values.* Oxford: Oxford University Press.

Lipset, Seymour Martin, and Stein Rokkan. 1967. *Party systems and voter alignments: Cross-national perspectives.* Toronto: The Free Press.

Norris, Pippa, and Ronald Inglehart. 2004. *Sacred and Secular: Religion and Politics Worldwide.* New York: Cambridge University Press.

Powell, G. Bingham. 1982. *Contemporary Democracies.* Cambridge, MA: Harvard University Press.

Putnam, Robert. 1973. *Beliefs of Politicians.* New Haven: Yale University Press.

Thomas, John. 1979. The changing nature of partisan divisions in the West: trends in domestic policy orientations in ten party systems. European Journal of Political Research, 7: 397-413.

_____. 1980. "Ideological Trends in Western Political Parties." In Peter Merkl, ed. *Western European Party Systems.* New York: Free Press.

한국사회 이념갈등의 구성적 특성*

박경미 · 한정택 · 이지호

I. 서론

한국사회 이념갈등에 관한 연구는 제한적이다. 세계를 해석하고 행동하게 하는 일관된 지침으로서 이념은 한국사회에서는 취약하다거나 특정 이슈에 대한 정치적 태도에만 영향을 미친다고 인식하기 때문이다. 이와 더불어 매 선거에서 지배적 현상으로 나타나는 지역주의적 투표결과는 이념 차별성에 기반으로 한 정책 경쟁에 대한 관심을 부차적인 것으로 만들었고, 이러한 정치적 환경으로 인해 한국사회에서 이념의 영향력은 제한적으로 비쳐졌다.

이념갈등은 상충하는 이해관계를 바탕으로 형성된 정치조직이 집단적 정체성을 바탕으로 조직한 균열(Rae and Taylor 1970, 1-2)이 정치, 경제, 사회적 차원의 갈등으로 표출되는 것을 말한다. 특히, 이념균열이 정치적으로

---

* 이 글은 『한국정당학회보』 제11권 3호(2012)에 게재된 논문을 수정·보완한 내용임.

조직된 서구에서 이념은 개인의 이념성향과 일치하는 정당과 후보에 대한 정치적 지지를 선택하도록 하는 정치적 요인으로 인식되었다(Haegel 1993; Fleury and Lewis-Beck 1993). 보수적 이념성향을 갖는 유권자들은 보수적 정당이나 이슈를 지지하는 데 반해, 진보적 정당과 이슈에 대한 지지는 그러한 이념성향을 갖는 유권자들에게 두드러지게 나타난다는 것이다. 이러한 이론적 근거 중에서 대표적 연구 성과는 근접성모델(proximity model)을 주축으로 하는 공간이론(spatial theory)을 꼽을 수 있다(Downs 1957).

이러한 논리적 토대에서 한국사회 이념에 관한 기존연구들은 투표 선택과 이슈에 대한 태도에 대해서 논의하였는데, 유권자의 투표 선택에서 이념은 유의미한 영향을 미치지만 이슈영역에 대한 정치적 태도에는 그다지 큰 영향을 미치지 않는다고 본다. 자신의 이념성향과 가까운 후보와 정당에 대한 투표는 유권자의 이념 강도에 따라 다르게 나타나며 이는 정당일체감과 결합하여 투표 결정에 영향을 미친다는 경험적 근거들이 제시되었다(이내영 2009; 김장수 2005). 그러나 이슈영역에서는 이념의 영향이 좀처럼 나타나지 않거나 일부 이슈에서만 확인할 수 있다는 연구들이 제시되었다. 진보-보수 간 이념갈등은 외교 및 안보 이슈에만 나타난다거나(김무경·이갑윤 2005)나 그 이외에 경제적 이슈를 포함한 다른 이슈에 대해서는 그다지 심각한 이념갈등이 존재하지 않는다고 보는 연구(강원택 2004)를 들 수 있다. 이러한 이념의 영향력에 대한 상이한 연구 성과는 분석시점의 차이에서 비롯되는 것으로 볼 수 있는 것으로, 최근의 현상들은 이러한 변화가 지속되고 있음을 보여준다.

2000년대 후반 이후에 두드러진 이슈에 대한 논란, 예를 들어, 한미 FTA 협정 체결과정, 4대강사업, 천안함 사건, 세종시, 종북논란 등을 둘러싼 이념갈등은 2012년 현 시점에 이념갈등이 정치적 갈등의 한 요인임을 보여준다. 최근 연구들은 이러한 변화를 반영하고 있다. 기존연구에 따르면, 유권자의 이념적 위치가 정책선호에 영향을 미쳐, 진보적 유권자는 복지이슈에 민감하게 반응(박종민 2008)하거나 대통령선거에서 유권자 선택을 가르는 변수는 복지이슈였다(조성대 2008). 더 나아가 최근의 이념갈등은 진보-보수 차원을 넘어서 계급 및 계층 갈등을 포함하는 서구 유형의 이념갈등 양상으로 변화하고 있다는 지적도 있었다(현재호 2008). 점차적으로 한국사회의 이념갈등은 이전과는 다르게 복합적이고 다양한 성격을 띠기 시작하였다는 것이다. 현재 한국사회에서 이념은 어떻게 인식되고 있는가? 어떤 이미지로 이념을 인식하고 있고 이념 이미지별로 이념성향은 정책이슈와 어떤 관련이 있으며, 그리고 정당에 대한 이념적 평가 및 정당일체감과는 어떤 연관이 있는가?

　이러한 문제의식에서 이 연구는 2012년 현재 한국사회 이념갈등의 구성적 특성을 '탐색'하는 것을 목적으로 한다. 이 연구가 탐색적 특성을 갖는 이유는 이 연구가 이념갈등이 무엇을 중심으로 대립하는 것인가를 살펴봄으로써, 이념갈등의 대립축이 왜, 어떻게 형성되었는가 하는 인과관계보다 그 대립축의 특성과 의미에 대해서 주목하기 때문이다. 이를 위하여 이념으로 인식하는 한 근거로서 '이념 이미지'를 독립변수로 설정하며 그것의 유형화와 함께 각 유형에 속하는 집단 간 태도와 정향 차이에 주목한다. 그에 따라 이념갈등과 이념 이미지 사이의 인과관계 규명보다는 이념 이미지의 차이와 그 특징을 살펴본다는 탐색적 연구의 특성을 갖는다. 이러한 문제의식에서 본 연구는 첫째, 이념 연구에 대한 기존연구를 토대로 한 연구 방법의 검토, 한국사회의 이념갈등의 전반적 양상에 대한 파악, 셋째, 이념 이미지 집단별 정책이슈, 정당의 이념적 위치 설정, 정당일체감에 대한 분석으로 구성하였다.

II. 이론적 논의와 연구방법

이념에 관한 기존연구는 크게 두 가지로 구분할 수 있다. 우선, 이념의 정의와 측정에 관한 연구를 꼽을 수 있다. 어떻게 이념을 정의할 것이며, 어떤 방법으로 측정할 것인가의 문제가 여기에 포함된다. 자유주의-보수주의의 추상적 차원에서 후보들을 평가하여 이데올로그(ideologue)를 구분하는 분류 연구와 함께 국내·외 이슈에 대한 태도 분석이 이념을 정의하고 측정하는 고전적 측정 방식이다(Converse 1964; Axelrod 1967; Luttbeg 1969). 그 이후에 이념 측정의 대안으로서, 인터뷰나 여론조사에서 점수로 표시되는(scaling) 주관적 자기이념 설정(self-placement)을 통해 이념을 측정하는 방안이 제시되었다(Marcus et al. 1974). 주관적 자기이념 설정을 통한 연구는 진보-보수 집단 간의 차이와 이념 결정 요인을 규명하는 등 구체적 연구를 가능하게 하였지만, 주관적 자기이념 설정이 타당하고 일관성이 있는 것인지에 대한 회의와 함께, 주관적 이념성향과 정책적 이슈태도 간 인과관계의 전도에 관한 비판을 받아 왔다(이현우·이갑윤 2008, 146; 윤성이·김민규 2011, 65-66).

측정방법 논의를 바탕으로 구체화된 연구경향은 이념과 정치적 태도 간의 관계 연구로 발전하였다. 정책이슈와 투표 선택에 대한 태도를 중심으로 한 이념 연구들은 이념이 정책이슈나 투표 선택에 영향을 미친다고 보고, 이를 구체화하는 사례 연구들을 지속해 왔다(Klingemann 1979; Castle 1982). 여기에는 정책과 후보에 대한 정보를 수집·분석하고 이것이 정치적 선택으로 이어진다는 유권자의 합리성이 전제되어 있다. 정책과 후보 간 차이가 명확하게 인지되는 경우에 유권자들은 정책에 대한 입장과 투표 선택을 결정하게 된다(Key 1966). 공간이론을 기반으로 발전한 이념의 영향 연구에서 이념의 '근접성(proximity) 이론'은 유권자가 선호하는 정책과 이슈 위치에 가장 가까운 후보와 정당에게 투표를 하게 된다고 보았고(Downs 1957), 이념의 '방향성(direction) 이론'은 이념의 강도(intensity)와 함께 유권자의 이념 성향과 동일한 방향의 후보와 정당을 선호하게 한다고 이해한다(Rabinowitz and MacDonald 1989).

이러한 논의를 바탕으로 한국사회 이념 연구도 진행되어 왔으며, 이념이 유권자들의 정치적 선택에 영향을 준다는 연구결과를 제시하였다. 1990년대 연구들은 이념은 여당에 대한 투표 결정에 유의미한 영향을 미쳤으며, 이는 대선, 총선, 지방선거에서도 유사한 결과를 보였다고 분석한다(이정복 1992; 정영태 1993; 김재한 1999). 2000년대 이후 이념이 정책·이슈 및 투표 선택에 미치는 영향 연구가 본격화되었다. 2002년 제16대 대선에서 노무현 후보의 등장으로 세대와 이념이라는 새로운 균열축을 통한 유권자의 투표 결정이 이루어지기 시작하였기 때문이다(이갑윤·이현우 2008, 139). 그러나 이 시기 이념 연구는 이념의 영향력에 대해 서로 다른 분석결과를 제시하고 있다. 유권자의 이념 강도가 강할 때 이념에 의한 정치적 태도가 결정되지만(이내영 2009; 김장수 2005), 전반적으로 이념은 일부 이슈에만 제한적으로 영향을 미치거나 심각한 이념갈등은 존재하지 않는다는 것이다(김무경·이갑윤 2005; 강원택 2004).

그러나 기존연구들이 제한적 영역에서, 혹은 부분적 영향력을 갖는다고 분석한 이념의 영향력이 왜 최근에는 특정 정책이슈가 대두되었을 때 극력한 찬반론이 엇갈리는가라는 문제를 충분히 설명하지 못한다. 이러한 한계는 이념 평가 기준이 개인마다 달라서 동일한 위치에 있는 이념이 서로 다른 점수로 측정되는 방법의 문제와 더불어, 이념이 특정 이슈에 대한 선호를 결정하는 잠재적 변수이며, 진보-보수 양극단으로 설정되는 이념적 위치가 현실적으로 구분하기 쉽지 않다는 데에서 비롯된다. 뿐만 아니라 이념이 실질적 영향을 미친다고 하더라도 다른 요인들과 상호작용하면서 강화 혹은 약화되기도 하기 때문에, 명확하게 인과관계를 설정하기 어렵다는 요인도 그러한 한계를 구성한다. 예를 들어, 이념은 정당일체감에 영향을 미치는 동시에 역으로 정당일체감이 이념을 강화시키는 요소로도 작용한다(Schmitt and Holmberg 1995). 이와 같은 한계에도 불구하고 최근의 변화들은 이념갈등의 구성적 특성에 대해 관심을 필요로 한다. 2000년대 후반 이후의 논

〈그림 1〉 분석 대상

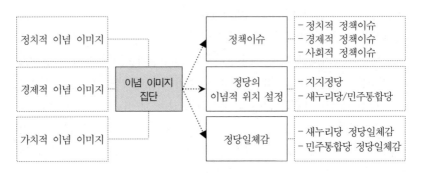

란들, 한미 FTA협정 체결과정, 4대강사업, 천안함 사건, 세종시, 종북논란 등은 한국사회의 이념갈등을 보여주는 사례들이지만, 2012년 현재 한국사회 이념갈등이 어떤 양상으로 나타나고 있는지에 대해서는 연구되지 않았다.

이러한 문제의식에서 이 연구는 한국사회 이념갈등의 구성적 특성을 〈그림 1〉과 같이 이념 이미지를 중심으로 정책이슈, 정당의 이념적 위치 설정, 정당일체감과의 관계를 탐색하고자 한다. 우선, '이념 이미지 집단'은 이념을 어떠한 이미지로 인식하는가를 기준으로 하여, 정치적·경제적·가치적 이념 이미지 집단으로 나누어 분석한다. 한 개인의 이념은 인지적·규범적·형성적 특성 등 복합적인 성격(Reuschemyer 2006, 228-229)을 가지며, 일반적으로 응답자가 스스로 평가하는 이념적 위치를 주관적 이념으로 설정하여 연구하는 경향이 있다. 그러나 이를 기준으로 이념 연구를 하는 경우 개인적 기준에 의해 자신의 이념을 평가한다는 특성으로 인해 다른 사람들과의 이념적 차이가 무엇인지를 객관적으로 보여주지 못하는 한계를 갖는다. 그러나 이 연구와 같이 이념을 다른 요인들의 독립변인으로서 설정하고 그 분석의 결과가 의미를 갖기 위해서는 개개인이 이념을 어떻게 인지하느냐, 즉 인지적 특성에 대한 기준 설정과 이해가 필요하다. 이를 위해 이 연구가 설정한 이념 이미지 집단 구분은 동일한 점수로 표기되는 동일한 위치의 주관적 자기이념 설정에서 그 평가의 기준을 제시함으로써 주관적 자기이념 설정의 한계를 보완한다는 의미를 갖는다. 특히, 동일한 이념적 위치에 있다고 스스로 평가하는 사람들 사이에서 왜 이념갈등이 발생할 수 있는지, 그러한 이념갈등은 동일한 이념 이미지를 갖는 사람들 사이에서 일어나는지, 혹은 다른 이념 이미지를 갖는 사람들 사이에서 벌어질 수 있는지를 탐색할 수 있다는 장점을 갖는다.

이념 이미지 집단을 중심으로 정책이슈, 정당의 이념적 위치 설정, 정당일체감과는 어떤 관계를 갖는지를 살펴본다. 먼저, '정책이슈'의 경우에는 이념과 상호 밀접한 관련을 갖지만 이념 이미지에 따라 동일한 정책이슈에 대해서 다른 반응을 보일 수 있다고 본다. 그에 따라 이념 이미지 집단별로 정치적·경제적·사회적 정책이슈에 대해서 어떤 차이를 보이는지, 그리고 이들 집단의 이념적 특성은 어떠한지를 분석하여 이념갈등이 어떤 정책이슈에서 두드러지게 나타나는지를 살펴본다. 둘째, '정당의 이념적 위치 설정'에서는 이념 이미지별로 유권자의 정당지지와 새누리당·민주통합당에 대한 이념적 위치 설정이 어떤 관계에 있는지를 분석한다. 이념에 대한 인식을 달리하는 집단이 지지정당별로 두 주요 정당에 대한 이념적 위치를 어떻게 평가하며, 그 차이를 통해 이념 이미지 집단 내 두 정당의 이념적 거리를 확인하고, 나아가 이념 이미지 집단 간 두 정당의 이념적 거리의 차이를 비교한다. 세 번째로는 이념 이미지 집단에 따른 주요 정당에 대한 정당일체감을 측정한다. 새누리당과 민주통합당에 대한 거리감을 측정하고 그러한 정당일체감의 차이가 어디에서 두드러지는지를 살펴본다.

탐색적 목적을 갖는 이 연구는 한국사회 이념갈등의 구성적 특성을 제시하며, 이를 통해 이 연구는 주관적 자기이념 설정의 차이만으로 분석해 온 기존연구의 한계를 보완하면서, 어떤 요소와 영역에서 이념갈등이 발생하며, 어떤 집단 간에 이념갈등이 발생할 가능성이 높은지를 규명한다는 데 그 의의를 갖는다. 또한, 이미지집단별로 이념이 어떤 정책이슈에 민감하게 반응하는지, 지지정당과 그 이외의 정당에 대한 이념적 위치는 어떻게 평가되며 그 간극은 어느 정도인가를 확인함으로써 정당정치 내 갈등을 이해할 수 있을 것으로 기대한다. 특히, 주요 정당에 대한 정당일체감을 이념성향 및 정당지지층별로 구분하여 분석함으로써 어떤 이념 이미지집단에서 이념 갈등이 커질 소지가 있는지를 규명하게 될 것이다.

본 연구가 활용한 자료는 한국사회 갈등연구의 일환으로 '세대와 이념에 대한 국민의식조사'를 위해 2012년 2월부터 3월까지 면접조사방식으로 실시한 설문조사 결과이다. 조사는 전국 16개 광역시도에 거주하는 만 19세 이상의 일반 남녀를 성별/연령별/지역별 인구 구성비에 따라 비례할당 후 무작위 추출한 1,500명의 표본을 대상으로 실시되었으며, 표집오차는 95%의 신뢰수준에서 최대 허용 표집오차는 ±2.5%였다.

이 연구의 독립변수는 진보-보수 이념 이미지이다. 조사는 여러 가지 이념 이미지를 3개의 이미지 집단(정치적, 경제적, 가치적 이미지)으로 나누고, 이들 이념 이미지 집단이 정책이슈, 정당지지층의 자기 이념설정, 정당지지층의 정당 이념설정, 정당일체감의 차이를 어떻게 설명하는지를 규명하도록 기획되었다. 먼저, 이념 이미지는 서로 대립하는 집단이나 이슈를 진보-보수로 인식하는 집단을 이념 이미지 집단으로 묶어 분석하였다. 둘째, 정책이슈에는 정치 영역으로 북한지원, 한미동맹, 인터넷 자유, 소수자 여론 반영을 설정하였고, 경제 영역으로 비정규직 문제, 경제성장, 기업규제, 시장개방, 민영화, 지역균형발전을, 사회 영역으로는 고교 자율화, 복지혜택, 이민자 문화존중, 여성의 사회참여, 사형제 폐지, 환경훼손감수를 배치하였다. 셋째, 정당지지층의 이념적 위치는 11점 척도의 진보-보수(0~10) 사이에서 자신의 주관적 이념적 평가 결과를 사용하였으며, 정당 지지는 조사 당시 2012년 19대 총선의 예상 투표선택을 사용하였다. 정당지지의 측정자로 19대 총선을 사용한 것은 조사 당시 정당지지자의 수가 매우 적어 분석의 어려움이 있었기 때문이었다. 정당의 이념적 위치 설정 또한 진보-보수의 11점 척도를 사용하였고, 정당일체감은 새누리당에 대해 느끼는 거리감에서 민주통합당의 거리감을 뺀 숫자, 즉 새누리당에 비해 민주통합당에 강한 일체감을 갖는 층은 -10, 무당층은 0으로 나타난 집단을, 민주통합당에 비해 새누리당에 동일시하는 집단을 10으로 조작화하였다.

III. 한국사회의 이념적 특성

1. 유권자의 이념적 위치 분포

2000년대 한국사회의 이념적 위치 분포는 진보적 이념성향에서 점차 보수적 이념성향의 비율이 증가하는 방향으로 변화하였다. 〈표 1〉에서 보는 것처럼, 이념적 위치 분포는 2002년 대선과 2004년 총선 시점에는 각각 평균 2.82(5점 척도)와 4.59(11점 척도)로 진보 쪽으로 기울어진 데 반해, 2007년 대선과 2008년 총선(각각 5.33과 5.54)에서는 보수 쪽으로 기울었다. 이러한 변화가 노무현 정부와 집권 여당인 열린우리당의 국정운영에 대한 부정적 평가가 보수적인 한나라당의 투표로 몰리면서 정권교체가 이루어진 시점에 나타났으며, 그 과정에서 진보 비율이 줄어든 것과도 밀접한 관련이 있다(이내영 2009, 50-51).

이러한 경향은 이 연구가 활용하는 자료에서도 유사하게 나타났다. 분석 자료에 따르면, 현재 진보-보수의 이념적 위치 분포는 〈그림 2〉와 같이 중도가 가장 큰 비중을 차지하는, 약간 보수 쪽으로 치우진 단봉형(單峰形)의 특성을 보인다. 이념적 위치의 평균은 5.06으로, 가장 많은 분포를 보인 부

〈표 1〉 유권자 이념성향의 추이

	2002년 대선	2004년 총선	2007년 대선	2008년 총선
사례수	1,500	1,241	1,148	786
평균	2.82	4.59	5.33	5.54
표준편차	0.98	2.41	2.21	2.39
왜도	0.12	0.03	0.03	-0.08

* 자료 출처: KSDC 선거 후 설문조사
* 2002년 대선자료에서의 이념척도는 5점, 나머지는 모두 11점 척도

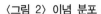

〈그림 2〉 이념 분포

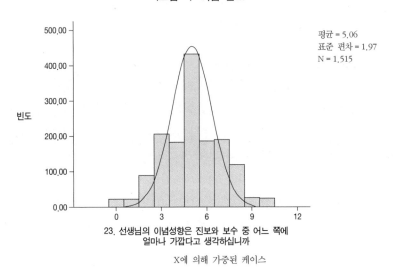

23. 선생님의 이념성향은 진보와 보수 중 어느 쪽에
얼마나 가깝다고 생각하십니까

X에 의해 가중된 케이스

분은 중도인 5점(434명, 28.5%)이었다. 반면 진보 쪽에는 3점(208명, 13.7%)에 가장 많이 분포되었으며, 보수 쪽에서는 6점(188명, 12.4%)과 7점(192명, 12.6%)이 비슷한 빈도로 분포되었다. 진보-보수 양극단을 비교해 보면, 두 지점인 2점(90명, 5.9%)보다 8점(119명, 7.8%)에 더 많은 분포를 보여, 보수 쪽에 다소 기울어 있는 분포를 보였다.

2. 유권자의 이념에 관한 인식

이번 조사는 유권자가 이념을 어떻게 인식하는지를 파악하기 위해 응답자에게 이념과 관련된 이미지 7개의 항목을 제시하고 선택하도록 설문하였다. 〈표 2〉와 같이, 이념 이미지에서 가장 높은 비율을 차지한 것은 '독재 대 민주'(417명, 27.4%)였고, 두 번째로 높은 비율은 '변화-안정'(392명, 25.8%)이었으며, 그 다음이 '노동자 대 재벌'(220명, 14.5%), '미국 대 북한'

〈표 2〉 이념 이미지에 대한 인식

이념 이미지	빈도수	비율
독재 대 민주	417	27.4
미국 대 북한	167	11.0
노동자 대 재벌	220	14.5
성장 대 분배	144	9.5
기업규제 대 자유시장	57	3.7
변화 대 안정	392	25.8
자유 대 평등	108	7.1
기타	17	1.1
합계	1,522	100.0%

* 질문) "진보-보수라고 말하면 떠오른 것은 무엇입니까?"

(167명, 11.0%), '성장 대 분배'(144명, 9.5%), '자유 대 평등'(108명, 7.1%), '기업규제 대 자유시장'(57명, 3.7%) 순으로 높게 나타났다.

　이러한 이념 이미지는 한국정치 변화와 밀접한 관련이 있는 것 같다. '독재 대 민주'로 이념을 인식하는 측면이 강하다는 것은 권위주의 통치를 거친 한국의 역사적 경험을 반영한 것으로 보인다. 이러한 특성은 국가 형성과정에서 구축된 반공이데올로기와 권위주의 시기의 체제이데올로기에 대한 인식이 이념에 대한 인식의 틀을 형성하였던 데에서 기인하는 것으로 볼 수 있다. 민주화와 수평적 정권교체의 경험에도 불구하고 이러한 인식이 다수를 차지하는 것은 이전의 이념에 대한 인식이 지속성을 갖는 한국정치의 경로의존성을 의미한다(강원택 2003, 107). 이러한 측면에서 '변화 대 안정'이 두 번째로 높은 비율을 차지하였다는 사실도 급격한 정치변동과정에서 정권 차원에서 안정을 강조하던 이미지가 이념을 개혁이나 변화의 속도의 문제로 인식하게 한 것과 무관하다고 보기 어렵다. 이념 이미지의 네 번째 순인 '북한 대 미국' 또한 분단에서 빚어지는 정치적 구조와 대북 및 대미 관계가 지속적으로 영향을 미쳐, 이 역시 경로의존성을 갖는다고 볼 수 있다.

반면 '노동자 대 재벌'의 이념 이미지는 민주화 이후 기업구조조정, 금산분리, 비정규직 등을 둘러싼 정책대립을 반영한 것으로 보인다. 정책이슈('성장 대 분배'와 '기업규제 대 자유시장')보다 사회집단('노동자 대 재벌')으로 세 번째로 높은 비율을 차지하는 이념 이미지로 나타난 것은 이념이 정책보다는 정치적 동원에 더 많이 연관되어 있는 것으로 해석할 수 있다. '노동자 대 재벌' 이미지는 권위주의 시기 노동자의 희생을 한편으로 하는 재벌위주의 경제정책에 대한 대중적 기억과도 연동되어 있다. '미국 대 북한' 이미지가 네 번째로 꼽힌 것은 민주화 이후 대북지원과 한미행정협정 등을 둘러싼 정책대립의 탓도 있겠지만 권위주의체제에서부터 이어져 온 반북·친미의식과 이에 대한 대립적 태도의 축적과도 연관된다. 이런 의미에서 비율이 높은 위의 네 가지 이념 이미지는 모두 한국정치의 경로의존성을 보여준다고 볼 수 있겠다.

한편, 서구사회의 이념적 위치 구분에 활용되는 '좌-우'의 기준으로서 '자유 대 평등'과 '기업규제 대 자유시장'의 이미지는 한국사회의 이념적 위치를

〈표 3〉 이념 이미지별 유권자의 이념 위치

이념 이미지		응답자(명)	이념 평균	표준편차
정치적 이념 이미지	독재 대 민주	414	5.05	1.931
	미국 대 북한	166	5.37	1.964
경제적 이념 이미지	노동자 대 재벌	219	4.85	2.045
	성장 대 분배	144	4.98	1.984
	기업규제 대 자유시장	57	5.70	1.603
가치적 이념 이미지	변화 대 안정	390	4.90	1.907
	자유 대 평등	108	5.47	2.062
합계		1,498	5.06	1.958

F=3.399, df=6, P=0.002

가르는 이미지로는 중요하게 인식되지 않는 것으로 나타났다. 〈표 3〉은 이념 이미지별 유권자의 이념적 위치를 분석한 것이다. 이념 이미지 집단은 7개의 이념 이미지를 정치적·경제적·사회적 이미지로 묶었다. 이념 이미지별로 유권자의 이념성향을 보면, 정치적 이념 이미지 집단은 전반적으로 다소 보수적이었으며, 경제적 이념 이미지 집단에서는 '기업규제 대 자유시장'(5.70)을 제외한 두 이미지('노동자 대 재벌'(4.85)과 '성장 대 분배'(4.98))는 진보 쪽에 위치하였다. 반면 가치적 이념 이미지 집단에서 '변화 대 안정'은 진보(4.90)에 속하였으며, '자유 대 평등'(5.47)을 이념 이미지로 떠올리는 집단은 보수 쪽에 속하였다. '독재 대 민주'와 '변화 대 안정', 그리고 '노동자 대 재벌'처럼 높은 비율로 인식하고 있는 이념 이미지 집단의 이념 평균은 중도에 가까운 반면에 '미국 대 북한', '기업규제 대 자유시장', '자유 대 평등'에 대한 응답은 적어, 서구적 의미의 좌-우 대립적 성격이 강한 이미지 집단의 이념 성향은 대체로 보수적이었다.

IV. 이념 이미지 집단별 이념갈등의 특성

1. 정책이슈

한국사회 이념갈등의 구성적 특성을 알아보기 위해 진보-보수 이념성향이 주요한 정책이슈와 어떻게 연관되는지를 조사하였다. 이념 이미지 집단별로 이념성향과 주요 정책이슈와의 연관성을 분석함으로써 한국사회의 이념적 특성을 좀 더 심층적으로 알아보고자 하였다. 이를 위해 〈표 4-1〉, 〈표 4-2〉, 〈표 4-3〉과 같이, 이념 이미지 집단별로 이념성향을 진보-중도-보수로 나누고, 정치·경제·사회적 정책이슈에 대한 태도와의 연관성을 분석하였다.

〈표 4-1〉에서 보는 것처럼, 모든 이념 이미지 집단에서 진보-보수의 이념
성향은 북한지원, 한미동맹, 인터넷 자유, 소수자 여론반영과 같은 정치적
정책이슈와 연관성이 있는 것으로 나타났다. 모든 이념 이미지 집단에서 정
치적 이슈가 이념성향과 연관성이 높게 나타났다는 것은 한국의 이념갈등이
정치적 이슈를 중심으로 구축되고 있다는 것을 의미한다.

정치적 정책이슈와 달리, 경제적 정책이슈와 사회적 정책이슈는 다른 양
상을 보였다. 〈표 4-2〉에서 나타난 것처럼, 이념성향과 경제적 정책이슈와
의 관계는 이념 이미지 집단에 따라 다소 차이를 보인다. 정치적 이념 이미
지 집단에서는 오직 경제성장 이슈만이 이념성향과 연관성이 있었지만, 경
제적 이념 이미지 집단에서는 기업규제, 민영화, 지역균형발전 정책이슈에

〈표 4-1〉 정치적 정책이슈(df=2)

이념 이미지	이념성향	북한지원	한미동맹	인터넷자유	소수자여론반영
정치적 이념 이미지 집단 (N=580)	진보	2.86	2.52	2.12	2.14
	중도	2.88	2.56	2.25	2.26
	보수	3.04	2.68	2.42	2.34
	ANOVA	F=3.90 p=0.02	F=3.71 p=0.03	F=8.21 p=0.00	F=5.70 p=0.01
경제적 이념 이미지 집단 (N=420)	진보	2.68	2.48	1.97	2.18
	중도	2.87	2.45	2.24	2.23
	보수	3.05	2.68	2.34	2.39
	ANOVA	F=8.07 P=0.00	F=4.80 P=0.01	F=8.79 P=0.00	F=4.48 p=0.01
가치적 이념 이미지 집단 (N=498)	진보	2.58	2.47	1.96	2.12
	중도	2.93	2.55	2.21	2.28
	보수	3.09	2.67	2.28	2.31
	ANOVA	F=22.91 p=0.00	F=4.48 p=0.01	F=9.17 p=0.00	F=4.43 p=0.01

〈표 4-2〉 경제적 정책이슈(df=2)

이념 이미지	이념 성향	비정규직 문제	경제 성장	기업 규제	시장 개방	민영화	지역 균형발전
정치적 이념 이미지 집단 (N=580)	진보	1.91	2.68	2.53	2.33	2.33	1.62
	중도	1.88	2.79	2.59	2.47	2.43	1.73
	보수	2.00	2.88	2.61	2.48	2.45	1.65
	ANOVA	F=1.56 p=0.21	F=4.20 p=0.02	F=0.72 p=0.49	F=2.61 p=0.07	F=1.42 p=0.29	F=1.83 p=0.16
경제적 이념 이미지 집단 (N=420)	진보	1.83	2.64	2.44	2.34	2.31	1.66
	중도	2.01	2.64	2.43	2.37	2.46	1.86
	보수	1.99	2.83	2.64	2.41	2.54	1.68
	ANOVA	F=2.78 p=0.06	F=2.91 p=0.06	F=3.64 p=0.03	F=0.08 p=0.76	F=3.48 p=0.03	F=4.80 p=0.01
가치적 이념 이미지 집단 (N=498)	진보	1.87	2.50	2.31	2.34	2.29	1.54
	중도	1.94	2.68	2.41	2.34	2.30	1.64
	보수	1.96	2.81	2.63	2.30	2.44	1.63
	ANOVA	F=0.99 p=0.39	F=7.70 p=0.00	F=9.70 p=0.00	F=1.17 p=0.85	F=2.09 P=0.16	F=1.55 p=0.21

서 이념성향의 차이가 큰 것으로 나타났다. 반면 가치적 이념 이미지 집단
은 경제성장과 기업규제에 대한 입장에서 유의미한 차이를 보였으며, 이념
을 경제적 이미지로 인식하는 사람들은 다른 이념 이미지 집단에 비해 경제
적 정책이슈에서 진보-보수 이념성향 차이를 보였다.

〈표 4-3〉에서 제시된 사회적 정책이슈의 경우에는 정치적 이념 이미지
집단은 환경훼손감수에, 가치적 이념 이미지 집단은 복지혜택, 사형제 폐지,
환경훼손 감수 등 세 가지 정책이슈에서 이념성향별 차이를 보였다. 그러나
경제적 이념 이미지 집단에서는 모든 정책이슈가 이념성향과 유의미한 연관
성을 보이지 않았다. 이는 이념을 가치적 차원에서 생각하는 사람들이 다른

〈표 4-3〉 사회적 정책이슈(df=2)

이념 이미지 집단	이념성향	고교 자율화	복지 혜택	이민자 문화존중	여성의 사회참여	사형제 폐지	환경훼손 감수
정치적 이념 이미지 집단 (N=580)	진보	2.77	2.45	2.10	2.09	2.72	2.17
	중도	2.89	2.48	2.12	2.12	2.57	2.40
	보수	2.82	2.49	2.14	2.14	2.73	2.44
	ANOVA	F=1.06 p=0.35	F=0.17 p=0.84	F=0.27 p=0.76	F=0.34 p=0.71	F=1.71 p=0.18	F=8.05 p=0.00
경제적 이념 이미지 집단 (N=420)	진보	2.78	2.43	2.05	2.19	2.53	2.32
	중도	2.73	2.49	2.12	2.18	2.74	2.24
	보수	2.77	2.57	2.05	2.16	2.76	2.39
	ANOVA	F=0.159 p=0.853	F=1.06 p=0.35	F=0.70 p=0.50	F=0.08 p=0.92	F=2.77 p=0.06	F=1.53 p=0.22
가치적 이념 이미지 집단 (N=498)	진보	2.73	2.31	1.92	2.13	2.47	2.15
	중도	2.81	2.49	2.06	2.17	2.64	2.30
	보수	2.84	2.49	2.03	2.28	2.81	2.48
	ANOVA	F=0.99 p=0.37	F=3.62 p=0.03	F=2.16 p=0.12	F=2.62 p=0.07	F=6.57 p=0.00	F=8.74 p=0.00

정책이슈보다 사회적 이슈에서 이념적 차이를 나타낸다는 사실을 의미한다.
〈표 4-1〉과 〈표 4-2〉, 그리고 〈표 4-3〉을 종합해 보면, 한국사회 이념갈
등에 관해 다음의 세 가지의 시사점을 발견하게 된다. 첫째, 정치적 정책이
슈를 중심으로 이념갈등이 명확하게 나타날 가능성이 경제적 정책이슈나 사
회적 정책이슈에 비해 높다는 것이다. 특히 정치적 정책이슈에 대한 이념성
향 집단별 차이는 세 이념 이미지 집단에서 공통적으로 나타나, 정치적 특성
을 갖는 정책이슈가 대두되는 경우에 양극적인 이념갈등으로 이어질 가능성
이 있다. 둘째, 이념을 어떻게 이미지화하고 있는가에 따라 그와 동일한 속
성의 정책이슈들에서 이념성향의 차이가 드러난다는 것이다. 이념을 경제적

으로 인식하는 집단은 더 많은 경제적 이슈에서 이념적 차이를 보였고, 가치적으로 이념을 이미지화하는 집단은 사회적 이슈에서 이념적 차이가 더 많이 드러났다. 셋째, 이념 이미지 집단 간에 이념성향이 유의미한 차이를 보이는 정책이슈의 수는 어떤 이념 이미지 집단이 정책이슈 차원에서 이념갈등의 주축이 되는지를 보여준다는 점이다. 이념성향 차이를 보이는 정책이슈가 가장 많은 집단은 가치적 이념 이미지 집단으로서, 이들 집단은 모든 정치적 정책이슈뿐만 아니라 경제적 정책이슈 중 경제성장과 기업규제에서 이념적 위치별 차이를 보였고, 사회적 정책이슈 중에서 복지혜택, 사형제 폐지, 환경훼손 감수에 대해서도 차이가 있었다. 모든 정치적 이슈 이외에, 정치적 이념 이미지 집단은 경제성장과 환경훼손 감수에, 경제적 이념 이미지 집단의 경우에는 기업규제와 민영화에서 이념성향의 차이가 있었다.

이러한 분석결과는 정책이슈 차원에서 모든 이념 이미지 집단에서 유의미한 차이를 보인 정치적 정책이슈가 이념갈등의 대상이 될 소지가 크며, 이념 이미지 집단을 기준으로 보면 가치적 이념 이미지 집단이 이념갈등의 주축이 될 수 있다는 것을 함의한다. 이는 유권자들이 이념을 다양하게 인식하고 있는 한국사회에서 이념갈등이 어떤 정책이슈의 대두나 이념에 관한 인식의 차이에 따라 발생하거나 더 증폭될 수 있는지를 설명해 준다.

2. 유권자와 정당의 이념적 위치 설정

다음으로는 한국 유권자들 사이의 이념갈등이 정치적으로 어떻게 표출되고 있는지를 살펴보기 위해서 유권자와 정당의 이념적 위치를 비교하여 보았다. 〈그림 3〉에서 보는 것처럼, 유권자 자신과 정당의 이념적 위치는 밀접한 연관이 있었다. 우선 정당별 이념적 위치는 새누리당이 6.83으로 가장 보수적인 정당으로 평가되었으며, 그 다음으로 자유선진당(5.47), 민주통합당(4.27), 통합진보당(3.72) 순으로 나타났다. 정당지지층 간 이념적 거리는 새누리당 지지층(6.01)과 통합진보당 지지층(3.72)의 차이가 2.29로 가장

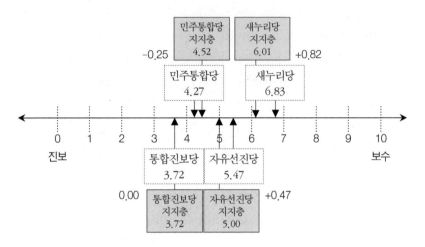

〈그림 3〉 응답자의 이념적 위치와 정당의 이념적 위치 설정

먼 것으로 나타나, 새누리당과 통합진보당을 지지지하는 사람들의 입장 차
이가 이념갈등으로 이어질 가능성이 가장 높았다.

여기에서 가장 두드러진 특징 중 하나는 각 정당지지층의 이념적 위치가
그들이 지지하는 정당의 이념적 위치와 가까이 있거나 동일한 방향에 있다
는 사실이다. 각 정당지지층의 이념적 위치는 대체로 전체 유권자가 평가하
는 정당의 이념적 위치보다 온건한 것으로 나타났는데, 새누리당(6.01), 자
유선진당(5.00), 민주통합당(4.46), 통합진보당(3.72)의 순이었다. 근접성
모델에서 제시하는 것처럼, 통합진보당, 민주통합당, 자유선진당의 지지층
은 자신이 지지하는 정당의 이념적 위치와 가까이에 있었다. 그러나 새누리
당 지지층의 이념적 위치(6.01)는 새누리당의 이념적 위치(6.83)보다 오히
려 자유선진당의 이념적 위치(5.47)에 가까웠다. 새누리당 지지층이 자신의
이념성향을 매우 온건한 보수로 평가·인식하고 있지만 전체적으로 방향
성모델이 가정하는 이념적 방향에 따른 정당을 선택·지지하고 있다는 것
이다.

또 다른 특징으로 0에서 10에 이르는 이념적 스펙트럼에서 양 극단에 있

는 각 정당의 지지층간 이념적 거리는 2.29로, 정당 간 이념적 거리(3.11)보
다 가깝다는 사실을 꼽을 수 있다. 다시 말해, 정당지지층보다 일반 유권자
가 평가하는 정당의 이념적 위치가 큰 차이가 있다는 것이다. 이는 유권자
가 투표를 할 때 자신의 이념적 위치나 지지하는 이슈에 근접한 이념과 태
도를 보이는 후보와 정당에 지지할 가능성이 높다는 것이다. 정치적 상황과
맥락에 따라서 주요 이슈의 대두에 따라서는 특정 정당에 대한 지지로 이어
질 수 있으며, 역으로 정당에 의한 정치적 동원도 이루어질 수 있는 토대가
될 수 있다는 것이다.

　정당 간 이념갈등을 보다 자세히 파악하기 위해 유권자의 이념 이미지
인식이 어떤 측면에서 정당 간 이념갈등으로 이어질 수 있는지를 분석해
볼 필요가 있다. 이를 위해 〈표 5〉는 각 정당지지층의 이념적 위치를 이념
이미지 집단별로 나누어 살펴보았다. 여기에서 주목할 부분은 이념 이미지
집단 중 경제적 이념 이미지 집단에서 정당지지층 간 이념적 거리가 가장
먼 것으로 나타났다는 사실이다. 경제적 이미지로 이념을 인식하는 사람들
사이에서 정당지지층 간의 최대 이념적 거리는 2.87로, 세 이념 이미지 집
단 중에서 가장 간극이 컸다. 반면 가치적 이념 이미지 집단에서는 2.53,

〈표 5〉 이념 이미지 집단과 정당지지층의 이념적 위치 설정

이념 이미지 집단	새누리당 지지층	민주통합당 지지층	자유선진당 지지층	통합진보당 지지층	이념 평균	최대 이념적 거리	F값	p
정치적 이념 이미지 집단 (N=389)	5.95	4.66	5.00	4.27	5.23	1.68	15.92	0.000
경제적 이념 이미지 집단 (N=269)	5.95	4.44	4.71	3.08	5.03	2.87	16.71	0.000
가치적 이념 이미지 집단 (N=327)	6.12	4.42	5.20	3.59	5.02	2.53	30.85	0.000

정치적 이념 이미지에서는 1.68의 이념적 거리 차이가 있었다. 이러한 결과
는 '성장 대 분배' 혹은 '기업규제 대 자유시장'과 관련된 경제적 정책이슈와
문제가 대두되었을 때, 정치적 문제 혹은 가치적 이슈로 빚어지는 논란에
대해서 느끼는 이념갈등의 정도보다 클 수 있으며, 이것이 이념갈등과 정당
간 갈등으로 번질 수 있다는 것이다. 유권자들 사이에 이념성향이 정책이슈
차원에서는 정치적 정책이슈들과 가장 연관성이 많은 것으로 나타났지만 정
당지지층 간 이념갈등은 경제적 정책이슈에서 더 크게 나타난다는 것이다.

이러한 한국사회 이념갈등의 구성적 특성이 정당경쟁에서는 어떻게 나타
나고 있는지를 살펴보기 위해 〈표 6〉과 같이 이념 이미지 집단별로 각 정당
지지층이 주요 정당의 이념적 위치를 어떻게 평가하고 있는지를 살펴보았
다. 전체적으로, 새누리당에 대한 이념적 위치 평가에서는 모든 이념 이미지
집단에서 정당지지층 간에 유의미한 차이를 보였지만, 민주통합당의 경우에
는 경제적 이념 이미지 집단에서 정당지지층 간 유의미한 차이가 나타나지
않았다. 자유선진당에서는 모든 이념 이미지 집단 내 정당지지층별 이념적
위치 평가의 차이가 유의하지 않았고, 통합진보당도 오직 가치적 이념 이미
지 집단에서만 정당지지층별 이념적 위치 평가 차이가 있었다.

어떤 정당을 지지하느냐에 따라 정당경쟁의 중심을 이루는 주요 양당이
서로 다른 이념적 위치에 있는 것으로 평가하고 있어, 유권자들 사이에 존재
하는 이념갈등의 특징을 파악하기 위해 구체적으로 살펴보았다. 먼저 새누
리당을 보면, 세 이념 이미지 집단 중에서 새누리당을 가장 보수적이라고
평가하는 사람들은 경제적 이념 이미지 집단(7.03)이었고, 그 다음으로 가
치적 이념 이미지 집단(6.97), 정치적 이념 이미지 집단(6.76) 순으로 나타
났다. 즉, 이념을 경제적인 이미지로 인식하는 사람들이 보수적인 새누리당
을 다른 이념 이미지 집단보다도 가장 보수적이라고 인식하는 것은 새누리
당을 경제적 이념 이미지가 강하며 새누리당의 경제적 정책이슈를 보수적으
로 인식하는 경향이 있음을 함축한다.

이념 이미지 집단 내 정당지지층별 이념 평가의 차이를 보면 더욱 흥미로
운 발견을 하게 된다. 이념 이미지 집단 내에 지지층 간 새누리당에 대한

〈표 6〉 이념 이미지 집단 내 정당지지층의 각 정당별 이념적 위치 설정

이념 이미지 집단	지지정당	N	새누리당 이념평균	민주통합당 이념평균	자유선진당 이념평균	통합진보당 이념평균
정치적 이념 이미지 집단 (N=391)	새누리당	178	6.54	4.17	5.25	3.76
	민주통합당	184	6.84	3.80	5.55	3.51
	자유선진당	7	6.71	4.57	5.86	3.29
	통합진보당	22	8.00	5.14	5.41	3.23
	전체 이념 평균		6.76	4.21	5.41	3.60
	최대 이념적 거리		1.46	1.34	0.61	0.53
	ANOVA		F=2.89 p=0.04	F=3.19 p=0.02	F=0.75 p=0.52	F=0.71 p=0.55
경제적 이념 이미지 집단 (N=269)	새누리당	116	6.68	4.16	5.07	3.72
	민주통합당	133	7.17	4.02	5.46	3.45
	자유선진당	7	7.43	4.00	4.86	3.57
	통합진보당	13	8.46	5.00	6.69	3.08
	전체 이념 평균		7.03	4.31	5.33	3.55
	최대 이념적 거리		1.78	1.00	1.83	0.64
	ANOVA		F=2.90 p=0.04	F=0.83 p=0.48	F=2.44 p=0.07	F=0.49 p=0.69
가치적 이념 이미지 집단 (N=329)	새누리당	138	6.71	4.01	5.28	3.18
	민주통합당	152	7.15	4.01	5.81	3.19
	자유선진당	10	6.00	5.10	6.00	4.80
	통합진보당	29	7.62	4.97	5.97	2.83
	전체 이념 평균		6.97	4.13	5.61	3.20
	최대 이념적 거리		1.62	1.09	0.72	1.97
	ANOVA		F=3.53 p=0.02	F=3.53 p=0.02	F=2.11 p=0.10	F=2.94 p=0.03

이념적 위치 평가의 차이가 가장 큰 집단은 경제적 이념 이미지 집단이었다. 정치적 이념 이미지 집단의 최대 이념적 거리가 1.46이고 가치적 이념 이미지 집단 내 거리는 1.62인 데 비해, 경제적 이념 이미지 집단의 정당지지층 간 최대 이념적 거리는 1.78이었다. 이는 이념을 경제적으로 이미지화하고 있는 사람들이 새누리당에 대한 당파적 입장 차이를 크게 드러내고 있다는 것이다. 새누리당 지지층은 새누리당의 이념적 위치를 6.68로 본 반면, 통합진보당 지지층은 새누리당을 8.46로 위치시켜 매우 보수적인 것으로 평가하였다. 경제적 이념 이미지가 강한 새누리당에 대한 이념적 위치 평가에 정당지지층에 따른 큰 차이가 있다는 것이다. 이는 유권자들의 이념갈등이 극명하게 드러나는 지점이 새누리당이 제시하는 경제적 정책이슈와 관련될 수 있다는 것을 의미한다.

반면 민주통합당의 경우에는 세 이념 이미지 집단 중 민주통합당을 가장 진보적이라고 평가하는 사람들은 가치적 이념 이미지 집단(4.13)이었고, 그 다음으로 정치적 이념 이미지 집단(4.21)이었다. 경제적 이념 이미지 집단은 민주통합당을 가장 덜 진보적(4.31)인 것으로 평가하였다. 즉, 이념을 '변화-안정' 혹은 '자유-평등'으로 생각하는 사람들이 새누리당에 비해 상대적으로 진보적인 민주통합당을 더 진보적이라고 인식하는 것은 민주통합당이 가치적인 이념 이미지를 강하게 지니고 있음을 의미한다.

그러나 이념 이미지 집단 내 정당지지층별 이념적 위치 평가 차이는 조금 다른 특성을 보였다. 정당지지층 간 민주통합당에 대한 이념적 위치 평가 차이가 가장 큰 집단은 정치적 이념 이미지 집단이었다. 경제적 이념 이미지 집단의 최대 이념적 거리가 1.00이고 가치적 이념 이미지 집단의 거리는 1.09인 데 비해, 정치적 이념 이미지 집단의 정당지지층 간 최대 이념적 거리는 1.34였다. 다시 말해, 이념을 '독재-민주' 혹은 '북한-미국'으로 이미지화하고 있는 사람들이 민주통합당의 이념적 위치에 대해 당파적 차이가 컸다. 이는 이념을 정치적으로 이미지화하는 집단이 민주통합당의 민주적 가치 선호나 대북지원 정책과 관련해서 가장 민감하게 반응하여 정당지지층 간 이념갈등이 클 수 있다는 것이다.

3. 새누리당-민주통합당에 대한 정당일체감

이념갈등의 정치적 표출을 또 다른 측면에서 알아보기 위해 이념 이미지 집단별로 양대 정당인 새누리당과 민주통합당 사이의 정당일체감을 분석하였다. 여기서 새누리당-민주통합당 정당일체감이란 새누리당 거리감에서 민주통합당 거리감을 뺀 값으로, 그 숫자가 음(-)의 부호에서 높으면 새누리당을 멀리 느끼고 민주통합당을 가까이 느끼는 사람이고, 양(+)의 부호에서 높으면 민주통합당을 멀리 느끼고 새누리당을 가까이 느끼는 사람이며, 0은 두 정당을 같은 거리로 느끼는 무당층을 말한다.

⟨표 7-1⟩은 이념 이미지 집단별 이념성향에 따른 새누리당-민주통합당

⟨표 7-1⟩ 이념 이미지 집단별 이념성향에 따른 새누리당-민주통합당 정당일체감

이념 이미지 집단	이념성향	새누리-민주통합당 정당일체감	차이	ANOVA
정치적 이념 이미지 집단 (N=580)	진보	-1.52	3.08	F=36.42 p=0.00
	중도	-0.40		
	보수	1.56		
	평균	-0.03		
경제적 이념 이미지 집단 (N=420)	진보	-1.97	3.90	F=44.71 p=0.00
	중도	-1.20		
	보수	1.93		
	평균	-0.38		
가치적 이념 이미지 집단 (N=498)	진보	-1.67	3.46	F=43.28 p=0.00
	중도	-0.33		
	보수	1.79		
	평균	-0.06		

* 새누리당-민주통합당 정당일체감에서 -10은 새누리당을 가장 멀리 느끼고 민주통합당을 가장 가까이 느끼는 사람이고, 10은 민주통합당을 가장 멀리 느끼고 새누리당을 가장 가까이 느끼는 사람이며, 0은 두 정당을 같은 거리로 느끼는 사람

의 정당일체감을 비교하였다. 여기에서 나타난 특징은 우선, 모든 이념 이미지 집단에서 진보-보수 성향에 따른 정당일체감의 차이가 일관적으로 나타났다는 것이다. 진보적인 집단은 민주통합당에 가깝게 느끼고 보수적 성향의 집단은 새누리당을 가깝게 생각하였다. 둘째, 이념적으로 중도인 사람들은 정당일체감에서 대체로 무당파에 속한다는 것이다. 이는 이념성향과 새누리당-민주통합당 정당일체감의 연관성이 유의미한 관계에 있다는 사실을 의미한다. 그러나 이러한 결과로는 이념성향이 정당일체감에 영향을 주는지 혹은 정당일체감이 이념성향을 형성하는지에 대해서는 분명하게 밝히기 어렵다.

여기에서 가장 중요한 발견은 이념 이미지 집단별 진보-보수 사이에서 나타난 정당일체감의 차이이다. 세 이념 이미지 집단 중 경제적 이념 이미지 집단 내의 정당일체감 차이(3.90)가 가장 크게 나타났다. 이는 경제적 이념 이미지 집단에서 이념갈등의 정치적 표출이 가장 분명하게 나타난다는 것을 의미한다. 이러한 사실은 이념 이미지 집단에 따른 정당지지층 간 이념적 위치 차이에서도 확인된 바 있다(〈표 5〉 참조).

〈표 7-2〉는 이념 이미지 집단별로 지지정당에 따른 새누리당-민주통합당 정당일체감 차이를 보여준다. 먼저 말할 수 있는 것은 이념 이미지 집단별로 정당지지층 간 새누리당-민주통합당에 대한 정당일체감에는 유의미한 차이가 있다는 것이다. 새누리당 지지층과 민주통합당 지지층 사이에는 극단적인 정당일체감의 차이가 있었다. 반면 자유선진당 지지층은 대체로 새누리당-민주통합당 일체감에서 중립적인 데 비해, 통합진보당 지지층은 민주통합당에 더 높은 정당일체감을 나타내었다.

둘째, 세 이념 이미지 집단 간 정당일체감의 차이가 그리 크지는 않았지만 〈표 7-1〉과 마찬가지로, 경제적 이념 이미지 집단에서 정당일체감의 차이가 다른 두 집단보다 약간 더 큰 것으로 나타났다. 이 또한 이념을 '성장 대 분배'나 '규제 대 자유' 등 경제적 영역의 문제로 이미지화하는 사람들 사이에서 이념갈등이 더 증폭될 수 있다는 것을 의미한다. 〈표 4〉에서 이미 지적하였지만, 이러한 분석결과는 모든 이념 이미지 집단에서 유권자들의

〈표 7-2〉 이념 이미지 집단별 정당지지에 따른 새누리당-민주통합당 정당일체감

이념 이미지 집단	지지정당	N	새누리당-민주통합당 정당일체감	차이	ANOVA
정치적 이념 이미지 집단 (N=584)	새누리당	178	3.74	7.07	F=147.38 p=0.00
	민주통합당	184	-3.33		
	자유선진당	7	0.14		
	통합진보당	22	-2.32		
	무당층	193	-0.08		
	평균		-0.02		
경제적 이념 이미지 집단 (N=421)	새누리당	116	3.21	7.33	F=110.79 p=0.00
	민주통합당	133	-4.12		
	자유선진당	7	-0.43		
	통합진보당	13	-3.46		
	무당층	152	0.42		
	평균		-0.38		
가치적 이념 이미지 집단 (N=500)	새누리당	138	3.79	6.97	F=128.98 p=0.00
	민주통합당	152	-3.18		
	자유선진당	10	0.40		
	통합진보당	29	-2.66		
	무당층	171	0.12		
	평균		-0.06		

* 새누리당-민주통합당 정당일체감에서 -10은 새누리당을 가장 멀리 느끼고 민주통합당을 가장 가까이 느끼는 사람이고, 10은 민주통합당을 가장 멀리 느끼고 새누리당을 가장 가까이 느끼는 사람이며, 0은 두 정당을 같은 거리로 느끼는 사람

이념성향이 정치적 정책이슈와 연관성이 크지만, 이들이 정당일체감이나 정당지지로 연결될 때에는 경제적 이념 이미지 집단에서 이념갈등이 증폭될 개연성이 크다는 사실을 의미한다.

V. 요약과 함의

이 연구는 최근 한국사회 이념갈등이 증폭되는 현상에 관심을 갖고 이념 갈등이 어떤 측면에서 더 두드러질 수 있는지, 이념갈등의 구성적 특성에 대하여 분석하였다. 분석은 특히 이념에 대한 유권자의 인식을 정치적·경제적·가치적 차원으로 나누어 이념과 정책이슈와의 관계, 유권자와 정당의 이념적 위치, 이념적 위치 및 정당지지와 정당일체감의 관계를 규명하였다.

이념 이미지 인식별로 이념성향과 정책이슈와의 관계를 분석한 결과, 이념성향은 북한지원, 한미동맹, 인터넷자유, 소수자여론반영과 같은 정치적 정책이슈에서 유의미한 차이를 보였고, 경제적 정책이슈나 사회적 정책이슈에 대해서는 비교적 일부 이슈에만 차이를 나타냈다. 이는 정책적으로는 정치적 이슈가 이념갈등의 주요 원천이 될 수 있음을 의미한다. 이와 더불어 이념의 인식적 차원과 동일한 속성의 정책이슈 영역에서 이념성향의 차이가 나타난다는 사실을 발견하였다. 이념을 경제적으로 인식하는 이념 이미지 집단은 더 많은 경제적 이슈에서 이념적 차이를 보였고, 가치적으로 이미지 화하는 사람들은 더 많은 사회적 정책이슈에서 이념적 차이를 드러내었다. 분석결과에서 나타난 또 다른 특징은 세 이념 이미지 집단 중에서 가치적인 이념 이미지 집단이 가장 많은 정책이슈에서 이념성향의 차이를 보였다는 점이다. 이는 이념을 가치적으로 인식하는 사람들이 이념갈등의 주축일 수 있음을 말한다. 이러한 분석의 결과는 한국사회 이념갈등이 단순한 진보-보수 차원의 이념적 연속선상에 놓여 있기보다는 다차원적인 정책이슈 경쟁에서 다양한 집단에 의해 증폭될 수 있음을 함의한다.

그러나 이념성향이 정책이슈 차원과 어떻게 연관되고 있는지의 논의를 넘어서서, 이념갈등이 정치적으로 표출되는 양상을 보면 한국사회 이념갈등의 그림은 약간 달라진다. 유권자들이 자신의 이념적 위치에 근접하거나 동일한 방향에 있는 정당을 지지하는 경향이 나타나는 가운데, 정당지지층 간 이념적 거리는 경제적 이념 이미지 집단에서 가장 먼 것으로 나타났다. 경제적 이념 이미지 집단 내에서 지지정당에 따라서 이념적 위치 차이가 크다는 사실은 이념갈등이 정당지지라는 형태로 표출될 때는 이념을 경제적인 이미지로 인식하는 사람들 사이에서 크게 나타날 수 있음을 의미한다.

이러한 특성은 주요 정당에 대한 정당지지층의 이념적 위치 평가에서 더욱 구체적으로 나타났다. 유권자들은 새누리당에 대해 경제적 이념 이미지를 강하게 가지고 있고 정당지지층별로도 새누리당에 대한 이념적 위치 평가가 크게 갈라져 있었다. 이는 새누리당이 제시하는 경제적 이슈를 둘러싼 유권자들의 입장 차이가 이념갈등으로 이어질 가능성이 높다는 것을 의미한다. 한편 민주통합당의 경우는 유권자들이 가치적 이념 이미지를 가지고 있지만, 정당지지층 간에는 정치적 이념 이미지 집단에서 이념적 위치 평가의 간극이 크게 나타났다. 이념을 정치적으로 이미지화하는 사람들 사이에서 민주통합당의 민주적 가치 선호나 대북지원 정책에 대해 가장 반응적이며 그에 따라 민주통합당의 이념적 위치 평가가 정당지지층별 차이가 클 수 있다는 것이다.

마지막으로, 주요 정당에 대한 정당일체감의 분석에서 이념성향에 따른 정당일체감의 차이가 유의미하게 나타나는 가운데, 중요한 발견은 세 이념 이미지 집단 중 경제적 이념 이미지 집단에서 이념성향에 따른 정당일체감의 차이가 크다는 사실이다. 이는 앞의 이념 이미지 집단 간 정당지지층 간 이념적 위치의 간극 비교에서도 드러났듯이, 경제적 이념 이미지 집단에서 이념갈등의 정치적 표출이 가장 분명하게 드러날 가능성을 시사한다. 이러한 특성은 이념 이미지 집단에 따른 정당지지층별 정당일체감의 차이에서도 동일하게 나타났는데, 이념을 경제적 이미지로 인식하는 집단에서 정치적 갈등이 더욱 증폭될 수 있음을 함의한다.

한국사회 이념갈등은 진보-보수의 이념적 차이에 따른 일관성보다는 다차원적인 정책이슈와 다면적인 이념인식 집단에서 나타나고 있다. 그러나 본 연구의 분석결과는 이념갈등에 일정한 패턴이 있음을 보여준다. 정책이슈 차원에서 이념갈등은 정치적 정책이슈를 둘러싸고 나타지만, 이들이 정치적으로 표출될 때는 경제적으로 이념을 인식하는 집단에서 그 갈등의 폭이 커진다. 그러나 이를 양대 정당별로 보면 경제적 이미지가 강한 새누리당은 경제적 정책이슈에 대해 이념적 간극이 커지는 반면, 가치적 이념 이미지가 강한 민주통합당은 정치적 정책이슈를 둘러싸고 이념갈등이 증폭되는 구성적 특성을 보였다. 진보-보수의 이념성향을 어떤 이미지로 인식하느냐의 관점에서 한국사회 이념갈등을 분석한 이 연구의 분석적 함의는 정당의 전략적 행동에도 시사점을 준다. 그러나 이 연구는 이념의 인식구성에 따른 갈등 양상을 분석하는 초기 시도에 불구하다. 다양한 관련변수들을 통제하는 통계기법을 활용하여 한국사회 이념갈등의 구성적 특성을 보다 실제적으로 제시하는 작업은 후속 연구의 과제로 돌린다.

÷ 참 고 문 헌 ÷

강원택. 2003. 『한국의 선거정치: 이념, 지역, 세대와 미디어』. 서울: 푸른길.

김무경·이갑윤. 2005. "한국인의 이념정향과 갈등." 『사회과학연구』 제13권 2호, 6-31.

김장수. 2005. "정당일체감에 따른 인식의 양극화: 기제와 완충요인을 중심으로." 『국제정치논총』 45권 4호, 145-168.

김재한. 1999. "한국의 이념성향과 선거정치." 조중빈 편. 『한국의 선거 3』. 푸른길. 115-148.

박종민. 2008. "한국인의 정부역할에 대한 태도." 『한국사회학회보』 제42권 4호, 269-288.

윤성이·김민규. 2011. "한국사회 이념측정의 재구성." 『의정연구』 제17권 3호, 63-82.

이갑윤·이현우. 2008. "이념투표의 영향력 분석: 이념의 구성, 측정 그리고 의미." 『현대정치연구』 제1권 1호, 137-166.

이내영. 2009. "한국 유권자의 이념성향의 변화와 이념투표." 『평화연구』 제17권 2호, 42-72.

이정복. 1992. "한국인의 투표행태: 제14대 총선을 중심으로." 『한국정치학회보』 제26권 3호, 113-132.

정영태. 1993. "계급별 투표행태를 통해 본 14대 대선." 이남영 편. 『한국의 선거 1』. 나남. 139-183.

조성대. 2008. "균열구조와 정당체계: 지역주의, 이념, 그리고 2007년 한국 대통령선거." 『현대정치연구』 제1권 1호, 169-198.

현재호. 2008. "한국사회의 이데올로기 갈등: 정치적 대표체제로서의 정당을 중심으로." 『한국사회학회보』 제42권 4호, 213-241.

Axelrod, Robert. 1967. "The Structure of Public Opinion on Policy Issues."

232 한국의 정치균열 구조

Public Opinion Quarterly, Vol.31, 51-60.

Castle, Frances. 1982. *The Impact of Parties.* Sage.

Converse, Philip E. 1964. "The Nature of Belief Systems in Mass Publics." In David Apter, ed. *Ideology and Discontent,* 206-261. The Free Press.

Downs, Anthony. 1957. *An Economic Theory of Democracy.* Harper and Row.

Fleury, Christopher J., and Michael S. Lewis-Beck. 1993. "Déjà Vu All Over Again: A Comment on the Comment of Converse and Pierce." *Journal of Politics,* Vol.5, 1118-1126.

Haegel, Florence. 1993. "Partisan Ties." In *The French Voter Decides.* Daniel Boy and Nonna Mayer, eds. Ann Arbor: University of Michigan Press. 131-148.

Key, V. O. 1966. *The Responsible Electorate: Rationality in Presidential Voting, 1936-1960.* Harvard University Press.

Klingemann, Hans-Dieter. 1979. "Measuring Ideological Conceptualization." In Samuel Barnes and Max Kasse et al. *Political Action.* Sage.

Luttbeg, Norman R. 1969. "The Structure of Beliefs Among Leaders and the Public." *Public Opinion Quarterly,* Vol.32, 398-409.

Marcus, George E., David Tabb, and John L. Sullivan. 1974. "The Application of Individual Differences Scaling to Measurement of Political Ideologies." *Journal of Political Science,* Vol.18, No.2, 405-420.

Rabinowitz, George, and Stuart Elaine MacDonald. 1989. "A Directional Theory of Issue Voting." *American Political Science Review,* Vol.83, No.1, 93-121.

Rae, Douglas, and Michael Taylor. 1970. *The Analysis of Political Cleavages.* Yale University Press.

Rueschemeyer, Dietrich. 2006. "Why and How Ideas Matter?" In Robert E. Goodin and Charles Tilly, eds. *The Oxford Handbook of Contextual Political Analysis,* 227-251. Oxford University Press.

Schmitt, Hermann, and Söoren Holmberg. 1995. "Political parties in decline?" In Dieter Fuchs and Hans-Dieter Klingemann, eds. *Citizens and the State,* 95-133. Oxford University Press.

[부록]

토대연구 설문조사

지역갈등을 중심으로

모집단	전국의 만 19세 이상 성인남녀
표본크기	1,217명
표본추출	2009년 12월 31일 주민등록인구현황에 따라 성별, 연령별, 지역별 비례할당 후 무작위추출
표집오차	무작위추출을 전제할 경우, 95% 신뢰수준에서 최대허용 표집오차는 ±2.8%
조사방법	개별면접조사(Face-to-Face)
조사기간	2010.3.22~4.12(22일간)
조사기관	(주)한국리서치

〈선문 1〉 현재 귀하가 사시는 곳은 어디입니까?(%)
① 서울(21.1)   ② 부산(7.4)   ③ 대구(5.0)   ④ 인천(5.4)   ⑤ 대전(2.9)
⑥ 광주(2.7)   ⑦ 울산(2.2)   ⑧ 경기(22.4)   ⑨ 강원(3.1)   ⑩ 충북(3.1)
⑪ 충남(4.1)   ⑫ 전북(3.7)   ⑬ 전남(3.9)   ⑭ 경북(5.5)   ⑮ 경남(6.5)
⑯ 제주(1.1)

〈선문 2〉 귀하의 현재 사시는 곳은 어디입니까?(%)
① 대도시(46.7)   ② 동지역(34.7)   ③ 읍·면지역(18.6)

〈선문 3〉 귀하의 성별은 무엇입니까?(%)
① 남자(49.4)   ② 여자(50.6)

〈선문 4〉 귀하의 출생연도는 어떻게 되십니까?(%)
① 20대(19.8)   ② 30대(21.6)   ③ 40대(22.6)   ④ 50대(16.8)   ⑤ 60세 이상(19.1)

[사회일반]

1. 선생님께서는 국가로부터 어느 정도 혜택을 받고 있다고 생각하십니까?(%)
   1) 매우 많이 받고 있다(0.7)　　　2) 많이 받는 편이다(13.3)
   3) 적게 받는 편이다(53.1)　　　4) 전혀 받고 있지 않다(32.9)

2. 선생님이 생각하시기에, 우리 사회에서 성공하기 위해 가장 중요한 것이 무엇이라고 보십니까?(%)
   1) 타고난 자질과 능력(22.4)　　　2) 학연 또는 지연(13.3)
   3) 부모의 사회경제적 배경(26.7)　4) 개인의 노력(37.0)
   5) 기타/무응답(0.5)

3. 선생님의 개인생활에서 다음 중 어느 것이 가장 중요하다고 생각하십니까?(%)
   1) 건강(52.0)　　　2) 여가 및 취미(4.3)　　　3) 가족(18.4)
   4) 돈(15.2)　　　5) 직업(7.0)　　　6) 사회적 지위(2.7)
   7) 기타(0.3)

4. 선생님께서는 현재의 전반적인 생활에 어느 정도 만족하고 계십니까?(%)
   1) 아주 만족한다(1.5)　　　2) 만족하는 편이다(58.5)
   3) 만족하지 않는 편이다(35.7)　4) 전혀 만족하지 않는다(4.3)

5. 현재 선생님 가정의 경제 상황은 5년 전과 비교하여 어떻습니까?(%)
   1) 크게 나아졌다(1.5)　　　2) 조금 나아졌다(21.3)
   3) 비슷하다(45.3)　　　4) 조금 나빠졌다(24.3)
   5) 크게 나빠졌다(7.6)

[정치견해]

6. 선생님께서는 평소 정치에 대하여 얼마나 관심이 있으십니까?(%)
   1) 아주 관심이 많다(4.0)　　　2) 어느 정도 관심이 있다(33.0)
   3) 별로 관심이 없다(45.4)　　　4) 전혀 관심이 없다(17.5)

7. 선생님께서는 "나 같은 사람이 정부가 하는 일에 대해 뭐라고 얘기해 봤자 아무 소용이 없다"는 견해에 대하여 어떻게 생각하십니까?(%)
   1) 매우 공감한다(23.6)   2) 공감하는 편이다(58.6)
   3) 공감하지 않는 편이다(13.9)   4) 전혀 공감하지 않는다(3.6)

8. 다음 두 집단 사이에 갈등이 얼마나 크다고 생각하십니까?(%)

	아주 작다	작은 편이다	큰 편이다	아주 크다
1) 기성세대와 젊은 세대	0.8	27.1	60.6	11.5
2) 기업가와 노동자	0.8	12.4	60.9	26.0
3) 부유층과 서민층	1.0	5.8	41.6	51.6
4) 영남과 호남	2.0	37.3	48.4	12.3
5) 수도권과 지방	2.0	25.6	54.0	18.4
6) 남성과 여성	6.9	59.5	30.6	3.0
7) 진보와 보수	1.2	26.4	53.9	18.5

9. 선생님께서는 우리 사회가 우선해야 하는 가치가 무엇이라고 생각하십니까? 아래 보기 가운데 2개만 골라 주십시오.(복수응답, %)
   1) 법과 질서(71.6)   2) 국민의 정치참여(21.0)
   3) 경제 성장(81.3)   4) 표현의 자유(26.0)

10. 선생님은 자신의 이념성향에 대해 어떻게 생각하십니까? 0에서 10까지의 숫자로 답해주십시오.(%)

진보	←--				중도				--→	보수
0 (0.30)	1 (1.3)	2 (4.1)	3 (10.5)	4 (8.5)	5 (43.1)	6 (12.0)	7 (11.1)	8 (5.4)	9 (2.5)	10 (1.3)

11. 선생님께서는 다음과 같은 조직이나 단체를 얼마나 신뢰하고 계십니까?(%)

	상당히 신뢰한다	어느 정도 신뢰한다	별로 신뢰하지 않는다	전혀 신뢰하지 않는다
1) 교회	13.7	34.1	40.6	11.7
2) 군대	8.8	63.1	25.4	2.7
3) 법원	6.2	61.4	28.1	4.4
4) 신문	9.6	60.5	25.9	3.9
5) 텔레비전	9.6	65.1	22.5	2.8
6) 노동조합	1.3	46.8	45.4	6.4
7) 경찰	3.1	48.0	42.2	6.7
8) 공무원	2.9	42.4	46.3	8.3
9) 정당	0.7	13.7	56.8	28.8
10) 국회	0.8	11.2	52.3	35.6
11) 시민단체	6.2	54.2	33.2	6.2
12) 대기업	2.6	50.6	40.4	6.3
13) 대학	5.3	65.7	26.1	2.8
14) 인터넷(포털사이트)	4.5	51.9	37.8	5.6
15) 대통령	3.0	42.7	41.3	12.9

12. 선생님은 현실정치에 대한 정보를 어디서 가장 많이 얻고 있습니까?(%)
  1) 신문이나 잡지(16.5)   2) 텔레비전(53.3)   3) 인터넷(25.8)
  4) 직장(0.6)   5) 이웃이나 친구(2.8)   6) 가족(0.9)
  7) 기타(0.3)

13. 다음은 우리나라 역대 대통령의 명단입니다. 선생님께서 호감을 갖는 정도를 0점에서
    10점 사이로 평가해 주십시오(매우 좋아하면 10점, 보통이면 5점, 매우 싫어하면 0점
    입니다).(평균점수)

1) 이승만	2) 박정희	3) 전두환	4) 노태우	5) 김영삼	6) 김대중	7) 노무현	8) 이명박
4.8	6.8	3.7	3.1	3.6	5.3	6.1	4.5

[선거와 정당]

14. 선생님께서는 2008년에 치러진 18대 국회의원선거에서 투표를 하셨습니까?(%)
    1) 투표했다(72.8)   2) 기권했다(22.2)
    3) 투표권이 없었다(4.9)

15. 선생님께서는 한국정치발전에 우리나라 정당들이 어느 정도 기여하였다고 생각하십니까?(%)
    1) 크게 기여하였다(1.4)   2) 조금 기여하였다(43.1)
    3) 별로 기여하지 않았다(44.1)   4) 전혀 기여하지 않았다(11.4)

16. 선생님께서는 다음의 견해에 대해 어떻게 생각하십니까?(%)

	매우 그렇다	그런 편이다	그렇지 않은 편이다	전혀 그렇지 않다
1) 우리나라 정당들은 국민의 의사를 대변하고 있다	0.8	20.0	58.6	20.6
2) 우리나라 정당들의 정책노선은 차이가 없다	7.2	47.7	36.2	8.8
3) 우리나라 정당들은 소수의 리더에 의해 움직인다	25.2	58.9	12.7	3.0
4) 정당들 간의 갈등과 반목이 심하다	46.9	44.4	6.1	2.4
5) 우리나라 정당들은 분열과 통합이 빈번하다	45.3	47.4	5.4	1.9

17. 선생님께서 현재 지지하는 정당이 있으십니까?(%)
    1) 있다(17-1번으로)(29.6)   2) 없다(18번으로)(70.4)

17-1. 선생님은 어느 정당을 지지하십니까?
    1) 한나라당(50.0)   2) 민주당(28.5)   3) 자유선진당(2.4)
    4) 민주노동당(7.4)   5) 친박연대(미래희망연대)(5.8)   6) 진보신당(0.9)
    7) 국민참여당(3.9)   8) 기타(1.1)

18. 선생님께서는 다음 정당들에 대해 어느 정도 호감을 가지고 계십니까?(%)

	매우 좋아한다	좋아하는 편이다	싫어하는 편이다	매우 싫어한다
1) 한나라당	3.3	34.9	51.2	10.6
2) 민주당	1.7	31.9	60.2	6.1
3) 자유선진당	0.4	16.8	74.7	8.0
4) 민주노동당	1.9	26.0	61.6	10.4
5) 친박연대 (미래희망연대)	3.2	26.4	61.2	9.0
6) 창조한국당	0.2	13.9	75.6	10.2
7) 진보신당	0.2	14.0	74.1	11.5
8) 국민참여당	0.9	17.4	71.7	9.8

19. 선생님께서는 다음의 주장들에 대해 어떻게 생각하십니까?

주장	매우 찬성한다	찬성하는 편이다	반대하는 편이다	매우 반대한다
1) 기업 활동에 정부는 간섭하지 말아야 한다	10.8	61.2	27.0	1.1
2) 민족적 차원에서 북한에 대한 지원은 가능한 한 많이 해야 한다	4.4	37.2	48.5	9.8
3) 경제발전을 위해 환경파괴는 감수해야 한다	1.9	18.6	54.3	25.2
4) 여성을 비롯한 사회적 약자를 보호하기 위해 특별한 혜택을 주어야 한다	23.4	62.5	12.7	1.4
5) 정부는 경제성장의 혜택을 나누어주는 일보다는 경제를 성장시키는 일에 더 치중해야 한다	10.9	46.0	37.0	5.9
6) 균형발전을 위해 특정지역의 희생은 감수해야 한다	3.1	37.7	46.1	13.1
7) 고등학교들은 학업능력에 따라 자유롭게 학생을 선발할 수 있는 기회를 가져야 한다	11.3	54.0	29.7	5.0

[정치와 사회활동]

20. 선생님께서는 자신의 의사를 반영하기 위해 다음 정치행동에 참여한 적이 있으십니까?(%)

	있다	없다
1) 정당 및 정치인 접촉 (전화, 편지, 행사참여, 만남 등)	12.6	87.4
2) 서명(길거리나 인터넷 서명 포함)	29.8	70.2
3) 시위나 집회참여	7.4	92.6

21. 선생님께서는 학교나 직장 이외의 다른 조직에 가입하여 활동하고 계십니까? 현재 가입하고 계신 단체에 전부 표시하여 주십시오.(%)

1) 종교단체(교회, 성당, 절 등)(37.7) 2) 협동조합(농협, 수협, 생협 등)(5.0)
3) 자선단체(4.4) 4) 동창회(41.3)
5) 향우회(7.0) 6) 종친회(10.1)
7) 노동조합(1.4) 8) 직업과 관련된 협회(8.3)
9) 동호회(17.8) 10) 정치단체(정당, 재야단체 등)(1.0)
11) 시민단체(1.4) 12) 계(25.7)
13) 기타(15.9) 14) 없다(1.3)

[지역 관련]

22. 선생님께 출신지란 어떤 의미를 갖습니까? 다음 중 가장 가까운 것을 하나 골라 주십시오.(%)

1) 자신이 태어난 곳(63.1)
2) 자신이 어릴 때 주로 살았던 곳(30.4)
3) 아버지의 고향(6.5)

23. 선생님은 출신지 때문에 이익이나 불이익을 받은 적이 있습니까?(%)

	있다	없다
1) 이익	6.4	93.6
2) 불이익	6.8	93.2

24. 선생님께서는 선생님의 출신지에 대해 어떻게 생각하십니까?(%)
    1) 매우 자랑스럽다(6.5)　　　　　2) 자랑스러운 편이다(75.5)
    3) 자랑스럽지 않은 편이다(16.5)　　4) 전혀 자랑스럽지 않다(1.5)

25. 선생님은 지금의 지역주의가 언제 처음 생겼다고 생각하십니까?(%)
    1) 해방 이전(20.4)
    2) 제3공화국 박정희 정권 시기(40.8)
    3) 1980년 광주민주화운동 시기(29.9)
    4) 1987년 민주화 이후(8.7)
    5) 모름/무응답(0.1)

26. 선생님은 우리나라 정치에 나타나는 지역주의의 가장 큰 원인이 무엇이라고 생각하십니까?(%)
    1) 지역 간 사회경제적 발전의 격차(23.8)
    2) 지역민에 대한 전통적인 고정관념과 편견(26.8)
    3) 정치지도자의 지역주의 이용(43.0)
    4) 엘리트 충원에서 지역적 차별과 특혜(6.2)
    5) 모름/무응답(0.3)

27. 선생님께서는 우리나라 지역주의 정치구도에 대해 어떻게 평가하십니까?(%)
    1) 시급히 개선되어야 할 문제이다(58.9)
    2) 개선되어야 하지만 심각한 문제는 아니다(36.6)
    3) 크게 문제가 되지 않는다(4.6)

28. 선생님께서는 우리 지역(광역 시·도)의 발전을 위해 '지역 출신 대통령이 당선되거나 지역 대표 정당이 있어야 한다'는 견해에 대해 어떻게 생각하십니까?(%)
    1) 매우 공감한다(8.4)　　　　　2) 공감하는 편이다(49.2)
    3) 공감하지 않는 편이다(30.5)　　4) 전혀 공감하지 않는다(11.9)

29. 선생님께서는 우리나라 각 지역(영남, 호남, 충청, 강원, 제주, 수도권) 간 경제격차가 어느 정도라고 생각하십니까?(%)
    1) 매우 크다(16.0)　　　　　2) 큰 편이다(62.6)
    3) 적은 편이다(20.1)　　　　4) 거의 없다(1.3)

30. 선생님께서는 우리나라 지역(영남, 호남, 충청, 강원, 제주, 수도권) 간 경제격차가
    앞으로 어떻게 될 것 같으십니까?(%)
    1) 많이 줄어들 것이다(6.0)   2) 어느 정도 줄어들 것이다(61.0)
    3) 약간 늘어날 것이다(21.8)   4) 많이 늘어날 것이다(11.2)

31. 선생님께서 이사/이주를 해야 한다면 다음 중 어느 시도로 옮기시겠습니까?(%)
    1) 서울(26.3)   2) 경기(15.1)   3) 인천(3.5)   4) 강원(7.3)
    5) 광주(2.0)   6) 전북(2.2)   7) 전남(2.7)   8) 대구(2.9)
    9) 경북(4.0)   10) 부산(5.8)   11) 울산(1.4)   12) 경남(4.7)
   13) 대전(4.7)   14) 충북(2.3)   15) 충남(3.6)   16) 제주(7.3)
   17) 모름/무응답(4.3)

32. 선생님께서는 다음 대통령 가운데 우리나라 지역갈등이 심화되는 데에 가장 큰 영향
    을 끼친 사람이 누구라고 생각하십니까?(%)
    1) 박정희(20.3)   2) 전두환(33.0)   3) 노태우(1.9)   4) 김영삼(7.5)
    5) 김대중(28.0)   6) 노무현(3.9)   7) 이명박(5.3)

33. 선생님께서 느끼시는 각 지역민들에 대한 호감 정도를 0~10점으로 평가해 주십시
    오.(%)

| | 싫다 ←─────────────────────────────────→ 좋다 | | | | | | | | | |
	0	1	2	3	4	5	6	7	8	9	10
1) 서울/인천/경기	0.8	0.9	1.3	3.0	3.2	22.6	10.8	18.5	21.7	11.5	5.8
2) 충청	0.3	0.3	1.1	2.5	4.0	31.3	16.6	18.1	15.9	6.5	3.4
3) 호남	0.8	2.3	2.9	8.0	10.6	30.3	11.0	13.3	12.1	5.3	3.3
4) 영남	0.6	1.1	2.1	5.1	7.5	27.1	16.8	17.7	13.5	5.9	2.6
5) 강원	0.6	0.5	1.2	2.2	5.4	28.9	17.2	19.6	15.8	5.2	3.5
6) 제주	0.2	0.3	0.5	1.8	4.4	31.6	17.3	17.3	16.5	5.9	4.0

34. 선생님은 배우자나 직장동료의 출신지가 아래와 같을 때, 어떤 느낌을 가지십니까?
    (평균점수)
    0점부터 5점 사이의 점수로 답변해 주십시오.

싫다	←					→	좋다
0		1	2	3	4		5

	서울/ 인천/경기	충청	호남	영남	강원	제주
1) 배우자	3.92	3.57	3.19	3.46	3.48	3.45
2) 직장동료	3.86	3.62	3.22	3.49	3.53	3.52

35. 선생님께서는 '출신지역에 따라 성격이나 기질에 차이가 있다'는 주장에 대해 어떻게
    생각하십니까?(%)
    1) 매우 공감한다(10.1)   2) 공감하는 편이다(68.4)
    3) 공감하지 않는 편이다(17.9)   4) 전혀 공감하지 않는다(3.6)

[인구통계 정보]

36. 선생님께서는 자신이 어떤 사회계층에 속한다고 생각하십니까?(%)
    1) 상위 계층(0.2)   2) 중상위 계층(24.7)
    3) 중하위 계층(57.8)   4) 하위 계층(17.2)

37. 선생님의 출신지는 어디입니까?(%)
    1) 서울(13.6)   2) 경기(11.4)   3) 인천(3.2)   4) 강원(6.0)
    5) 광주(1.8)   6) 전북(6.8)   7) 전남(10.5)   8) 대구(4.1)
    9) 경북(11.2)   10) 부산(5.7)   11) 울산(0.9)   12) 경남(8.7)
    13) 대전(1.8)   14) 충북(4.0)   15) 충남(8.3)   16) 제주(1.4)
    17) 이북 및 해외(1.9)

38. 선생님의 최종 학력은 어떻게 되십니까?(%)
    1) 중졸 이하(16.0)   2) 고졸(43.4)   3) 대재 이상(40.6)

39. 선생님 댁의 한 달 총수입은 어느 정도입니까?(%)
   (상여금, 이자, 임대료 등 가족 전체의 수입을 합하여 월평균으로 말씀해 주십시오.)
   1) 100만 원 미만(8.0)   2) 100~200만 원 미만(17.5)
   3) 200~300만 원 미만(24.6)   4) 300~400만 원 미만(26.1)
   5) 400~500만 원 미만(14.2)   6) 500~700만 원 미만(7.2)
   7) 700만 원 이상(2.4)

41. 선생님의 종교는 무엇입니까?(가나다순)(%)
   1) 기독교(26.4)   2) 불교(22.8)   3)유교(0.3)
   4) 원불교(0.4)   5) 천주교(9.1)   6)기타(0.3)
   7) 종교 없음(40.7)

42. 선생님의 혼인상태는 다음 중 어디에 해당하십니까?(%)
   1) 미혼(21.6)   2) 기혼(74.5)   3) 이혼(1.3)   4) 사별(2.6)

43. 현재 선생님이 사시는 집은 다음 중 어디에 해당하십니까?(%)
   1) 자가(72.5)   2) 전세(20.7)   3) 월세(5.0)
   4) 기타(1.8)

계층갈등을 중심으로

모집단	전국의 만 19세 이상 성인남녀
표본크기	1,500명
표본추출	2010년 12월 주민등록인구현황에 따라 성별, 연령별, 지역별 인구구성비에 따라 비례할당 후 무작위추출
표집오차	무작위추출을 전제할 경우, 95% 신뢰수준에서 최대허용 표집오차는 ±2.5%
조사방법	개별면접조사(Face-to-Face)
조사기간	2011.8.17~9.16(31일간)
조사기관	(주)한국리서치

〈선문 1〉 현재 귀하가 사시는 곳은 어디입니까?(%)
　① 서울(21.1)　② 부산(7.3)　③ 대구(5.0)　④ 인천(5.5)　⑤ 대전(2.9)
　⑥ 광주(2.7)　⑦ 울산(2.1)　⑧ 경기(22.7)　⑨ 강원(3.1)　⑩ 충북(3.1)
　⑪ 충남(4.1)　⑫ 전북(3.6)　⑬ 전남(3.9)　⑭ 경북(5.5)　⑮ 경남(6.4)
　⑯ 제주(1.1)

〈선문 2〉 귀하의 현재 사시는 곳은 어디입니까?(%)
　① 대도시(46.7)　② 동지역(34.9)　③ 읍·면지역(18.5)

〈선문 3〉 귀하의 성별은 무엇입니까?(%)
　① 남자(49.5)　② 여자(50.5)

〈선문 4〉 귀하의 출생연도는 어떻게 되십니까?(%)
　① 20대(19.1)　② 30대(21.4)　③ 40대(22.3)　④ 50대(17.8)　⑤ 60세 이상(19.5)

1. 선생님께서는 국가로부터 어느 정도 혜택을 받고 있다고 생각하십니까?(%)
   ① 매우 많이 받고 있다(0.8)　　　② 많이 받는 편이다(12.8)
   ③ 적게 받는 편이다(55.8)　　　④ 전혀 받고 있지 않다(28.1)

2. 선생님이 생각하시기에, 우리 사회에서 성공하기 위해 가장 중요한 것이 무엇이라고
   보십니까?(%)
   ① 타고난 자질과 능력(22.1)　　　② 학연 또는 지연(16.4)
   ③ 부모의 사회경제적 배경(32.4)　　④ 개인의 노력(29.1)
   ⑤ 기타(0.1)

3. 선생님의 개인생활에서 다음 중 어느 것이 가장 중요하다고 생각하십니까?(%)
   ① 건강(47.7)　　　② 여가 및 취미(5.6)　　　③ 가족(19.9)
   ④ 돈(17.2)　　　⑤ 직업(6.3)　　　⑥ 사회적 지위(3.3)
   ⑦ 기타(0.1)

4. 현재 선생님 가정의 경제 상황은 5년 전과 비교하여 어떻습니까?(%)
   ① 크게 나아졌다(1.5)　　　② 조금 나아진 편이다(16.4)
   ③ 비슷하다(50.1)　　　④ 조금 나빠진 편이다(26.1)
   ⑤ 크게 나빠졌다(5.9)

5. 선생님께서는 평소 정치에 대하여 얼마나 관심이 있으십니까?(%)
   ① 아주 관심이 많다(3.3)
   ② 어느 정도 관심이 있는 편이다(29.2)
   ③ 별로 관심이 없는 편이다(49.4)
   ④ 전혀 관심이 없다(18.1)

6. 선생님께서는 "나 같은 사람이 정부가 하는 일에 대해 뭐라고 얘기해 봤자 아무 소용이
   없다"는 견해에 대하여 어떻게 생각하십니까?(%)
   ① 매우 공감한다(31.5)　　　② 공감하는 편이다(50.0)
   ③ 공감하지 않는 편이다(17.4)　　④ 전혀 공감하지 않는다(1.2)

7. 다음 두 집단 사이에 갈등이 얼마나 크다고 생각하십니까?(%)

	아주 작다	작은 편이다	큰 편이다	아주 크다
1) 기성세대와 젊은 세대	1.1	26.4	61.8	10.8
2) 기업가와 노동자	0.3	11.7	60.1	27.9
3) 부유층과 서민층	0.7	8.8	44.6	45.9
4) 영남과 호남	4.3	39.6	42.1	14.1
5) 수도권과 지방	3.9	33.2	48.0	14.9
6) 남성과 여성	13.5	50.3	33.4	2.9
7) 진보와 보수	1.3	20.0	57.6	21.1

8. 선생님께서는 우리 사회가 우선해야 하는 가치가 무엇이라고 생각하십니까? 아래 보기 가운데 2개만 골라 주십시오.(%)
   ① 경제성장(77.6) ② 법과 질서(72.2) ③ 표현의 자유(26.4) ④ 국민의 참여(23.8)

9. 선생님께서는 다음과 같은 조직이나 단체를 얼마나 신뢰하고 계십니까?

	상당히 신뢰한다	어느 정도 신뢰한다	별로 신뢰하지 않는다	전혀 신뢰하지 않는다
1) 교회	8.7	28.1	48.1	15.1
2) 군대	5.7	51.7	38.9	3.8
3) 법원	6.4	54.9	33.9	4.8
4) 신문	6.7	60.2	29.7	3.3
5) 텔레비전	6.5	63.0	27.8	2.8
6) 노동조합	3.5	42.4	46.7	7.4
7) 경찰	3.8	47.0	41.5	7.7
8) 공무원	2.8	42.3	44.4	10.5
9) 정당	0.2	14.5	57.0	28.2
10) 국회	0.4	12.7	50.9	36.0
11) 시민단체	8.1	48.6	36.3	7.1
12) 대기업	2.3	40.4	50.6	6.7
13) 대학	5.1	52.8	37.7	4.3
14) 인터넷(포털사이트)	3.8	45.6	43.2	7.5
15) 대통령	3.6	36.2	46.2	14.0

10. 선생님께서는 현재의 생활수준에 얼마나 만족 혹은 불만족하십니까?(%)
　　① 매우 만족한다(0.7)　　　　② 만족하는 편이다(44.3)
　　③ 불만족 하는 편이다(50.6)　　④ 매우 불만이다(4.4)

11. 선생님께서는 현재의 소득수준에 얼마나 만족 혹은 불만족하십니까?(%)
　　① 매우 만족한다(0.5)　　　　② 만족하는 편이다(34.7)
　　③ 불만족 하는 편이다(59.3)　　④ 매우 불만이다(5.5)

[분배의식]

12. 우리사회에서 경제적 부의 분배가 얼마나 공정하게 이루어지고 있다고 생각하십니까?(%)
　　① 매우 공정하다(0.2)　　　　② 공정한 편이다(9.9)
　　③ 공정하지 않은 편이다(73.6)　　④ 전혀 공정하지 않다(16.3)

13. 선생님께서는 우리 사회의 빈부격차 문제에 대해 어떻게 생각하십니까?(%)
　　① 매우 심각하다(46.0)
　　② 약간 심각한 편이다(47.6)
　　③ 별로 심각하지 않은 편이다(5.7)
　　④ 전혀 심각하지 않다(0.6)

14. 사람들이 잘 살거나 못 사는 차이가 생기는 이유는 무엇 때문이라고 생각하십니까? 가장 중요한 이유를 한 가지만 말씀해 주십시오.(%)
　　① 개인의 능력(26.0)　　　　　② 개인의 성실성(11.8)
　　③ 부모를 잘 만나고 못 만난 차이(17.0)　　④ 사회의 구조적 문제(32.4)
　　⑤ 정부의 잘못된 정책(12.7)　　⑥ 기타(0.1)

15. 선생님께서는 노력한다면 지금보다 개인의 사회 경제적 지위가 높아질 수 있다고 생각하십니까?(%)
　　① 매우 그렇다(4.0)
　　② 대체로 그런 편이다(46.5)
　　③ 그렇지 않은 편이다(44.3)
　　④ 전혀 그렇지 않다(5.1)

16. 선생님께서는 선생님의 노력에 비해 사회적으로 받는 대우가 어떻다고 생각하십니까?(%)
    ① 노력에 비해 대우가 매우 높다(0.3)
    ② 노력에 비해 대우가 높은 편이다(14.8)
    ③ 노력에 비해 대우가 낮은 편이다(77.9)
    ④ 노력에 비해 대우가 매우 낮다(7.0)

17. 소득이나 직업, 교육수준, 재산 등을 고려할 때 선생님의 사회경제적 지위는 다음 중 어디에 속한다고 생각하십니까?(%)
    ① 상층(0.1)   ② 중상층(3.2)   ③ 중간층(36.1)
    ④ 중하층(46.4)   ⑤ 하층(14.1)

18. 선생님께서는 본인이 속한 계층에 대해서 만족하십니까?(%)
    ① 매우 만족한다(0.5)
    ② 만족하는 편이다(33.0)
    ③ 만족하지 않는 편이다(57.4)
    ④ 전혀 만족하지 않는다(9.2)

19. 선생님께서는 계층을 구분하는 데 가장 중요한 기준이 무엇이라고 생각하십니까?(%)
    ① 소득(36.1)   ② 교육(5.6)   ③ 직업(12.6)
    ④ 재산(36.4)   ⑤ 가치관(9.2)

20. 다음은 우리나라 계층을 5가지로 분류한 것입니다. 각각의 계층에 대해 선생님께서 느끼시는 거리감 정도를 0에서 10으로 평가해 주십시오. 매우 가깝다고 느끼시면 0, 보통이면 5 매우 멀다고 느끼시면 10입니다.

| | 가깝다 ← | | | | | | | | | → 멀다 | |
	0	1	2	3	4	5	6	7	8	9	10
1) 상층	0.3	0.6	1.2	1.7	2.0	6.7	5.6	11.1	19.9	18.0	32.9
2) 중상층	1.1	2.0	3.0	4.3	6.8	15.5	15.6	20.1	17.1	8.8	5.9
3) 중간층	5.1	6.2	8.2	10.9	11.8	27.7	13.5	6.8	4.5	2.7	2.4
4) 중하층	5.6	11.5	16.4	17.5	15.6	18.8	5.8	4.1	2.6	0.7	1.4
5) 하층	6.5	10.8	12.7	15.0	12.4	17.5	6.9	5.2	4.2	3.9	4.8

21. 선생님께서는 다음 중 어떤 집단의 사람들과 가장 동질감을 느끼십니까?(%)
   ① 비슷한 계층(재산, 직업, 소득)(49.4)
   ② 비슷한 이념(16.5)
   ③ 같은 고향(4.8)
   ④ 비슷한 연령(세대)(29.1)

22. 선생님의 자녀가 선생님과 매우 다른 계층의 자녀와 친구관계를 맺는 것에 대해 어떻게 생각하십니까?(%)
   ① 매우 찬성한다(2.8)
   ② 찬성하는 편이다(42.9)
   ③ 반대하는 편이다(19.5)
   ④ 매우 반대한다(3.0)
   ⑤ 관계없다(31.8)

23. 선생님은 선생님과 매우 다른 계층의 사람과 사돈을 맺는 것에 대해 어떻게 생각하십니까?(%)
   ① 매우 찬성한다(2.0)
   ② 찬성하는 편이다(33.8)
   ③ 반대하는 편이다(32.0)
   ④ 매우 반대한다(6.5)
   ⑤ 관계없다(25.6)

24. 다음은 직업별로 분류한 것입니다. 각각의 직업에 대해 선생님께서 느끼시는 호감 정도를 0에서 10으로 평가해 주십시오. 매우 싫으면 0, 보통이면 5, 매우 좋으면 10입니다.

| | 싫다 ←――――――――――――――――――――→ 좋다 | | | | | | | | | |
	0	1	2	3	4	5	6	7	8	9	10
1) 농/임/어업 종사자	2.3	4.1	5.5	7.9	5.6	23.2	9.5	11.8	13.7	7.8	8.7
2) 자영업	0.5	0.9	2.3	4.2	5.1	23.6	15.8	19.5	15.1	7.1	5.8
3) 판매/영업/서비스	1.1	1.1	3.7	5.0	9.6	28.0	17.6	14.9	10.6	4.6	3.9
4) 생산/기능/노무직	1.2	2.7	5.1	8.6	11.4	26.8	13.8	13.4	8.0	4.9	4.0
5) 사무/관리/전문직	0.2	0.5	1.5	1.3	3.6	16.2	11.1	19.2	21.6	14.9	10.0

25. 선생님께서 현재 개인적으로 잘 어울려 지내는 사람들은 주로 어느 집단에 속해 있습니까? 중요한 순서대로 두 가지만 응답해 주십시오.(1, 2순위 합계 %)
   ① 나와 비슷한 소득수준(43.7)
   ② 나와 비슷한 교육수준(26.7)
   ③ 나와 비슷한 직업(50.7)
   ④ 나와 비슷한 재산 정도(13.2)
   ⑤ 나와 비슷한 가치관(62.8)
   ⑥ 기타(2.7)

26. 선생님께서 현재 잘 어울리지 않고 있는 사람들은 주로 어느 집단에 속한 사람들입니까? 순서대로 두 가지만 응답해 주십시오.(1, 2순위 합계 %)
   ① 나와 다른 소득수준(38.8)
   ② 나와 다른 교육수준(29.4)
   ③ 나와 다른 직업 (36.6)
   ④ 나와 다른 재산 정도(36.5)
   ⑤ 나와 다른 가치관(55.5)
   ⑥ 기타(3.2)

[정치적 의견]

27. 다음 선거에서 어떤 정당이 집권하느냐에 따라 선생님의 생활여건이 달라질 수 있다고 생각하십니까?(%)
   ① 매우 그렇다(1.7)   ② 그런 편이다(19.6)
   ③ 그렇지 않는 편이다(58.3)   ④ 전혀 그렇지 않다(20.3)

28. 선생님이 속한 계층의 이익을 대변하는 정당이 있다고 생각하십니까?(%)
   ① 있다(13.3)   ② 없다(86.7)

28-1. 그렇다면 그 정당은 어느 정당입니까?(%)
   ① 한나라당(44.9)   ② 민주당(32.8)
   ③ 자유선진당(1.5)   ④ 민주노동당(13.5)
   ⑤ 창조한국당(1.0)   ⑥ 국민참여당(3.5)
   ⑦ 진보신당(1.0)   ⑧ 기타(1.8)

29. 우리나라 정당들이 내세우는 정책에 얼마나 차이가 있다고 생각하십니까?(%)
  ① 매우 차이가 있다(4.5)
  ② 차이가 있는 편이다(30.8)
  ③ 차이가 없는 편이다(53.6)
  ④ 전혀 차이가 없다(11.0)

29-1. (29.에서 ① 혹은 ②로 답변한 경우) 다음의 정책분야 중 정당 간에 차이가 가장
  큰 것은 무엇이라고 생각하십니까?(%)
  ① 경제정책(37.8)
  ② 복지정책(36.3)
  ③ 외교정책(3.4)
  ④ 대북정책(15.2)
  ⑤ 인권정책(6.7)
  ⑥ 기타(0.6)

30. 선생님께서는 다음 사안에 대해 어떠한 입장을 가지고 계십니까?(%)

	매우 찬성	약간 찬성	약간 반대	매우 반대	잘 모름
1) 세금 인하 정책	31.8	45.3	13.7	5.5	3.8
2) 복지의 확대	41.4	42.9	11.2	3.1	1.3
3) 한미동맹의 강화	9.0	47.2	29.7	6.5	7.7
4) 대북지원의 확대	4.7	22.7	37.0	31.3	4.3
5) 인터넷상 실명제 도입	18.8	37.1	22.0	11.3	10.8
6) 사형제도의 폐지	7.1	20.9	31.9	34.3	5.8
7) FTA 체결 등 시장의 개방	5.7	37.2	36.7	11.6	8.9
8) 무상급식의 전면 도입	19.3	33.9	27.3	16.7	2.7
9) 기업 활동에 관한 규제완화	10.0	44.8	29.4	8.7	7.2
10) 대학입시의 자율화	15.3	47.1	25.7	5.5	6.4
11) 지역 간 균형발전	41.2	45.2	10.2	1.9	1.5
12) 사회약자를 위한 배려정책 확대	43.6	41.9	12.2	1.0	1.2

31. 다음의 정책에 대해서 선생님의 의견과 가장 가까운 정당은 어느 정당이라고 생각하십니까?(%)

	한나라당	민주당	민주노동당	자유선진당	국민참여당	진보신당	창조한국당	없다
1) 세금정책	28.1	22.7	5.1	2.8	0.3	0.6	0.6	39.8
2) 복지정책	28.2	29.0	6.2	2.4	1.1	0.8	0.3	32.0
3) 한미관계	39.4	18.5	2.5	2.2	0.5	0.3	0.2	36.4
4) 대북정책	33.1	30.0	3.1	2.3	0.6	0.5	0.2	30.2
5) FTA 체결 등 시장개방	36.8	21.4	2.3	2.1	0.7	0.3	0.2	36.3
6) 무상급식	32.7	37.7	2.4	1.2	0.8	0.6	0.1	24.4
7) 기업활동에 대한 규제	25.0	21.3	6.2	3.6	1.2	0.4	0.4	41.9
8) 대학입시의 자율화	22.0	21.2	2.5	2.0	1.4	0.9	0.5	49.5
9) 지역 간 균형발전	24.0	20.9	3.3	3.1	0.9	0.7	1.0	46.0

32. 선생님께서는 자신의 이념성향에 대해 어떻게 생각하십니까? 이념성향을 진보(0)에서 보수(10)로 구분하였을 때 숫자로 답해 주십시오.(%)

진보					중도					보수
0	1	2	3	4	5	6	7	8	9	10
0.5	1.2	5.2	9.2	9.2	40.5	11.7	10.9	8.0	2.0	1.4

33. 선생님께서는 우리나라 정당의 이념성향에 대해 어떻게 생각하십니까? 각 정당의 이념성향을 진보(0)에서 보수(10)로 구분하였을 때 숫자로 답해 주십시오.(%)

	진보					중도					보수
	0	1	2	3	4	5	6	7	8	9	10
1) 한나라당	0.6	0.9	1.9	4.8	4.7	15.3	10.0	18.9	22.3	11.1	9.4
2) 민주당	1.6	4.5	8.1	13.4	16.5	27.9	10.1	9.1	5.4	1.7	1.6
3) 자유선진당	0.6	1.4	4.0	8.3	12.4	35.7	13.8	10.1	6.3	4.4	2.9
4) 민주노동당	6.3	9.7	11.0	13.0	14.4	28.5	8.1	4.1	2.3	0.8	1.5

34. 선생님께서는 지난 2007년 17대 대선에서 어느 후보에 투표하셨습니까?(후보자 기호 순)(%)

(설문대상 만 19세 이상 남녀)

이명박 후보	정동영 후보	이회창 후보	문국현 후보	권영길 후보	기타 후보	기권	투표권 없었음
43.6	17.5	6.5	3.8	1.3	1.4	18.8	7.0

35. 선생님께서는 지난 2008년 18대 국회의원선거에서 선생님 지역의 국회의원으로 어느 정당 후보에게 투표하셨습니까?(%)

한나라당	민주당	자유선진당	민주노동당	국민참여당	미래희망연대	창조한국당	진보신당	국민중심연합	기타	기권	투표권 없었음
37.1	25.9	2.8	2.6	0.6	0.4	0.3	0.3	0.1	1.9	22.0	6.1

36. 선생님께서는 지난 2010년 5회 지방선거에서 선생님 지역의 시도지사로 어느 정당의 후보에게 투표하셨습니까?(%)

한나라당	민주당	자유선진당	민주노동당	미래희망연대	국민참여당	진보신당	창조한국당	국민중심연합	기타	기권	투표권 없었음
32.5	24.9	2.8	1.5	0.6	0.4	0.2	0.1	0.1	2.9	30.6	3.3

37. 선생님께서 평소에 지지하는 정당이 있습니까?(%)
    ① 있다(36.7)   ② 없다(63.3)

37-1. 그렇다면 그 정당은 어느 정당입니까?(%)

한나라당	민주당	민주노동당	자유선진당	미래희망연대	진보신당	국민참여당	창조한국당
52.5	39.2	3.7	1.4	1.2	0.9	0.7	0.4

38. 선생님께서는 다음 정당들에 대해 얼마나 가깝게 느끼십니까? 점수로 답해주시기 바
랍니다. 나와 매우 멀다고 생각하면 0, 보통이면 5, 매우 가까우면 10에 표시해 주십
시오.(%)

| | 멀다 ←--→ 가깝다 | | | | | | | | | |
	0	1	2	3	4	5	6	7	8	9	10
1) 한나라당	9.2	9.4	8.7	10.6	6.2	19.4	10.1	10.9	9.6	3.6	2.3
2) 민주당	6.9	11.3	11.4	10.3	10.3	25.3	11.2	10.1	6.1	2.5	1.5
3) 자유선진당	8.3	11.3	11.4	15.1	14.6	27.9	6.5	3.0	1.1	0.4	0.6
4) 민주노동당	10.9	10.2	10.8	11.7	13.0	28.1	7.1	4.6	2.3	0.5	0.8

39. 선생님께서는 다음의 단체에 가입하고 계십니까? 가입하신 모든 단체를 표시해 주시
기 바랍니다.(%)

동창회	취미 동호회	향우회	종친회	스포츠 클럽	기부봉사 단체	노동 조합	시민 단체
31.7	15.1	8.2	7.1	6.6	4.4	2.6	2.1

전문 단체	정당	문화 단체	농민 단체	소수운동 단체	재계 단체	기타	단체 미가입
1.7	1.7	1.4	1.0	0.6	0.2	0.5	53.7

39-1. 위에서 말씀하신 가입단체 중 어떤 단체에 가장 애착이 가십니까?(%)

동창회	취미 동호회	스포츠 클럽	종친회	향우회	기부봉사 단체	시민 단체
44.7	22.3	7.5	5.1	4.8	4.7	2.2

전문 단체	노동 조합	농민 단체	문화 단체	정당	소수운동 단체	기타
2.1	1.7	1.3	0.9	0.8	0.8	1.2

39-2. 그렇다면 가장 애착이 가는 단체의 모임에는 어느 정도나 참석하십니까?(%)
① 모임이 있을 때마다 빠지지 않고 참석한다(16.8)
② 대부분 참석한다(46.4)
③ 가끔 참석한다(28.4)
④ 거의 참석하지 않는다(7.5)

40. 선생님께서는 자신의 의사를 반영하기 위해 다음 정치행동에 참여한 적이 있으십니까?(%)

	있다	없다
1) 정당 및 정치인 접촉 (전화, 편지, 홈페이지 의견달기, 행사참여, 만남 등)	8.6	91.3
2) 서명(길거리나 인터넷 서명 포함)	30.8	69.1
3) 시위나 집회참여	6.5	93.9

[인구통계정보]

41. 배문1. 선생님의 출신지는 어디입니까?(%)
① 서울(13.0)　　② 경기(3.5)　　③ 인천(4.9)
④ 강원(11.6)　　⑤ 광주(6.0)　　⑥ 전북(0.7)
⑦ 전남(2.0)　　⑧ 대구(3.8)　　⑨ 경북(4.8)
⑩ 경남(7.1)　　⑪ 부산(12.6)　　⑫ 울산(12.5)
⑬ 대전(1.5)　　⑭ 충북(8.1)　　⑮ 충남(6.5)
⑯ 제주(1.2)　　⑰ 이북 및 해외(0.2)

42. 선생님의 최종 학력은 어떻게 되십니까?(%)
① 중졸이하(14.3)
② 고졸(46.8)
③ 대학재학 이상(38.8)

42-1. 선생님께서 졸업하신 대학교의 이름을 말씀해 주십시오.(%)
① 서울소재 4년제 대학교 졸업(재학)(20.3)
② 비서울 수도권 소재 4년제 대학교 졸업(재학)(11.3)
③ 비수도권 소재 4년제 국립대학교 졸업(재학)(18.3)
④ 비수도권 소재 4년제 사립대학교 졸업(재학)(19.9)
⑤ 수도권 소재 2~3년제 대학교 졸업(재학)(10.3)
⑥ 비수도권 소재 2~3년제 대학교 졸업(재학)(19.4)
⑦ 기타(0.5)

43-1. 선생님 가구의 부채를 제외한 순재산(부채-금융부채, 주택임대료 제외)은 어느 정도
입니까?(%)

① 1천만 원 미만(10.0)

② 1천만 원~2천5백만 원 미만(6.2)

③ 2천5백만 원~5천만 원 미만(8.2)

④ 5천만 원~7천5백만 원 미만(6.8)

⑤ 7천5백만 원~1억 원 미만(11.9)

⑥ 1억 원~2억 원 미만(23.2)

⑦ 2억 원~3억 원 미만(12.0)

⑧ 3억 원~4억 원 미만(8.1)

⑨ 4억 원~5억 원 미만(4.9)

⑩ 5억 원~10억 원 미만(6.1)

⑪ 10억 원 이상(2.4)

43-2. 선생님 가구의 부채(금융부채, 주택임대료 포함)는 어느 정도입니까?(%)

① 1천만 원 미만(14.8)

② 1천만 원~3천만 원 미만(16.5)

③ 3천만 원~5천만 원 미만(12.6)

④ 5천만 원~1억 원 미만(8.9)

⑤ 1억 원~2억 원 미만(4.5)

⑥ 2억 원~3억 원 미만(1.3)

⑦ 3억 원~5억 원 미만(0.5)

⑧ 5억 원 이상(0.2)

⑨ 부채 없음(40.3)

44. 선생님 댁의 주거형태는 무엇입니까?(%)

※ 면접원: 응답에 따라 해당하는 주거형태에 표시하시오.

① 자가소유, 자가거주(68.5)

② 자가비소유, 전세거주(20.0)

③ 자가소유, 전세거주(3.8)

④ 자가비소유, 월세거주(5.8)

⑤ 자가소유, 월세거주(0.8)

⑥ 기타(1.1)

44-1. 선생님 가구의 부동산 가격은 어느 정도입니까?(%)
　　　(전세거주일 경우 전세보증금을 포함해서 말씀해 주십시오.)
　① 1천만 원 미만(3.3)
　② 1천만 원~3천만 원 미만(21.0)
　③ 3천만 원~5천만 원 미만(6.1)
　④ 5천만 원~1억 원 미만(19.6)
　⑤ 1억 원~2억 원 미만(28.9)
　⑥ 2억 원~3억 원 미만(15.8)
　⑦ 3억 원~5억 원 미만(12.5)
　⑧ 5억 원 이상(7.2)

45. 선생님께서는 결혼을 하셨습니까?(%)
　① 기혼(74.2)　　　　② 미혼(21.1)
　③ 이혼(1.5)　　　　 ④ 사별(3.2)

45-1. 선생님은 자녀가 몇 명이십니까?(%)
　① 없다(3.9)
　② 1명(19.4)
　③ 2명(52.8)
　④ 3명 이상(24.0)

45-2. 선생님의 첫째 자녀의 나이는 만으로 몇 살입니까?(%)
　① 7세 이하(13.1)
　② 8세~13세(14.4)
　③ 14세~19세(19.2)
　④ 20세 이상(53.4)

46. 선생님 댁의 월 평균 (실질)소득은 어느 정도입니까?(%)
　① 120만 원 미만(9.6)
　② 120~250만 원 미만(21.0)
　③ 250~350만 원 미만(24.9)
　④ 350~450만 원 미만(21.1)
　⑤ 450~700만 원 미만(16.5)
　⑥ 700만 원 이상(4.9)
　⑦ 소득 없음(1.5)

47. 선생님 댁에서 자녀 1인당 지출하는 월평균 보육 및 교육비는 어느 정도입니까?(%)
   ① 30만 원 미만(9.6)
   ② 30만 원~50만 원 미만(16.5)
   ③ 50만 원~80만 원 미만(13.5)
   ④ 80만 원~100만 원 미만(7.3)
   ⑤ 100만 원~200만 원 미만(6.4)
   ⑥ 200만 원 이상(1.3)
   ⑦ 해당사항 없음(45.5)

48. 선생님 댁에서 월 평균 저축하는 액수는 어느 정도입니까?(%)
   ① 30만 원 미만(19.2)
   ② 30만 원~50만 원 미만(21.5)
   ③ 50만 원~80만 원 미만(13.3)
   ④ 80만 원~100만 원 미만(10.3)
   ⑤ 100만 원~200만 원 미만(12.4)
   ⑥ 200만 원 이상(4.4)
   ⑦ 저축하지 않는다(18.8)

49. 선생님의 종교는 무엇입니까?(%)
   ① 기독교(23.7)
   ② 불교(22.1)
   ③ 유교(0.1)
   ④ 원불교(0.3)
   ⑤ 천주교(7.5)
   ⑥ 기타(0.6)
   ⑦ 종교 없음(45.7)

50. 선생님께서는 우리나라에서 어느 정도의 가구별(삭제) 재산을 가져야 '중산층' 가구에 속한다고 생각하십니까?(평균 186,472.83원)(단위: 만 원)

51. 선생님께서는 우리나라에서 어느 정도의 월 평균 가구(삭제)소득을 가져야 '중산층' 가구에 속한다고 생각하십니까?(평균 718.53원)(단위: 만 원)

[부록 1-3] 토대연구 설문조사

세대·이념갈등을 중심으로

모집단	전국의 만 19세 이상 성인남녀
표본크기	1,500명
표본추출	통계청 '주민등록인구현황' 2011년 12월 기준, 성별/연령별/지역별 인구구성비에 따라 비례 할당한 후 무작위 추출
표집오차	무작위추출을 전제할 경우, 95% 신뢰수준에서 최대허용 표집오차는 ±2.5%
조사방법	개별면접조사(Face-to-Face)
조사기간	2012.2.13~3.14(30일간)
조사기관	(주)한국리서치

〈선문 1〉 현재 귀하가 사시는 곳은 어디입니까?(%)

① 서울(20.7) ② 부산(7.3) ③ 대구(4.9) ④ 인천(5.5) ⑤ 대전(2.8)
⑥ 광주(3.0) ⑦ 울산(2.2) ⑧ 경기(23.1) ⑨ 강원(3.0) ⑩ 충북(3.1)
⑪ 충남(4.1) ⑫ 전북(3.6) ⑬ 전남(3.8) ⑭ 경북(5.8) ⑮ 경남(6.1)
⑯ 제주(1.1)

〈선문 2〉 귀하의 현재 사시는 곳은 어디입니까?(%)

① 대도시(45.9) ② 동지역(36.3) ③ 읍·면지역(17.8)

〈선문 3〉 귀하의 성별은 무엇입니까?(%)

① 남자(49.5) ② 여자(50.5)

〈선문 4〉 귀하의 출생연도는 어떻게 되십니까?(%)

① 20대(18.5) ② 30대(20.6) ③ 40대(22.3) ④ 50대(18.7) ⑤ 60세 이상(19.8)

[사회일반]

1. 선생님께서는 국가로부터 어느 정도 혜택을 받고 있다고 생각하십니까?(%)
   1) 매우 많이 받고 있다(0.9)
   2) 많이 받는 편이다(11.2)
   3) 적게 받는 편이다(58.5)
   4) 전혀 받고 있지 않다(29.5)

2. 선생님이 생각하시기에, 우리 사회에서 성공하기 위해 가장 중요한 것이 무엇이라고
   보십니까?(%)
   1) 타고난 자질과 능력(20.4)
   2) 학연 또는 지연(17.3)
   3) 부모의 사회경제적 배경(31.2)
   4) 개인의 노력(30.6)
   5) 기타/무응답(0.1)

3. 선생님의 개인생활에서 다음 중 어느 것이 가장 중요하다고 생각하십니까?(%)
   1) 건강(51.2)   2) 여가 및 취미(6.0)   3) 가족(16.8)
   4) 돈(17.3)   5) 직업(6.5)   6) 사회적 지위(1.8)
   7) 기타(0.3)

4. 현재 선생님 가정의 경제 상황은 5년 전과 비교하여 어떻습니까?(%)
   1) 크게 나아졌다(0.8)   2) 조금 나아졌다(16.0)
   3) 비슷하다(46.4)   4) 조금 나빠졌다(28.4)
   5) 크게 나빠졌다(8.4)

[정치견해]

5. 선생님께서는 평소 정치에 대하여 얼마나 관심이 있으십니까?(%)
   1) 아주 관심이 많다(4.3)
   2) 어느 정도 관심이 있다(31.0)
   3) 별로 관심이 없다(48.4)
   4) 전혀 관심이 없다(16.2)

6. 선생님께서는 현재 우리나라의 정치인들과 국민 사이에 소통이 얼마나 원활하다고 생각하십니까?(%)
   1) 매우 원활하다(0.1)
   2) 원활한 편이다(2.8)
   3) 원활하지 못한 편이다(62.7)
   4) 매우 원활하지 못하다(34.4)

7. 선생님께서는 "나 같은 사람이 정부가 하는 일에 대해 뭐라고 얘기해 봤자 아무 소용이 없다"는 견해에 대하여 어떻게 생각하십니까?(%)
   1) 매우 공감한다(27.2)
   2) 공감하는 편이다(51.1)
   3) 공감하지 않는 편이다(17.1)
   4) 전혀 공감하지 않는다(4.6)

8. 다음 두 집단 사이에 갈등이 얼마나 크다고 생각하십니까?(%)

	아주 작다	작은 편이다	큰 편이다	아주 크다
1) 기성세대와 젊은 세대	0.7	19.1	66.1	14.2
2) 기업가와 노동자	0.3	9.3	62.6	27.8
3) 부유층과 서민층	0.4	6.7	47.8	45.1
4) 영남과 호남	3.7	42.2	41.4	12.7
5) 수도권과 지방	3.0	36.1	47.4	13.5
6) 남성과 여성	8.5	57.6	29.8	4.1
7) 진보와 보수	1.0	17.3	55.1	26.7

9. 선생님께서는 우리 사회가 우선해야 하는 가치가 무엇이라고 생각하십니까? 아래 보기 가운데 2개만 골라 주십시오.(복수응답, %)
   1) 사회질서 유지(56.4)
   2) 정부정책결정에 대한 국민참여 확대(42.4)
   3) 물가상승 억제(83.4)
   4) 언론자유 확대(17.4)

10. 선생님께서는 다음과 같은 조직이나 단체를 얼마나 신뢰하고 계십니까?(%)

	상당히 신뢰한다	어느 정도 신뢰한다	별로 신뢰하지 않는다	전혀 신뢰하지 않는다
1) 신문	4.9	60.7	31.5	2.9
2) 텔레비전	7.4	64.3	26.1	2.2
3) 인터넷	6.1	53.5	35.7	4.4
4) 대학	4.6	56.2	36.1	3.1
5) 시민단체	5.1	47.8	42.4	4.7
6) 대기업	1.1	34.3	54.7	9.9
7) 노동조합	2.0	43.2	48.7	6.1
8) 교회	7.8	28.5	46.2	17.5
9) 군대	5.7	49.2	37.4	7.7
10) 법원	3.2	48.4	39.2	9.2
11) 경찰	2.4	45.4	44.7	7.5
12) 공무원	1.8	41.2	49.7	7.2
13) 대통령	1.9	35.0	45.8	17.3
14) 정당	0.7	14.5	57.0	27.9
15) 국회	0.5	13.9	53.4	32.2

11. 선생님께서는 평소 얼마나 행복하다고 생각하십니까?(%)
   1) 매우 행복하다(9.5)   2) 약간 행복하다(75.0)
   3) 약간 불행하다(13.9)   4) 매우 불행하다(1.6)

12. 소득이나 직업, 교육수준, 재산 등을 고려할 때, 선생님의 사회경제적 지위는 다음 중 어디에 속한다고 생각하십니까?(%)

상상	상하	중상	중하	하상	하하
0.3	1.5	23.1	50.9	18.9	5.4

[세대문항]

13. 선생님께서는 우리사회의 변화에 가장 큰 영향을 미친 역사적 사건은 무엇이라고
    생각하십니까?(%)
    1) 전쟁과 분단(24.4)   2) 산업화와 경제성장(26.5)
    3) 민주화와 정치적 자유(8.8)   4) IMF 외환위기와 사회 양극화(39.4)
    5) 기타(0.9)

14. 사람들은 자신과 다른 세대에 대해 거리감을 느낄 수 있습니다. 본인의 세대를 포함하
    여 각 세대에 대해 느끼시는 거리감 정도를 0에서 10으로 평가해 주십시오. 매우
    가깝다고 느끼시면 0, 보통이면 5, 매우 멀다고 느끼시면 10입니다.(%)

| | 가깝다 ←————————————————————————→ 멀다 | | | | | | | | | | |
	0	1	2	3	4	5	6	7	8	9	10
1) 10대	3.5	8.1	5.7	8.5	5.1	15.1	8.8	12.0	13.4	9.9	9.8
2) 20대	9.9	8.1	8.7	6.7	7.2	13.5	10.4	12.0	10.2	7.9	5.4
3) 30대	9.9	12.4	12.9	11.0	9.1	16.0	10.1	7.8	5.8	2.4	2.5
4) 40대	10.4	13.2	14.4	15.2	11.4	17.9	7.2	6.3	2.7	.6	.7
5) 50대	10.0	13.1	14.8	13.8	10.9	15.6	8.6	7.1	3.6	1.4	.9
6) 60대	7.4	11.5	12.5	10.8	7.8	13.7	9.5	10.7	8.8	4.5	2.8
7) 70대	5.1	8.7	8.9	9.1	8.3	14.1	8.1	11.5	10.6	7.7	8.0

15. 선생님께서는 다음 각각의 주장에 대하여 찬성하십니까? 아니면 반대하십니까?(%)

문항	① 매우 찬성	② 찬성 하는 편	③ 반대 하는 편	④ 매우 반대
1) 부모님의 제사는 반드시 모셔야 한다	27.9	47.7	19.6	4.8
2) 결혼은 필수가 아니라 선택이다	14.7	53.0	25.3	7.0
3) 나이가 많은 사람들이 정치나 경제에서 너무 많은 영향력을 행사하고 있다	12.2	48.2	36.2	3.4
4) 집단의 단합을 해칠 위험이 있더라도 개인의 자유는 보장되어야 한다.	12.0	54.3	30.3	3.5
5) 노인복지를 위해 젊은 사람들이 세금이나 보험료를 더 내야 한다.	7.2	48.6	39.2	5.1

16. 선생님께서는 한국사회의 미래에 대해 어떻게 생각하십니까?(%)
    ① 지금보다 훨씬 나빠질 것이다(5.9)
    ② 지금보다 약간 나빠질 것이다(18.2)
    ③ 지금과 비슷할 것이다(37.2)
    ④ 지금보다 약간 좋아질 것이다(34.8)
    ⑤ 지금보다 훨씬 좋아질 것이다(3.9)

17. 선생님께서 지금 직업을 선택해야 한다면 다음 중 어떤 조건을 가장 중요하게 고려하
    시겠습니까?(%)
    ① 수입(35.3)   ② 적성 및 취미(30.6)   ③ 근로조건(24.2)
    ④ 여가 및 자유(9.3)   ⑤ 기타(0.6)

18. 선생님께서는 우리사회에서 세대 차이가 일어나는 가장 큰 이유가 무엇이라고 생각하
    십니까?(%)
    ① 정보를 접하는 주요 언론매체가 다르기 때문(9.7)
    ② 지지하는 정당(정치인)이 다르기 때문(4.3)
    ③ 중요하게 생각하는 가치가 다르기 때문(51.9)
    ④ 성장기 환경이 다르기 때문(33.1)
    ⑤ 기타(0.9)

19. 선생님께서는 다음의 세대들을 얼마나 자주 접하고 계십니까?(%)

	① 매일 만난다	② 3~4일에 1회	③ 1주일에 1회	④ 1달에 1회	⑤ 거의 안 만난다
1) 10대	34.9	12.9	14.5	12.5	25.2
2) 20대	40.2	14.2	15.8	13.9	16.0
3) 30대	45.1	21.4	16.2	9.7	7.6
4) 40대	54.5	21.9	13.6	6.5	3.5
5) 50대	55.1	20.1	12.7	7.2	4.9
6) 60대	34.6	17.9	20.0	15.9	11.7
7) 70대 이상	23.5	13.5	19.1	21.1	22.9

20. 선생님께서는 평소 어떤 상황에서 세대 차이를 가장 많이 느끼십니까?(%)
  ① 가족관계에서(11.1)
  ② 직장 또는 학교 내 관계에서(13.2)
  ③ 대중매체(TV, 인터넷 등)를 접할 때(53.4)
  ④ 공공장소(음식점, 지하철 등)에서(21.5)
  ⑤ 기타(0.9)

[이념문항]

21. '진보-보수', '좌-우'라고 말할 때 떠오르는 것은 무엇입니까? 다음의 〈보기〉 중에서
    하나만 골라 주십시오.

21-1. '진보-보수'라고 말하면 떠오르는 것은 무엇입니까?(%)
  ① 미국-북한(11.0)   ② 노동자-재벌(14.5)   ③ 성장-분배(9.5)
  ④ 독재-민주(27.4)   ⑤ 변화-안정(25.8)   ⑥ 기업규제-자유시장(3.7)
  ⑦ 자유-평등(7.1)   ⑧ 기타(1.1)

21-2. '좌-우'라고 말하면 떠오르는 것은 무엇입니까?(%)
  ① 미국-북한(16.9)   ② 노동자-재벌(13.3)   ③ 성장-분배(10.2)
  ④ 독재-민주(34.6)   ⑤ 변화-안정(12.0)   ⑥ 기업규제-자유시장(2.2)
  ⑦ 자유-평등(9.5)   ⑧ 기타(1.4)

22-1. 선생님께서는 이명박 정부가 진보와 보수 중 어느 쪽에 더 가깝다고 생각하십니까?
     0~10점 사이의 점수로 말씀해 주시면 됩니다. 0점은 가장 진보를, 10점은 가장
     보수를 말합니다.(%)

진보	←									보수
0	1	2	3	4	5	6	7	8	9	10
0.9	0.7	2.2	4.7	5.3	19.8	10.8	19.8	17.1	9.9	8.8

22-2. 그렇다면, 이명박 정부를 좌와 우로 판단한다면, 선생님께서는 다음 중 어디에 더
     가깝다고 생각하십니까?(%)
  ① 좌(4.5)   ② 약간 좌(22.7)   ③ 약간 우(51.4)   ④ 우(21.4)

23. 선생님의 이념성향은 '진보와 보수'중 어느 쪽에 얼마나 가깝다고 생각하십니까?
0~10점 사이의 점수로 말씀해 주시면 됩니다. 0점은 가장 진보를, 10점은 가장 보수를 말합니다.(%)

진보 ←										→ 보수
0	1	2	3	4	5	6	7	8	9	10
1.5	1.5	5.9	13.7	12.2	28.5	12.4	12.6	7.8	1.8	1.7

24. 선생님 자신의 이념성향을 좌와 우로 판단한다면, 선생님께서는 다음 중 어디에 더 가깝다고 생각하십니까?(%)
① 좌(3.8)   ② 약간 좌(34.4)   ③ 약간 우(52.2)   ④ 우(9.6)

25. 우리나라 정당의 이념성향은 '진보와 보수' 중 어느 쪽에 얼마나 가깝다고 생각하십니까? 0~10점 사이의 점수로 말씀해 주시면 됩니다. 0점은 가장 진보를, 10점은 가장 보수를 말합니다.(%)

	진보 ←										→ 보수
	0	1	2	3	4	5	6	7	8	9	10
1) 새누리당(한나라당)	0.7	1.1	2.6	3.1	4.1	13.4	13.0	22.1	18.7	11.0	10.2
2) 민주통합당(민주당)	3.1	4.1	11.0	17.0	18.9	23.5	10.8	5.4	3.0	1.4	1.8
3) 자유선진당	0.9	1.7	3.5	9.0	11.5	32.9	12.1	12.0	7.1	5.1	4.1
4) 통합진보당(민주노동당, 국민참여당 등)	6.1	11.3	13.9	13.5	14.2	26.6	6.7	3.2	1.9	1.2	1.4

26. 그렇다면, 대선후보로 거론되고 있는 다음 인물의 이념성향은 어느 쪽에 얼마나 가깝다고 생각하십니까? 0~10점 사이의 점수로 말씀해 주시면 됩니다. 0점은 가장 진보를, 10점은 가장 보수를 말합니다.(%)

	진보 ←										→ 보수
	0	1	2	3	4	5	6	7	8	9	10
1) 박근혜	0.7	1.9	2.2	4.5	4.5	13.4	13.3	20.1	19.7	10.6	9.1
2) 문재인	2.8	5.7	11.0	15.6	17.5	30.0	8.2	4.1	2.8	1.1	1.2
3) 안철수	4.5	8.1	15.8	17.8	19.0	24.6	5.3	2.4	1.3	0.3	0.9
4) 손학규	1.5	3.5	7.0	12.5	17.5	31.1	11.4	7.2	4.0	2.4	1.9

27. 진보-보수에 대해서 선생님께서 느끼시는 거리감은 어느 정도입니까? 매우 가깝다고 느끼시면 0, 보통이면 5, 매우 멀다고 느끼시면 10입니다.(%)

	가깝다 ←									→ 멀다	
	0	1	2	3	4	5	6	7	8	9	10
1) 진보	2.0	2.5	8.3	14.0	14.2	30.6	6.9	9.5	7.0	2.4	2.8
2) 보수	1.4	2.6	6.3	6.6	9.0	30.5	14.7	12.9	8.1	3.5	4.5

28. 다음의 인물과 집단에 대해서 선생님께서 느끼시는 호감 정도를 0에서 10으로 평가해 주십시오. 매우 싫으면 0, 보통이면 5, 매우 좋으면 10입니다.(%)

	싫다 ←									→ 좋다	
	0	1	2	3	4	5	6	7	8	9	10
1) 미국	1.4	1.7	4.0	6.4	7.3	33.4	15.4	16.3	9.4	2.4	2.4
2) 민주노총	4.5	3.4	6.8	9.7	15.6	34.8	13.5	7.8	2.6	0.7	0.7
3) 삼성/현대	1.8	1.9	2.6	4.7	9.1	25.4	20.0	17.7	11.0	4.2	1.6
4) 환경운동연합	1.8	1.4	2.5	5.3	10.2	32.5	18.1	13.9	7.8	3.9	2.5
5) 김대중	3.4	3.4	6.2	7.3	11.8	27.0	11.6	10.7	8.7	4.5	5.4
6) 박정희	2.4	1.6	2.7	4.5	7.6	21.7	12.5	15.2	14.3	9.3	8.2
7) 김정일	42.0	22.6	12.5	7.8	6.1	6.4	1.1	0.3	0.3	0.7	0.3
8) 북한	35.2	21.9	12.7	9.5	7.9	9.7	1.6	0.5	0.5	0.2	0.4

29. 선생님께서는 다음 각각의 주장에 대하여 찬성하십니까? 아니면 반대하십니까?(%)

구분	① 매우 찬성	② 찬성 하는 편	③ 반대 하는 편	④ 매우 반대
1) 핵문제와 분리하여 북한에 대한 지원을 될 수 있는 한 많이 해야 한다	3.2	25.4	50.1	21.2
2) 한반도 문제를 해결하기 위해 미국의 의견을 존중해야 한다	4.7	52.9	37.1	5.3
3) 고교 평준화 대신 경제력이나 학업능력에 따라 학교를 자유롭게 선택할 수 있어야 한다	16.6	51.7	26.3	5.5
4) 기업에 부담이 가더라도 비정규직 노동자들을 정규직으로 바꾸어야 한다	25.3	57.7	15.8	1.2

항목				
5) 정부는 세금을 더 거두어서라도 복지혜택을 늘려야 한다	9.2	42.8	40.6	7.4
6) 복지의 확대보다 경제성장이 더 중요하다	15.6	44.9	35.8	3.7
7) 정부는 기업의 경제 활동에 간섭하지 말아야 한다	6.9	44.0	43.2	6.0
8) 이질적이더라도 외국인 이민자들의 문화를 존중해야 한다	13.8	67.6	16.9	1.7
9) 인터넷상의 표현의 자유는 보장되어야 한다	17.1	49.6	29.0	4.3
10) 국내 산업보호보다 대외 시장개방이 더 중요하다	5.3	35.6	51.1	8.0
11) 여성의 사회적 참여를 늘리기 위해 기업은 일정 비율로 여성고용을 의무화해야 한다	12.7	61.0	23.9	2.4
12) 사형제도는 폐지되어야 한다	10.7	31.5	37.9	19.8
13) 경제개발을 위해 어느 정도의 환경의 훼손은 감수해야 한다	3.0	39.0	45.7	12.4
14) 국공영기업은 최대한 민영화해야 한다	6.0	40.4	40.6	13.0
15) 지역의 균형발전을 이루어야 한다	39.2	55.5	5.1	0.2
16) 정치적 소수자의 여론을 정책과정에 반영하는 것이 좋다	7.8	61.5	28.3	2.4

[문화적 차이]

30. 선생님께서는 뉴스 등 정치사회적 정보를 주로 어디서 얻고 계십니까?(%)
① TV나 라디오(57.3) ② 신문이나 잡지(9.1) ③ 인터넷(32.0)
④ 가족(0.4) ⑤ 친구 및 동료(1.0) ⑥ 기타(0.2)

31. 선생님께서는 인터넷을 얼마나 자주 이용하시는 편입니까?(%)
① 하루에 1회 이상(56.9)
② 1주일에 1회 이상(16.2)
③ 한 달에 1회 이상(2.4)
④ 한 달에 1회 미만(2.8)
⑤ 전혀 사용하지 않는다(21.7) ☞ 문33.으로

32. 선생님께서는 페이스북이나 트위터를 이용하십니까?(%)
    ① 이용한다(27.9)   ② 이용하지 않는다(72.1)

[정치일반]

33. 선생님께서는 지난 2007년 17대 대선에서 어느 후보에 투표하셨습니까?(후보자 기호 순)(%)
    ① 정동영 후보(14.6)   ② 이명박 후보(43.0)   ③ 권영길 후보(1.0)
    ④ 문국현 후보(3.5)   ⑤ 이회창 후보(6.2)   ⑥ 기타 후보(1.9)
    ⑦ 기권(21.6)   ⑧ 투표권 없었음(8.1)

34. 선생님께서는 지난 2008년 18대 국회의원선거에서 선생님 지역의 국회의원으로 어느 정당 후보에게 투표하셨습니까?(%)
    ① 한나라당(35.3)   ② 민주당(26.2)   ③ 자유선진당(2.3)
    ④ 미래희망연대(0.7)   ⑤ 민주노동당(2.9)   ⑥ 창조한국당(0.4)
    ⑦ 국민중심연합(0.2)   ⑧ 진보신당(0.5)   ⑨ 국민참여당(0.7)
    ⑩ 기타(1.8)   ⑪ 기권(21.4)   ⑫ 투표권 없었음(7.6)

35. 선생님께서는 올 4월 11일에 있을 19대 국회의원선거에서 어느 정당 후보를 지지하시겠습니까?(%)
    ① 새누리당(28.4)   ② 민주통합당(30.9)   ③ 자유선진당(1.6)
    ④ 통합진보당(4.4)   ⑤ 기타(14.5)   ⑥ 기권(20.1)

36. 선생님께서 평소에 지지하는 정당이 있습니까?(%)
    ① 있다(37.3) ☞ 36-1.로   ② 없다(62.7) ☞ 37.으로

36-1. 그렇다면 그 정당은 어느 정당입니까?(%)
    ① 새누리당(51.3)   ② 민주통합당(39.9)   ③ 자유선진당(1.8)
    ④ 통합진보당(6.3)   ⑤ 기타(0.7)

37. 선생님께서는 다음 정당들에 대해 얼마나 가깝게 느끼십니까? 점수로 답해주시기 바랍니다. 나와 매우 멀다고 생각하면 0, 보통이면 5, 매우 가까우면 10에 표시해 주십시오.(%)

| | 멀다 ←─────────────────────────────→ 가깝다 | | | | | | | | | | |
	0	1	2	3	4	5	6	7	8	9	10
1) 새누리당	11.0	8.1	11.0	9.8	6.0	20.2	9.3	11.0	7.9	3.1	2.6
2) 민주통합당	7.5	5.7	7.6	11.0	13.1	27.1	8.7	8.9	6.2	2.4	2.0
4) 통합진보당	10.2	8.5	10.6	12.4	12.4	30.7	7.0	4.2	2.1	0.9	1.0

38. 선생님께서는 다음의 단체에 가입하고 계십니까? 가입하신 모든 단체를 표시해 주시기 바랍니다.(%)
   ① 노동조합(1.8)   ② 농민단체(1.3)   ③ 재계단체(0.2)
   ④ 전문단체(1.8)(약사회, 의사회, 기자협회 등)
   ⑤ 스포츠 클럽(8.5)   ⑥ 문화단체(2.1)   ⑦ 기부봉사단체(5.6)
   ⑧ 시민단체(1.6)(청년, 환경, 주민, 동물보호, 소비자단체 등)
   ⑨ 취미동호회(18.5)   ⑩ 정당(2.6)
   ⑪ 소수운동단체(0.6)(여성, 장애인, 동성애자 등)
   ⑫ 동창회(35.1)   ⑬ 종친회(7.0)   ⑭ 향우회(9.1)
   ⑮ 기타(0.9)   ⑯ 어떤 단체에도 참여하고 있지 않다(46.6)

39. 선생님께서는 최근 5년 이내 자신의 의사를 반영하기 위해 다음 정치행동에 참여한 적이 있으십니까?(%)

	있다	없다
1) 정당 및 정치인 접촉(전화, 편지, 홈페이지 의견달기, 행사참여, 만남 등)	9.3	90.7
2) 서명(길거리나 인터넷 서명 포함)	20.9	79.1
3) 시위나 집회참여	2.7	97.3

[인구통계정보]

배문1. 선생님의 출신지는 어디입니까?(%)
   ① 서울(14.0)   ② 경기(11.2)   ③ 인천(4.2)   ④ 강원(4.9)
   ⑤ 광주(1.8)   ⑥ 전북(6.6)   ⑦ 전남(9.8)   ⑧ 대구(3.7)
   ⑨ 경북(9.7)   ⑩ 경남(9.8)   ⑪ 부산(6.8)   ⑫ 울산(0.9)
   ⑬ 대전(1.6)   ⑭ 충북(5.3)   ⑮ 충남(7.8)   ⑯ 제주(1.3)
   ⑰ 이북 및 해외(0.7)

배문2. 선생님의 최종 학력은 어떻게 되십니까?(%)
   ① 중졸 이하(13.9)   ② 고졸(42.2)   ③ 대학재학 이상(43.9)

배문3. 선생님의 종교는 무엇입니까?(%)
   ① 기독교(25.7)   ② 불교(20.7)   ③ 유교(0.7)
   ④ 원불교(0.3)   ⑤ 천주교(7.5)   ⑥ 기타(0.2)
   ⑦ 종교 없음(44.9)

배문4. 선생님 댁의 주거형태는 무엇입니까?(%)
   ① 자가소유, 자가거주(70.6)   ② 자가비소유, 전세거주(16.0)
   ③ 자가소유, 전세거주(4.5)   ④ 자가비소유, 월세거주(6.0)
   ⑤ 자가소유, 월세거주(1.0)   ⑥ 기타(1.8)

배문5. 선생님 가구의 부채를 제외한 순재산(부채-금융부채, 임대보증금 제외)은 어느 정
     도입니까?
   ① 1천만 원 미만(8.1)
   ② 1천만 원~2천5백만 원 미만(5.7)
   ③ 2천5백만 원~5천만 원 미만(8.4)
   ④ 5천만 원~7천5백만 원 미만(6.4)
   ⑤ 7천5백만 원~1억 원 미만(8.8)
   ⑥ 1억 원~2억 원 미만(25.9)
   ⑦ 2억 원~3억 원 미만(17.1)
   ⑧ 3억 원~4억 원 미만(9.2)
   ⑨ 4억 원~5억 원 미만(4.7)
   ⑩ 5억 원~10억 원 미만(3.9)
   ⑪ 10억 원 이상(1.7)

배문6. 선생님 댁의 월 평균 (실질)소득은 어느 정도입니까?
 ① 120만 원 미만(8.9)
 ② 120~250만 원 미만(21.3)
 ③ 250~350만 원 미만(25.6)
 ④ 350~450만 원 미만(23.9)
 ⑤ 450~700만 원 미만(15.9)
 ⑥ 700만 원 이상(3.0)
 ⑦ 소득 없음(1.3)

배문7. 선생님의 혼인 상태는 무엇입니까?
 ① 미혼(21.9)　　　　　② 결혼(71.5)
 ③ 이혼(2.1)　　　　　 ④ 사별(4.5)

배문7-1. 본인 외에 선생님의 동거 가족 수는 몇 명입니까?
 ① 없음(6.6)　　　　　 ② 1명(18.3)
 ③ 2명(22.1)　　　　　 ④ 3명 이상(39.6)
 ⑤ 4명 이상(13.5)

지역갈등조사 주요 내용(2010년)

1. 국가로부터의 혜택

• 설문: "선생님께서는 국가로부터 어느 정도 혜택을 받고 있다고 생각하십니까?"

응답자들이 국가로부터 받는 혜택이 많다는 답변은 14%에 그치고 있다. 특히 20대와 30대에서 매우 많이 받는다고 답변한 응답자들은 전혀 없다. 국가로부터 혜택을 받는 정도에 대한 인식은 연령별로 뚜렷한 차이를 보이고 있다. 40대를 기준으로 그보다 젊은 층에서는 상대적으로 국가로부터 받는 혜택이 적다고 느끼고 있다. 전혀 혜택을 받지 못하고 있다는 응답이, 많이 받고 있다는 답변의 2배가 넘는다는 것은 국가서비스가 국민들이 기대하는 바에 한참 미치지 못하고 있다는 것을 보여준다. 60세 이상에서 국가로부터의 서비스에 대한 만족도가 가장 높은 것은 실제로 가장 많은 국가서비스를 받는 연령층이기 때문에 국가혜택

〈표 1〉 연령별 국가혜택 인식(%)

	매우 많이 받음	많이 받는 편	적게 받는 편	전혀 받지 않음	응답자 수
20대	0.0	12.0	55.4	32.6	242
30대	0.0	10.6	57.0	32.3	263
40대	0.7	11.3	53.5	34.5	275
50대	1.0	14.1	47.8	37.1	205
60세 이상	2.1	19.3	50.6	27.9	233
전체	0.7	13.3	53.1	32.8	1,218

x^2=24.6, df=12, p<.02

276 한국의 정치균열 구조

을 받고 있다는 빈도수가 높을 뿐 아니라 국가서비스에 대한 기대치가 상대적으로 젊은 층에 비해 낮은 것이 작용했을 가능성이 있다.

국가의 혜택정도에 가장 큰 영향을 미치는 요인으로 고려할 수 있는 것은 가구별 소득이다. 〈표 2〉에서 보면 200만 원 미만 가구소득의 응답자들은 다른 소득계층에 비해 상대적으로 국가의 혜택이 크다고 생각하고 있다. 이들 중 17.7%가 국가혜택이 큰 편이라고 생각하고 있어 전체 평균 14%보다 국가혜택에 대해 긍정적으로 생각하고 있다. 또한 적게 받는 편이라고 생각하는 비율도 49.7%로 전체 평균 53.1%보다 약 3%p, 정확히 3.4%p 낮다. 다만 500만 원 이상의 고소득 응답자들 중 국가혜택이 크다는 비율이 높은 것이 특이하다. 그러나 이러한 집단간의 인식차는 통계적으로 유의하지 않았다.

〈표 2〉 가구소득별 국가혜택 인식(%)

	매우 많이 받음	많이 받는 편	적게 받는 편	전혀 받지 않음	응답자 수
200만 원 미만	1.9	15.8	49.7	32.6	310
200~300만 원 미만	0.7	11.4	53.5	34.4	299
300~400만 원 미만	-	11.6	54.2	34.2	319
400~500만 원 미만	0.6	12.1	57.2	30.1	173
500만 원 이상	-	18.1	51.7	30.2	116
전체	0.7	13.3	53.1	32.9	1,217

x^2=16.9.0, df=10, p=.00, 무응답자 제외

학력별로 구분하여 보면 고졸 응답자들이 중졸이나 대재 이상의 응답자들보다 혜택을 받는다는 인식이 낮은 것을 알 수 있다. 특히 전혀 받지 않고 있다는 응답비율이 37.3%로 전체응답자의 비율 32.8%보다 4.5%p 높은 것이 확인된다. 좀 더 자세한 분석을 요하기는 하지만 중졸 이하의 경우 소득이 낮고 연령이 높은 층이 주를 이루기 때문에 실제적으로 국가로부터 혜택을 비교적 많이 받는 편이고, 대재 이상의 집단은 기득권을 가지고 있기 때문에 현재상태에 대한 만족도가 높은 데 비하여 고졸 집단은 국가혜택의 수혜집단이 되지도 못하고 그렇다고 국

〈표 3〉 학력별 국가혜택 인식(%)

	매우 많이 받음	많이 받는 편	적게 받는 편	전혀 받지 않음	응답자 수
중졸 이하	1.5	18.5	44.1	35.9	195
고졸	0.6	10.0	52.1	37.3	528
대재 이상	0.6	14.7	57.8	26.9	495
전체	0.7	13.3	53.1	32.8	1,218

x^2=23.2, df=6, p=.00

가로부터 적극적인 혜택도 받지 못하기 때문에 나타난 분포의 차이가 아닐까 추측해 볼 수 있다.

응답자의 이념성향을 기준으로 국가로부터의 혜택에 대한 인식을 살펴본 것이 〈표 4〉이다. 일반적으로 진보성향의 국민들이 복지를 비롯한 국가로부터의 서비스를 기대하고, 보수성향의 국민들이 작은 정부를 지향한다고 알려져 있다. 따라서 진보성향의 응답자들의 국가 혜택에 대한 기대가 클 것으로 예상된다. 그런데 설문결과를 보면 진보성향의 응답자들이 국가혜택을 많이 받고 있다는 응답은 전체평균과 차이가 없으며, 중도성향의 응답자들이 국가혜택을 받는 정도가 낮다고 보는 경향이 나타났다. 특히 국가로부터 혜택을 전혀 받지 못하고 있다고 응답한 비율이 중도성향 응답자 중에서 38.9%나 되는데, 이는 진보 29.3%와 보수 27.7%에 비해 큰 차이를 보이는 것이다.

〈표 4〉 정치이념별 국가혜택 인식(%)

	매우 많이 받음	많이 받는 편	적게 받는 편	전혀 받지 않음	응답자 수
진보	0.7	13.7	56.3	29.3	300
중도	0.8	8.4	51.9	38.9	524
보수	0.8	19.5	52.0	27.7	394
전체	0.7	13.3	53.0	32.9	1,218

x^2=32.1, df=6, p=.00, 무응답자 제외

2. 생활 만족도

• 설문: "선생님께서는 현재의 전반적인 생활에 어느 정도 만족하고 계십니까?"

국민들이 현재생활에 대한 만족도를 살펴보기 위한 설문이다. 전체적으로 60%가 넘는 응답자들이 생활에 대해 만족하고 있는 것으로 나타났다. 비록 매우 만족한다는 답변은 1.6%에 그쳐, 빈도수가 극히 적지만 만족하는 편이라는 답변이 절반을 훨씬 넘는 58.6%에 달하고 있다. 그리고 매우 불만족한다는 답변은 4.2%밖에 되지 않아 그 비율이 매우 낮다는 것을 확인할 수 있다. 따라서 전체적으로 응답자들은 자신의 생활에 큰 불만이 없다고 할 수 있다. 생활만족 정도에 큰 영향을 미치는 요인이 경제적 여건이라는 점을 감안하여 분석해 보면 〈표 5〉와 같이 정리된다. 만족한다는 응답비율이 가장 높은 집단은 소득이 최상위인 월 500만 원 이상의 소득을 유지하는 집단이다. 그리고 만족한다는 긍정적 답변이 가장 낮은 집단이 가구소득 200만 원 미만인 집단이다. 이러한 결과는 소득이라는 경제적 여건이 생활 만족도에 중요한 영향을 미친다는 것을 다시 한 번 확인해 준 것이라 하겠다. 소득별로 구분해 보았을 때 300만 원을 기준으로 그 이하의 소득층과 그 이상의 소득층 사이에 생활 만족도 정도가 상당한 차이가 아는 확인할 수 있다. 또한 가구소득이 500만 원이 넘는 계층은 500만 원 미만의 소득계층에 비해 두드러지게 생활 만족도가 높다는 것을 알 수 있다.

〈표 5〉 가구소득별 생활 만족도(%)

	매우 만족	만족하는 편	약간 불만족	매우 불만족	응답자 수
200만 원 미만	2.6	49.8	40.8	6.8	309
200~300만 원 미만	2.0	52.7	40.7	4.7	300
300~400만 원 미만	0.6	65.7	31.4	2.2	318
400~500만 원 미만	1.1	62.6	33.3	2.9	174
500만 원 이상	0.9	71.3	24.3	3.5	115
전체	1.6	58.6	35.7	4.2	1,216

x^2=36.4, df=12, p=.00

응답자들을 학력별로 구분하여 생활 만족도를 살펴보면 학력에 따른 차이가
뚜렷이 나타난다. 중졸 이하에서 생활에 만족하는 응답자 비율은 50.5%, 고졸
응답자들 중에서는 57.2% 그리고 대재 이상의 응답자들 가운데서는 66.8%가
생활에 만족하고 있다고 답변하여 학력이 높아질수록 생활 만족도가 높아지는
경향성을 알 수 있다. 이러한 현상은 매우 불만족하다는 답변에서도 뚜렷하게
나타난다. 그런데 이러한 결과가 학력 자체가 생활 만족도에 직접 영향을 미친다
고 보기는 어렵다. 학력에 따른 소득의 차이가 직접적인 원인이 되는 것으로 확
인되었기 때문이다. 예를 들어 200만 원 미만의 소득자들의 비율을 보면 중졸
응답자들 가운데서는 69.6%이지만 고졸 응답자들 중에는 20.8%밖에 되지 않는
다. 그리고 대재이상의 응답자들 중 200만 원 이하의 소득을 가지는 비율은 단지
13.3%이다. 이처럼 학력과 소득과는 밀접한 관계를 갖는다.

〈표 6〉 학력별 생활 만족도(%)

	매우 만족	만족하는 편	약간 불만족	매우 불만족	응답자 수
중졸 이하	2.6	47.9	42.8	6.7	194
고졸	0.8	56.4	38.8	4.0	528
대재 이상	2.0	64.8	29.5	3.6	495
전체	1.6	58.5	35.7	4.3	1,217

x^2=24.4, df=6, p=.00

이념성향에 따라 생활 만족도를 구분해 보면 소득이나 학력별로 구분한 경우
보다 그 차이가 뚜렷하지 않았고 통계적으로 유의하지도 않았다. 즉 진보성향과
중도성향의 응답자들의 만족도 분포에는 큰 차이가 나타나지 않는다. 다만 보수
성향의 응답자들이 다른 두 집단에 비해 좀 더 만족하는 비율이 높다는 것을 볼
수 있다. 그러나 통계적으로 분석해 보면 이념성향이 생활 만족도에 유의한 영향
을 미쳤다는 요인이 되지 못한다는 것을 확인할 수 있다. 비록 통계적 유의성은
없지만 소득과 이념성향 사이에는 유의미한 관계가 나타나지 않는다는 점을 고
려할 때 진보 및 중도성향과 보수성향 응답자들 사이의 차이는 소득에서 따른

것이 아니라 연령효과에 의해 약간의 만족도 차이를 가져온 것이라 추측해 볼
수 있다.

〈표 7〉 이념성향과 생활 만족도(%)

	매우 만족	만족하는 편	약간 불만족	매우 불만족	응답자 수
진보	1.0	58.0	37.0	4.0	300
중도	2.3	56.4	36.8	4.6	525
보수	1.0	61.6	33.3	4.1	393
전체	1.6	58.5	35.7	4.3	1,218

x^2=5.3, df=6, p=.51

3. 중요한 가치

• 질문: "선생님께서는 우리 사회가 우선해야 하는 가치가 무엇이라고 생각하십니까?"

국민들은 사회적 가치 중 경제성장과 법과 질서유지를 다른 가치에 비해 중시
하는 것으로 나타났다. 경제성장이 가장 중요하다는 응답이 42.6%, 법과 질서유
지가 가장 중요하다는 응답이 41.7%로 이 두 가지 가치를 언급한 응답자가 전체
응답자의 84.3%에 이르고 있다. 진보적 가치로 간주되는 국민정치참여(7.9%)나
표현의 자유(7.8%)를 택한 응답자의 비율은 낮았다. 세대별로 어떠한 가치가 중
요한 것인지를 분류하여 살펴보면 20대와 30대가 다른 세대에 비하여 법과 질서
의 가치를 상대적으로 덜 선택하고 국민정치참여의 가치를 택한 경우가 더 많다.
특히 20대가 표현의 자유를 택한 비율이 17.4%로 다른 세대보다 훨씬 높은 비율
을 보여준다. 흥미로운 것은 50대로 이들은 다른 세대보다 월등히 법과 질서를
택한 응답자가 많다. 반면에 경제성장의 가치에 대해서는 20대 다음으로 선택한
비율이 낮다는 점이 두드러진다.
사회가치에 대한 차이는 정치적 이념성향에 따라 뚜렷이 구분될 것으로 기대
된다. 법과 질서 그리고 경제성장은 전통적으로 보수주의가 중시하는 가치인데

〈표 8〉 세대별 사회적 중요가치(%)

	법과 질서	국민정치참여	경제성장	표현의 자유	응답자 수
20대	37.8	12.4	32.4	17.4	241
30대	38.8	11.0	44.1	6.1	263
40대	40.5	6.2	46.7	6.6	274
50대	50.7	5.4	39.0	4.9	205
60세 이상	42.5	3.9	49.8	3.9	233
전체	41.7	7.9	42.6	7.8	1,216

x^2=70.2, df=12, p=.00

비해, 시민의 정치참여와 표현의 자유 등은 오래전부터 자유주의의 중요가치였다. 이번 조사에서도 이러한 경향성은 확인되었다. 〈표 9〉에서 보는 바와 같이 법과 질서를 가장 중요한 가치로 택한 보수성향의 응답자는 45.5%로 진보성향의 응답자 36.7%와 비교하여 8.8%p 높은 것으로 나타났다. 마찬가지로 경제성장을 가장 중요한 가치로 선택한 비율을 보아도 보수성향의 응답자 중 43.3%가 선택하여 진보성향 응답자들에 비해 7%p 높다. 반면에 국민의 정치참여를 선택한 비율을 보면 진보성향 응답자들 중 13.3%가 택해 보수성향의 응답자들 중 4.8%에 비해 상당히 높은 비율을 보이고 있다. 또한 진보성향의 응답자들 중 13.7%가 표현의 자유를 가장 중요한 사회적 가치로 택한 것과 달리 중도(5.3%)나 보수(6.4%) 성향의 응답자들의 선택 비율은 낮았다.

〈표 9〉 이념성향별 사회적 중요가치(%)

	법과 질서	국민정치참여	경제성장	표현의 자유	응답자 수
진보	36.7	13.3	36.3	13.7	300
중도	41.6	7.4	45.6	5.3	524
보수	45.5	4.8	43.3	6.4	393
전체	41.7	8.1	42.6	7.7	1,217

x^2=41.3, df=6, p=.00

4. 출신지역에 따른 이익과 불이익

• 질문: "선생님은 출신지역으로 인해 이익(혹은 불이익)을 본 적이 있습니까?"

지역주의가 선거 이외에 일상생활에도 상당한 영향을 미친다면, 응답자들이 출신지역으로 인해 사회생활에서 이익이나 불이익을 받은 경험이 다수 있을 것으로 기대한다. 이를 검토하기 위해 출신지 때문에 이익을 본 경험이 있는 응답자의 분포를 보면 전체 1,200여 명 중 6.8%인 83명만이 출신지로 인해 이익을 본 경험이 있는 것으로 나타났으며, 절대다수인 93.2%가 살면서 출신지역 때문에 이익을 본 적이 없다고 답변하였다. 불이익의 경우도 별로 다르지 않다. 불이익을 경험한 응답자들은 6.4%로 78명에 불과하다. 결국 〈표 10〉에서 보는 바와 같이 이익이나 불이익을 경험하지 않은 응답자들이 절대다수인 89.1%에 이르고 있다. 그리고 출신지역으로 인한 이익과 불이익을 모두 경험한 응답자는 단지 2.3%에 지나지 않는다.

〈표 10〉 출신지역으로 인한 이익과 불이익 경험여부(%)

		출신지역으로 인한 이익		
		있다	없다	전체
출신지로 인한 불이익	있다	28 2.3%	50 4.1%	78 6.4%
	없다	55 4.5%	1,084 89.1%	1,139 93.6%
	전체	83 6.8%	1,134 93.2%	1,217 100%

x^2=110.9, df=1, p=.00

지역주의가 주로 호남과 영남을 중심으로 갈등을 야기된다. 그렇다면 호남과 영남출신들의 출신지역에 따른 이익과 불이익의 경험여부가 전체 응답자보다 높을 것으로 생각된다. 〈표 11〉은 호남과 영남출신의 응답자들을 따로 선택하여

그들의 경험여부를 분석하였다. 호남출신들 중 불이익을 경험한 응답자 비율이
7.6%로 〈표 10〉의 전체 응답자의 6.4%와 큰 차이를 보이지 않는다. 영남출신
응답자들의 경우도 7.8%로 별 차이가 없다. 그런데 호남출신의 경우 이익을 보
았다는 비율이 16.9%로 전체응답자의 6.8%나 영남출신 응답자의 3.8%보다 월
등히 높다. 호남출신 응답자들이 출신지역으로 인한 이득을 받았던 경험이 다른
어떤 지역보다 많은 것으로 나타났다.

〈표 11〉 출신지역으로 인한 이익과 불이익 경험여부, 호남과 영남(%)

		호남			영남		
		출신지역으로 인한 이익					
		있다	없다	전체	있다	없다	전체
출신지로 인한 불이익	있다	7 2.8%	12 4.8%	19 7.6%	7 1.9%	22 5.9%	29 7.8%
	없다	35 14.1%	195 78.3%	230 92.4%	7 1.9%	337 90.3%	344 92.2%
	전체	42 16.9%	207 83.1%	249 100%	14 3.8%	359 96.2%	373 100.0%
		x^2=5.9, df=1, p=.02			x^2=36.2, df=1, p=.00		

5. 지역주의의 기원

• 질문: "선생님은 지금의 지역주의가 언제 처음 생겼다고 생각하십니까?"

　지역주의가 언제 발생했는가에 대한 의견을 묻는 질문이다. 가장 많은 응답자
가 선택한 것이 제3공화국 박정희 정권시기이다(40.8%). 영남출신의 정권으로
영남지역과 인사에 대한 편중적 혜택을 주고 상대적으로 호남지역에 대한 차별
이 있었다는 주장과 맥을 같이 한다. 다음으로는 1980년 광주민주화운동 시기를
택한 응답자들이 30%였다. 이러한 주장은 전두환 정권이 광주민주화 시기를 기
점으로 호남에 대한 이념적 호도가 있었다는 주장이 근간이 된다. 해방 이전부터

지역주의가 있었다는 생각하는 응답자는 전체응답자의 20.4%이다. 한편, 1987
년 민주화 이후라고 답변한 응답자의 비율은 가장 낮아서 8.7%에 그치고 있다.
3김의 등장과 이들이 정치적 동원을 위해 사용한 전략이 지역주의였다는 주장에
따르면 1987년 이전까지는 여촌야도(與村野都)가 한국선거의 특성이었지만, 민
주화 이후 선거결과에서 호남, 영남, 충청이라는 지역이 지역지배정당에 의해 싹
쓸이되는 현상이 나타났다는 주장이 있다.

　세대별로 구분해 보면 지역주의가 박정희 정권에 의해 시작되었다는 시각이
40대 이상에서 그 이전 세대보다 상당히 높아지는 것을 볼 수 있다. 반면에 20대
와 30대는 광주민주화 운동시기와 1987년 민주화 시기를 언급하는 비율이 높았
다. 예를 들어 20대에서 1987년 민주화 이후가 지역주의의 원인이 되었다는 응
답비율은 14.6%인데 이는 다른 세대들과 뚜렷이 구분되는 높은 응답비율이다.

〈표 12〉 세대별 지역주의 기원(%)

	해방 이전	제3공화국 박정희 정권 시기	1980년 광주민주화 운동 시기	1987년 민주화 이후	응답자 수
20대	16.3	35.4	33.3	14.6	240
30대	20.9	36.1	33.5	9.5	263
40대	20.4	44.4	29.8	5.5	275
50대	22.1	49	23	5.9	204
60세 이상	22.7	40.3	28.8	8.2	233
전체	20.4	40.8	30.0	8.7	1,215

x^2=30.7, df=12, p=.00

6. 지역주의 정치구도의 심각성

• 설문: "선생님께서는 우리나라 지역주의 정치구도에 대해 어떻게 평가하십니까?"

민주화 이후 한국선거에서 가장 중요한 요인으로 꼽히는 지역주의에 대한 국민들의 느끼는 심각성의 정도는 높다. 전체 응답자 중 58.8%가 지역주의에 의한 정치구도는 개선되어야 할 것이라고 답변하였다. 뿐만 아니라 심각하지는 않지만 개선의 필요가 있다는 견해도 36.5%에 이른다. 결국 95.4%의 응답자들이 지역주의에 의한 정치구도에 문제가 있다는 의식을 가지고 있는 셈이다. 지역주의에 의한 정치구도가 문제가 되지 않는다는 답변은 4.6%에 그치고 있다. 이 같은 우려는 세대별로 차이가 없는 셈이다. 모든 연령층에서 시급한 개선의 여지가 있다는 답변이 60%에 가깝거나 40대의 경우 60%를 훨씬 넘고 있다. 크게 문제가 없다는 답변의 분포도 세대별로 차이를 보이지 않는다.

〈표 13〉 세대별 지역주의 기반 정치구도 인식(%)

	시급히 개선되어야 할 문제이다	개선되어야 하지만 심각한 문제는 아니다	크게 문제가 되지 않는다	응답자 수
20대	53.1	40.2	6.6	241
30대	57.8	36.9	5.3	263
40대	65.1	31.3	3.6	275
50대	58.8	39.2	2	204
60세 이상	58.6	36.2	5.2	232
전체	58.8	36.5	4.6	1,215

x^2=12.9, df=8, p=.12

응답자의 출신지별로 지역주의에 기반한 정치구도에 대한 의견을 보면 유의미한 차이를 확인할 수 있다. 호남출신 응답자들이 지역주의에 따른 정치에 대해 가장 심각하게 느끼고 있다. 호남출신 중 69.1%가 시급히 개선되어야 할 문제로 인식하고 있어 영남지역 출신의 응답률 54%대나 수도권의 51.5%보다 훨씬 높게 나타난다. 상대적으로 지역주의가 약한 수도권이나 강원도 지역 출신들은 개선의 여지가 있다는 데 좀 더 많은 응답을 하였다. 한편, 크게 문제가 되지 않는다는 답변비율에 관해서는 출신지역별로 별 차이를 보이지 않고 있다.

〈표 14〉 출신지역별 지역주의 기반 정치구도 인식(%)

	시급히 개선되어야 할 문제이다	개선되어야 하지만 심각한 문제는 아니다	크게 문제가 되지 않는다	응답자 수
서울/인천/경기	51.5	42.4	6.1	344
강원	63.0	34.2	2.7	73
대전/충청	68.0	29.7	2.3	172
광주/전라/제주	69.1	28.5	2.4	249
대구/경북	54.3	38.2	7.5	186
부산/울산/경남	54.8	41.0	4.3	188
전체	59.1	36.4	4.5	1,212

x^2=33.0, df=10, p=.00

7. 지역출신 대통령 필요성

• 설문: "선생님께서는 우리 지역(광역 시/도)의 발전을 위해 '지역 출신 대통령이 당선되거나 지역 대표 정당이 있어야 한다'는 견해에 대해 어떻게 생각하십니까?"

지역출신 대통령이나 대표정당의 필요성은 자기지역의 이해관계를 염두한 것이다. 이 질문에 대해 공감한다는 응답이 절반이 훨씬 넘는 57.7%나 되었다. 이러한 주장에 공감하는 비율은 연령이 50대 이상의 응답자들 속에서 더 뚜렷하게 나타난다. 특히 60대 이상의 응답자들 가운데서는 거의 70%가 고향출신의 정치인이나 정당이 지역의 발전에 도움이 될 것이라고 생각하고 있다. 반면에 30대의 경우에는 50%가 약간 넘은 응답자들이 동향출신 대통령이나 정당을 통해 지역발전을 도모할 수 있다고 생각하고 있다. 전체적으로 나이가 많아질수록

⟨표 15⟩ 세대별 동향출신 정치인 필요성(%)

	매우 공감	공감하는 편	공감하지 않는 편	전혀 공감하지 않음	응답자 수
20대	5.4	49.0	32	13.7	241
30대	8.0	43.2	34.5	14.4	264
40대	7.7	45.6	35.0	11.7	274
50대	8.3	54.1	23.9	13.7	205
60세 이상	13.4	56.0	25.0	5.6	232
전체	8.5	49.2	30.5	11.8	1,216

x^2=34.4, df=12, p=.00

자기지역 출신의 정치인이나 정당에 대한 의존도가 높아지는 것을 알 수 있다.
학력을 구분해서 보면 지역의 이해를 동향출신 정치세력에게서 찾으려는 시도
는 저학력에서 높은 것을 알 수 있다. 중졸 이하의 학력을 가진 응답자들을 보면
71.8%가 설문의 주장에 공감하였다. 반면에 대재 이상 응답자들 가운데서는
49.8%가 동의하여 두 집단 사이에 학력에 따라 공감하는 비율에 큰 차이를 보이
고 있다. 이러한 학력에 따른 의견의 차이는 앞에서 살펴본 연령에 따른 의견
차이와 그 유형이 비슷하다. 이는 연령이 높을수록 학력이 낮은 경향이 있기 때
문에 나타나는 현상이다. 따라서 학력에 따른 차이에는 연령효과가 일부 포함되
어 있다고 보아야 한다.

⟨표 16⟩ 학력별 동향출신 정치인 필요성(%)

	매우 공감	공감하는 편	공감하지 않는 편	전혀 공감하지 않음	응답자 수
중졸 이하	16.4	55.4	23.6	4.6	195
고졸	7.2	52.5	29.4	11.0	528
대재 이상	6.7	43.1	34.4	15.8	494
전체	8.5	49.1	30.5	11.9	1,217

x^2=44.9, df=6, p=.00

8. 지역별 경제격차

• 설문: "선생님께서는 우리나라 각 지역(영남, 호남, 충청, 강원, 제주, 수도권) 간 경제 격차가 어느 정도라고 생각하십니까?"

국민들은 수도권을 기준으로 보았을 때 각 지역별 경제적 격차는 큰 것으로 인식하고 있다. 전체 응답자의 78.6%가 격차가 매우 크거나 큰 편이라고 생각하고 있다. 매우 작다는 응답은 단지 1.3%로 거의 없는 셈이다. 호남출신 응답자들의 경우 지역별 경제격차가 매우 크다는 응답이 30.5%로 다른 지역출신 응답자들에 비해 월등하게 높은 응답비율을 보여주고 있다. 결국 호남출신 응답자들 가운데서는 90%에 이르는 절대다수의 응답자들이 지역별 경제격차를 인식하고 있다. 반면에 수도권 출신의 응답자들이 상대적으로 지역 간 경제격차가 크다는 인식이 적은 것으로 확인되었다(71.5%).

〈표 17〉 출신지역별 지역 간 경제격차 인식(%)

	매우 크다	큰 편이다	작은 편이다	매우 작다	응답자 수
서울/인천/경기	11.7	59.8	26.8	1.7	343
강원	15.3	69.4	15.3	0	72
대전/충청	16.9	61	20.9	1.2	172
광주/전라/제주	30.5	59.4	9.2	0.8	249
대구/경북	9.7	65.6	22.6	2.2	186
부산/울산/경남	10.2	69	20.3	0.5	187
전체	15.9	62.7	20.1	1.3	1,209

x^2=74.5, df=15, p=.00

9. 경제적 격차의 전망

• 설문: "선생님께서는 우리나라 지역(영남, 호남, 충청, 강원, 제주, 수도권) 간 경제격
차가 앞으로 어떻게 될 것 같으십니까?"

앞으로 지역별 경제격차에 대한 전망은 비교적 낙관적이라 할 수 있다. 격차가
줄어들 것이라는 의견이 66.8%로 다수를 이루고 있다. 그리고 아주 비관적으로
전망하는 응답자는 11.3%에 그치고 있다. 가장 낙관적인 견해를 보이는 집단은
수도권 출신 응답자들로 앞에서 본 바와 같이 이들은 지역별 경제격차를 우려하
는 의식이 가장 낮을 뿐 아니라 이들 중 79%의 응답자들이 경제격차가 줄어들
것이라고 보고 있다. 호남출신 응답자들은 현재의 지역경제격차에 대해서 심각
하게 생각하는 비율도 높지만 향후 전망에 있어서도 가장 비관적인 태도를 보이
고 있다. 이들이 향후 경제격차가 더 커질 것이라는 비관적 견해는(44.8%) 전체
평균(33.2%)에 비해 10%p 이상 차이를 보이고 있다.

〈표 18〉 출신지역별 지역 간 경제격차 전망(%)

	많이 줄어들 것이다	어느 정도 줄어들 것이다	약간 늘어날 것이다	많이 늘어날 것이다	응답자 수
서울/인천/경기	7.0	72	16.6	4.4	343
강원	9.6	53.4	23.3	13.7	73
대전/충청	4.7	67.4	17.4	10.5	172
광주/전라/제주	4.8	50.4	23.4	21.4	248
대구/경북	6.5	57	23.1	13.4	186
부산/울산/경남	4.3	55.6	32.1	8.0	187
전체	5.8	61	21.9	11.3	1,209

x^2=74.1, df=15, p=.00

10. 지역갈등의 책임 대통령

• 설문: "선생님께서는 다음 대통령 가운데 우리나라 지역갈등이 심화되는 데에 가장 큰 영향을 끼친 사람이 누구라고 생각하십니까?"

예시된 7명의 전직 대통령 중 지역갈등 심화에 영향을 준 대통령으로 가장 많이 언급된 대통령은 전두환 대통령이다(32.9%). 응답자 3명 중 1명꼴로 전 대통령이 지역갈등이 심화되는 데 책임이 가장 크다고 생각하고 있는 것이다. 다음으로는 김대중(28.0), 박정희(20.3) 대통령이 많이 언급되었다.

세대별로 구분하여 보면 모든 세대에서 전두환 대통령이 가장 많이 언급되었으며, 박정희 대통령과 김대중 대통령을 언급한 응답자의 비율은 연령이 높아지면서 더 많아지는 공통적 특징을 보이고 있다. 이명박 대통령의 경우 20대에서 14.5%가 지역갈등의 책임이 가장 크다고 언급되고 있어 다른 세대에 비해 뚜렷이 높은 비율을 나타내고 있다.

〈표 19〉 세대별 지역갈등 책임 대통령(%)

	박정희	전두환	노태우	김영삼	김대중	노무현	이명박	응답자 수
20대	16.6	33.2	2.9	8.3	19.5	5.0	14.5	241
30대	19.3	37.5	2.7	11.4	17.8	4.2	6.8	264
40대	20.7	32.2	1.4	6.5	33.3	3.6	2.2	276
50대	21.5	30.2	0.5	6.3	36.1	3.9	1.5	205
60세 이상	23.7	30.6	1.7	4.7	34.9	3.0	1.3	232
전체	20.3	32.9	1.9	7.6	28.0	3.9	5.3	1,218

x^2=104.9, df=24, p=.00

응답자의 이념성향에 따라 지역갈등 책임대통령의 언급비율을 분석해보면 진보성향 응답자들은 박정희 대통령을 언급한 비율(25.2%)이 전체 평균(20.3%)보다 높으며, 반대로 김대중 대통령을 꼽은 경우는(20.7%) 평균(28%)보다 훨씬 낮았다. 한편, 보수성향의 응답자들이 지역갈등의 책임으로 박대통령을 선택한 비율(18.8)은 전체보다 약간 낮았다. 하지만 보수응답자들이 김대중 대통령을 지역갈등의 책임자로 지적한 비율(34.4%)은 전체 평균과 비교했을 때 6.4%p나 높았다. 이들 두 대통령에 대한 갈등책임의 언급빈도가 진보와 보수성향 응답자들 사이에 차이가 나타나는 것은 보수는 박정희 대통령을 그리고 진보는 김대중 대통령을 선호하는 경향이 있기 때문에 자신이 선호하는 대통령에 대한 책임을 묻지 않으려는 경향이 일부 반영된 것이라 볼 수 있다.

<표 20> 이념성향별 지역갈등 책임 대통령(%)

	박정희	전두환	노태우	김영삼	김대중	노무현	이명박	응답자 수
진보	25.2	30.8	1.7	11	20.7	4.7	5.7	299
중도	18.7	35.4	2.3	7	27.4	2.9	6.3	525
보수	18.8	31.6	1.8	5.3	34.4	4.6	3.6	393
전체	20.3	33	2	7.5	28.0	3.9	5.3	1,217

x^2=31.3, df=12, p=.00

응답자의 출신지별로 구분하여 지역주의 갈등을 심화하는 데 책임이 큰 대통령이 언급된 빈도를 살펴보았다. 박정희 대통령의 경우 호남에서 가장 많이 언급되었는데(34.5%), 이는 대구/경북(15.1%)나 경남권(12.3%)에 비해 2배가 넘은 정도에 이르러, 호남출신 응답자들은 박 대통령에게 그 책임을 묻는 비율이 높다는 것을 알 수 있다. 반면에 호남출신 응답자들이 지역주의 심화에 대한 책임을 김대중 대통령에게 묻는 비율은 8.8%에 지나지 않아 영남지역과 큰 격차를 보여주고 있다. 한편, 김대중 대통령은 경남권 출신 응답자들로부터 지역주의 심화에 영향을 미친 대통령으로 언급된 비율이 43.3%에 달하는데, 이는 호남에 비해서는 5배 이상 그리고 다른 지역에 비해서도 1.5배가량 많은 빈도수이다. 이같이 호남과 영남출신 응답자들의 지역주의 심화책임에 대한 뚜렷한 차이는 바로 지역주의 의식에 의해 영향을 받은 바가 큰 것이다.

〈표 21〉 출신지역별 지역갈등 책임 대통령(%)

	박정희	전두환	노태우	김영삼	김대중	노무현	이명박	응답자 수
서울/인천/경기	17.8	34.7	1.5	9.0	28.3	4.4	4.4	343
강원	23.0	25.7	2.7	5.4	29.7	6.8	6.8	74
대전/충청	17.9	35.3	1.2	5.8	28.9	1.7	9.2	173
광주/전라/제주	34.5	36.1	2.8	7.6	8.8	3.6	6.0	249
대구/경북	15.1	33.9	2.7	6.5	36.6	2.2	3.2	186
부산/울산/경남	12.3	25.7	0.5	8.0	43.3	6.4	3.7	187
전체	20.3	33	1.8	7.5	28.1	3.9	5.3	1,212

x^2=120.6, df=35, p=.00

11. 출신지역과 기질

• 설문: "선생님께서는 '출신지역에 따라 성격이나 기질에 차이가 있다'는 주장에 대해 어떻게 생각하십니까?"

출신지역에 따라 성격이나 기질에 차이가 있다고 생각하는가를 살펴보면 4명 중 3명 이상이 출신지역별로 사람들의 기질 차이가 있다는 점을 받아들이고 있

〈표 22〉 세대별 출신지역 기질 인식(%)

	매우 공감	공감하는 편	별로 공감하지 않음	전혀 공감하지 않음	응답자 수
20대	7.1	61.4	25.7	5.4	241
30대	11	64.6	18.3	6.1	263
40대	8.0	71.6	18.2	2.2	275
50대	13.7	69.6	13.7	2.9	204
60세 이상	11.6	75.1	12.4	0.9	233
전체	10.1	68.4	17.8	3.5	1,216

x^2=38.8, df=12, p=.00

다. 전혀 그렇지 않다는 답변은 3.5%에 그치고 있다. 이러한 주장에 대한 공감의
정도는 세대별로 다르게 나타나는데, 50대와 60세 이상의 집단에서 이보다 젊은
집단에 비해 출신지역별 기질 차이에 관한 선입관이 높은 것으로 확인되었다.
60세 이상에서는 86.7%가 지역별 기질 차이가 있다고 생각하고 있어 20대의
68.5%와 상당한 차이를 보여준다.

지역별 기질 차이에 대한 인식을 살펴보는 것이므로 응답자들의 출신지역에
따라 그러한 인식에도 차이가 있는지 확인해 볼 필요가 있다. 수도권 출신 응답
자들이 지역별 기질차이에 대한 공감도가 가장 낮은 것으로 확인되었다(72%).
반면에 대전과 충청 출신의 응답자들 가운데서 기질 차이를 인정하는 비율이
87.8%로 가장 높게 나타났다. 이 지역출신 응답자들은 지역별 기질 차이에 대해
매우 공감하는 비율(16.3%)도 전체 평균보다 6%p 이상 높았다.

〈표 23〉 출신지역별 출신지역 기질 인식(%)

	매우 공감	공감하는 편	별로 공감하지 않음	전혀 공감하지 않음	응답자 수
서울/인천/경기	7.3	64.7	22.4	5.2	343
강원	15.1	68.5	13.7	2.7	73
대전/충청	16.3	71.5	11	1.2	172
광주/전라/제주	11.6	68.3	17.3	2.8	249
대구/경북	9.1	69.9	17.7	3.2	186
부산/울산/경남	6.4	70.7	19.1	3.7	188
전체	10.1	68.4	17.9	3.5	1,211

x^2=35.3, df=20, p=.00

계층갈등조사 주요 내용(2011년)

1. 국가로부터의 혜택

• 설문: 선생님께서는 국가로부터 어느 정도 혜택을 받고 있다고 생각하십니까?

응답자들은 대체적으로 국가로부터 혜택을 받지 못하고 있다고 생각하는 것으로 나타났다. 전체적으로 86.8%가 국가로부터 혜택을 받지 못한다고 생각하고 있었다. 적게 받는 편(58.7%)이 응답 중 가장 높은 비율을 차지하였고, 그 다음이 전혀 받지 않는다고 응답한 사람의 비율이 28.1%였다. 반면 매우 많이 받는다고는 응답이 0.8%, 많이 받는 편이라는 응답이 12.4%로, 혜택을 받고 있다고 생각하는 응답이 13.2%에 불과하였다.

연령별로 국가혜택에 대한 인식의 차이는 통계적으로 의미가 없었지만, 모든 연령대에서 혜택을 받지 못하고 있다고 생각하는 비율이 높은 것으로 분석되었다. 20대와 30대의 80% 이상의 응답자가 국가로부터의 혜택을 받지 못한다고

〈표 1〉 연령별 국가혜택 인식(%)

	매우 많이 받음	많이 받는 편	적게 받는 편	전혀 받지 않음	응답자 수
20대	0.0	11.2	62.2	26.6	286
30대	0.9	15.5	61.2	22.4	322
40대	1.5	12.5	57.3	28.7	335
50대	0.4	11.6	53.9	34.1	267
60대	1.0	10.6	58.7	29.7	297
전체	0.8	12.4	58.7	28.1	1,503

x^2=18.781, df=12, p=.094

생각하였다. 특히 20대의 경우에는 적게 받는 편이라는 응답이 62.2%로 모든 연령대에서 가장 많은 비율을 차지하는 것으로 나타났으며, 전혀 받지 못하고 있다는 응답도 26.6%로 나타났다. 그러나 전혀 받지 못한다는 응답의 비율이 가장 높은 연령대는 50대, 34.1%였다.

<표 2> 가구소득별 국가혜택 인식(%)

	매우 많이 받음	많이 받는 편	적게 받는 편	전혀 받지 않음	응답자 수
250만 원 미만	0.9	13.9	54.0	31.2	461
250~450만 원 미만	0.7	11.4	60.8	27.1	691
450만 원 이상	0.9	12.5	61.1	25.5	321
전체	0.8	12.4	58.7	28.0	1,473

x^2=6.646, df=6, p=.355

국가혜택에 대한 인식은 가구소득별 집단 사이에 통계적으로 유의미한 차이가 없었다. 국가로부터 혜택을 받고 있다고 생각하는 집단은 250만 원 미만의 저소득층으로 '매우 많이 받음' 0.9%, '많이 받는 편' 13.9%로, 총 14.8%가 국가혜택을 받고 있다고 생각한다고 응답하였다. 그 다음으로 국가혜택을 받고 있다고 응답한 응답자가 많은 집단은 450만 원 이상의 가구소득이 많은 집단으로 각각 0.9%, 12.5%, 총 13.4%로 분석되었다. 250~450만 원 사이의 가구소득 집단이 국가로부터의 혜택을 받고 있다는 응답 비율이 가장 낮아 총 12.2%, '매우 많이 받음' 0.7%, '많이 받는 편' 11.4%이라고 응답하였다.

<표 3> 학력별 국가혜택 인식(%)

	매우 많이 받음	많이 받는 편	적게 받는 편	전혀 받지 않음	응답자 수
중졸 이하	0.5	9.3	57.2	33.0	215
고졸	0.9	10.2	59.0	29.9	703
대학재학 이상	1.0	16.0	58.9	24.1	582
전체	0.9	12.3	58.7	28.1	1,500

x^2=17.086, df=6, p=.009

국가혜택에 대한 인식은 학력별로 차이가 있는 것으로 분석되었다. 전체적으로는 학력이 높아짐에 따라서 국가로부터의 혜택을 받고 있다고 생각하는 경향이 뚜렷하였다. 중졸 이하의 학력집단에서는 혜택을 받는다는 응답이, '매우 많이 받음'이 0.5%, '많이 받는 편'이 9.3%로 9.8%였던 데 반해, 대학재학 이상의 응답자 중에서는 각각 1.0%, 16.0%로, 총 17.0%의 응답자가 국가로부터의 혜택을 받고 있다고 생각하고 있었다. 고졸 학력집단에서는 각각 0.9%, 10.2%로 분석되어, 중졸 이하의 학력집단과 대학재학 이상의 학력집단 사이로 분석되었다.

〈표 4〉 정치이념별 국가혜택 인식(%)

	매우 많이 받음	많이 받는 편	적게 받는 편	전혀 받지 않음	응답자 수
진보	0.8	12.3	54.9	32.0	381
중도	0.3	12.8	61.5	25.3	608
보수	1.4	12.0	58.4	28.2	510
전체	0.8	12.4	58.8	28.0	1,499

x^2=9.483, df=6, p=.148

정치이념별로는 국가혜택에 대한 인식이 유의미한 차이가 없는 것으로 나타났다. 정치이념집단 중에서 진보적 이념집단이 국가로부터의 혜택을 받고 있지 못하다는 응답이 가장 많았다. 진보적 이념성향의 응답자 중 86.9%가 혜택을 받지 못한다고 생각하였다. '적게 받는 편'이 54.9%, '전혀 받지 않음'이 32.0%로 나타났다. 그 다음으로 중도적 이념집단에 속한 응답자 중 적게 받는 편이 61.5%, 전혀 받지 않음이 25.3%로, 중도적 이념성향을 갖는 응답자 중 86.8%가 국가로부터 혜택을 받지 못한다고 생각하였다. 마지막으로 보수적 이념집단에서 그러한 경향이 강하게 나타났는데, 각각 58.4%, 28.2%, 총 86.6%로 나타났다.

2. 생활 만족도

• 설문: 선생님께서는 현재의 생활수준에 얼마나 만족 혹은 불만족하십니까?

생활수준에 대한 만족도도 그다지 높지 않았다. 현재의 생활수준에 '매우 만족' 하는 응답자는 0.5%에 불과하였으며, '만족하는 편'인 응답의 비율도 34.7%에 불과하여, 만족한다는 응답이 35.2%로 나타났다. 나머지 응답자 중 64.8%가 생활수준에 대한 만족도가 낮은 것으로 나타났다. '불만족하는 편'이라는 응답자는 59.3%로 가장 높은 비율을 차지하였으며, '매우 불만'이라는 응답 비율도 5.5%였다.

〈표 5〉 연령별 생활수준 만족도(%)

	매우 만족	만족하는 편	불만족하는 편	매우 불만	응답자 수
20대	0.3	35.7	58.7	5.2	286
30대	0.6	31.5	64.8	3.1	321
40대	0.3	38.0	56.9	4.8	334
50대	0.4	34.1	57.7	7.9	267
60대	0.7	33.9	58.2	7.2	292
전체	0.5	34.7	59.3	5.5	1,500

x^2=12.989, df=12, p=.370

대체적으로 현재 생활에 대한 만족도가 낮은 가운데, 연령별 집단 중에서 20대가 가장 만족도가 낮은 집단으로 분석되었다. 20대 응답자 중 '매우 만족'이 0.3%, '만족하는 편'이 35.7%로, 총 36.%가 현재 생활에 만족하고 있었으며, 연령이 높아짐에 따라 대체적으로 만족한다는 응답 비율이 높아졌다. 30대는 32.1%, 40대는 38.3%, 50대 34.5%, 60대 이상이 34.6% 순으로 만족한다는 응답 비율이 나타났다. 20대에 비해서 생활수준에 대한 만족도가 높은 이유는 연령이 높아짐에 따라 상대적으로 생활이 안정되었기 때문인 것으로 유추된다. 그러나 이와 같은 연령별 집단의 생활 만족도는 통계적으로 유의미하지 않았다.

〈표 6〉 가구소득별 생활수준 만족도(%)

	매우 만족	만족하는 편	불만족하는 편	매우 불만	응답자 수
250만 원 미만	0.9	37.8	55.4	5.9	460
250~450만 원 미만	0.3	42.5	53.1	4.1	691
450만 원 이상	1.6	58.9	36.4	3.1	321
전체	0.7	44.6	50.2	4.4	1,472

x^2=44.302, df=6, p=.000

가구소득별로 생활수준 만족도는 소득수준이 높아짐에 따라 높아지는 것으로 나타났으며, 그 차이는 통계적으로 의미가 있었다. 생활수준에 대해 만족한다는 응답이 가장 많았던 집단은 450만 원 이상의 소득집단으로, '매우 만족' 1.6%, '만족하는 편' 58.9%로, 총 60.5%가 현재의 생활수준에 만족하고 있었다. 그 다음 집단은 250~450만 원 미만의 집단으로, 매우 만족이 0.3%, 만족하는 편이 42.5%로, 총 42.8%가 만족한다고 응답하였다. 생활수준에 대한 만족도가 가장 낮은 집단은 250만 원 미만의 저소득층 집단이었다. 저소득층 집단에서는 '매우 불만' 5.9%, '불만족하는 편' 55.4%로 총 61.3%가 현재의 생활수준에 만족하지 못한다고 응답하였다.

학력별 생활수준 만족도는 학력별 집단 사이의 통계적으로 유의미한 차이가 있었다. 중졸 이하의 집단은 '매우 만족' 0.5%, 만족하는 편 39.8%로, 중졸 이하의 응답자 중 40.3%가 만족하고 있었다. 고졸 집단은 중졸 집단보다 1.2%p 낮

〈표 7〉 학력별 생활수준 만족도(%)

	매우 만족	만족하는 편	불만족하는 편	매우 불만	응답자 수
중졸 이하	0.5	39.8	53.2	6.5	216
고졸	0.4	38.7	55.2	5.7	703
대학재학 이상	1.2	52.5	44.1	2.2	581
전체	0.7	44.2	50.6	4.5	1,500

x^2=36.607, df=6, p=.000

은 39.1%로, 각각 0.4%, 38.7%이었으며, 대학재학 이상의 높은 학력 집단의 생활수준 만족도는 53.7%로 가장 높은 것으로 나타났다. 이러한 학력별 생활수준 만족도의 차이는 학력이 높을수록 사회경제적 위치와 임금이 높아 학력과 생활수준과 밀접한 관련이 있기 때문인 것으로 유추할 수 있다.

<표 8> 정치이념별 생활수준 만족도(%)

	매우 만족	만족하는 편	불만족하는 편	매우 불만	응답자 수
진보	0.8	44.7	50.0	4.5	380
중도	1.0	42.9	52.3	3.8	608
보수	0.4	45.5	49.0	5.1	510
전체	0.7	44.3	50.6	4.4	1,498

x^2=3.516, df=6, p=.742

이념집단별로 구분하였을 때, 보수적 이념성향의 응답자가 다른 응답자에 비해서 생활수준에 대한 만족도가 높은 것으로 분석되었다. 보수적 이념성향의 응답자 중 0.4%가 '매우 만족'한다는 응답을, 45.5%가 '만족하는 편'이라는 응답을 하여, 총 45.9%가 현재의 생활수준에 만족하고 있었다. 그 다음으로 생활수준 만족도가 높은 이념집단은 진보적인 성향의 응답자로, 각각 0.8%, 44.7%로, 총 45.5%였다. 가장 만족도가 낮은 집단은 중도적 성향의 집단으로 43.9%가 만족하는 것으로 분석되었다. 그러나 이념성향별 생활수준 만족도는 집단 간 유의미한 차이가 있는 것은 아니었다.

3. 소득수준 만족도

• 설문: 선생님께서는 현재의 소득수준에 얼마나 만족 혹은 불만족하십니까?

소득수준에 대한 만족도도 전반적으로 낮은 것으로 분석되었다. 현재의 소득수준에 대해서 만족하는 집단은 35.2%로 나타난 반면, 만족하지 못하는 응답의

비율은 64.8%로 분석되어 과반을 조금 넘은 응답자가 자신의 소득에 대한 불만
을 갖고 있었다.

〈표 9〉 연령별 소득수준 만족도(%)

	매우 만족	만족하는 편	불만족하는 편	매우 불만	응답자 수
20대	0.3	35.7	58.7	5.2	286
30대	0.6	31.5	64.8	3.1	321
40대	0.3	38.0	56.9	4.8	334
50대	0.4	34.1	57.7	7.9	267
60대 이상	0.7	33.9	58.2	7.2	292
전체	0.5	34.7	59.3	5.5	1,500

x^2=12.989, df=12, p=.370

연령별로 소득수준에 대한 불만이 높은 집단은 30대로, '불만족하는 편'이
64.8%, '매우 불만'이 3.1%로, 총 67.9%가 현재의 소득수준에 대해서 만족도가
가장 낮은 집단으로 나타났다. 그 다음으로 소득수준에 대해 만족하지 못하는
연령집단은 50대와 60대 이상의 집단으로 각각 65.6%, 65.4%로, 0.1%p의 차이
로 분석되었다. 그 다음으로 20대 연령집단에서 63.9%가 만족도가 낮은 것으로
나타났으며, 40대가 61.7%가 현재의 소득수준에 불만이라고 응답하였다. 이러한
연령별 집단의 소득수준 만족도는 통계적으로 유의미하지 않았다.

〈표 10〉 가구소득별 소득수준 만족도(%)

	매우 만족	만족하는 편	불만족하는 편	매우 불만	응답자 수
250만 원 미만	0.7	26.1	64.8	8.5	460
250~450만 원 미만	0.1	33.7	61.6	4.6	692
450만 원 이상	0.9	51.1	45.5	2.5	321
전체	0.5	35.1	59.1	5.4	1,473

x^2=65.018, df=6, p=.000

가구소득별 소득수준에 대한 만족도는 가구의 소득수준이 높아짐에 따라 만족도가 높아졌으며, 이는 통계적으로 유의미한 집단 간 차이를 보였다. 가구소득이 250만 원 미만인 집단에서 73.3%(불만족하는 편 64.8%, 매우 불만 8.5%)가 현재의 소득수준에 대해서 가장 만족하지 못하고 있었다. 그 다음이 250~450만 원 미만의 소득집단으로, 이들 중 66.2%가 소득수준에 대해서 만족하지 못 하는 것으로 분석되었다. 반면 450만 원 이상의 집단에서는 52.0%가 소득수준에 대해서 만족하고 있었던 반면, 48.0%가 만족하지 못한다고 응답하였다.

〈표 11〉 학력별 소득수준 만족도(%)

	매우 만족	만족하는 편	불만족하는 편	매우 불만	응답자 수
중졸 이하	0.5	30.7	60.9	7.9	215
고졸	0.3	30.0	62.3	7.4	703
대학재학 이상	0.7	41.8	55.1	2.4	581
전체	0.5	34.7	59.3	5.5	1,499

x^2=34.804, df=6, p=.000

학력별 소득수준 만족도에서 생활수준 만족도와 마찬가지로 만족하고 있다는 응답이 가장 많은 학력집단은 대학재학 이상의 학력을 갖는 응답자였다. 대학재학 이상의 응답자 중 42.5%가 만족하고 있다고 응답하였는데, '매우 만족' 0.7%, '만족하는 편'이 41.8%로 응답하여, 총 42.5%가 현재의 소득수준에 만족하고 있는 것으로 나타났다. 그 다음은 중졸 이하의 학력집단으로 31.2%가 만족하고 있었으며, 고졸 학력집단에서는 30.3%가 현재 생활수준에 대한 만족도가 가장 낮은 학력집단으로 분석되었다.

정치이념별 소득수준 만족도는 보수적일수록 소득수준에 대한 만족도가 높아졌으나 이념성향별 집단 간에는 통계적 의미는 없었다. 보수적 이념성향을 갖는 집단 중에서는 총 35.9%가 현재의 소득수준에 대해 만족하고 있었으며, '매우 만족' 0.4%, '만족하는 편' 35.5%로 나타났다. 그 다음이 중도적 이념성향을 갖는 집단으로, 각각 0.8%, 34.5%로, 총 35.3%가 소득수준에 만족하고 있는 것으로

<표 12> 정치이념별 소득수준 만족도(%)

	매우 만족	만족하는 편	불만족하는 편	매우 불만	응답자 수
진보	0.0	34.2	60.0	5.8	380
중도	0.8	34.5	60.4	4.3	609
보수	0.4	35.5	57.1	7.1	510
전체	0.5	34.8	59.2	5.6	1,499

x^2=8.072, df=6, p=.233

나타났다. 진보적 이념성향의 집단은 '만족하는 편'이 34.2%로 나타나, 이념집단 중에서 소득수준에 대한 만족도가 가장 낮은 것으로 나타났다.

4. 경제적 부의 공정한 분배

• 설문: 우리사회에서 경제적 부의 분배가 얼마나 공정하게 이루어지고 있다고 생각하십니까?

경제적 부에 대한 공정한 분배에 대한 인식은 전체적으로 공정하지 않다고 생각하는 것으로 나타났다. 경제적 분배가 공정하다는 응답은 10.2%에 불과하였던 반면, 89.8%가 우리사회의 경제적 부가 공정하게 분배되고 있지 않다고 생각

<표 13> 가구소득별 경제적 분배에 대한 인식(%)

	매우 공정	공정한 편	공정하지 않은 편	전혀 공정하지 않음	응답자 수
250만 원 미만	0.4	9.8	72.0	17.8	460
250~450만 원 미만	0.0	9.6	73.1	17.4	691
450만 원 이상	0.3	11.2	76.3	12.1	321
전체	0.2	10.0	73.4	16.4	1,472

x^2=8.451, df=6, p=.207

하고 있었다.

가구소득별로는 통계적으로 의미 있는 차이는 없었다. 250~450만 원 가구소득 집단은 90.5%가 경제적 분배가 공정하게 이루어지지 않고 있다고 생각하여 가구소득별 집단 중에서 그 비율이 가장 높은 집단이었다. 그 다음은 250만 원 미만의 집단으로, 89.8%가 공정하지 않다고 응답하였다. 450만 원 이상의 고소득층이 그 응답의 비율이 가장 낮았는데, '공정하지 않은 편' 76.3%, '전혀 공정하지 않음'에 대한 응답이 12.1%로 나타났다.

5. 빈부격차의 심각성 인식

• 설문: 선생님께서는 우리 사회의 빈부격차 문제에 대해 어떻게 생각하십니까?

빈부격차 인식은 매우 심각한 것으로 분석되었다. 전체 응답자 중 93.6%가 우리 사회의 빈부격차가 심각하다고 생각하고 있었고 심각하지 않다는 응답은 6.4%에 불과하였다. 국민의 대다수가 빈부격차의 문제를 중요한 문제로 인식하고 있는 것으로 볼 수 있다.

학력별로는 중졸 이하의 학력집단에서 그 응답 비율이 가장 높았다. '매우 심각'하다는 응답이 46.0%, '약간 심각한 편'이 48.8%로, 총 94.8%가 빈부격차의 문제를 심각하다고 생각하였다. 그 다음이 대학재학 이상의 집단에서 높게 나타

〈표 14〉 학력별 빈부격차에 대한 인식(%)

	매우 심각	약간 심각한 편	별로 심각하지 않음	전혀 심각하지 않음	응답자 수
중졸 이하	46.0	48.8	4.2	0.9	215
고졸	49.1	43.2	6.8	0.9	703
대학재학 이상	42.3	52.3	5.0	0.3	581
전체	46.0	47.6	5.7	0.7	1,499

x^2=13.154, df=6, p=.041

났는데, 이들 중 94.7%가 그 심각성을 인식하고 있었고, 고졸 학력 집단이 심각하다는 응답 비율(92.3%)로 가장 낮았다.

6. 개인의 노력과 사회경제적 지위

• 설문: 선생님께서는 노력한다면 지금보다 개인의 사회경제적 지위가 높아질 수 있다고 생각하십니까?

응답자 중에서 개인의 노력으로 사회경제적 지위가 상승할 수 있다고 생각하는 응답 비율과 그렇지 않다는 응답의 비율이 비슷하여, 개인의 노력에 따른 사회변동에 대한 신뢰는 팽팽한 것으로 나타났다. 개인의 노력에 따라 사회경제적 지위가 상승할 수 있다고 생각하는 응답 비율이 50.5%였던 데 반해, 그렇지 않다는 응답 비율은 49.5%로 분석되었다.

〈표 15〉 가구소득별 개인의 노력에 따라 사회경제적 지위의 상승 가능성(%)

	매우 그렇다	대체로 그런 편	그렇지 않은 편	전혀 그렇지 않음	응답자 수
250만 원 미만	3.0	42.1	46.0	8.9	461
250~450만 원 미만	3.2	46.9	46.2	3.8	691
450만 원 이상	7.1	52.2	38.2	2.5	322
전체	4.0	46.5	44.4	5.1	1,474

x^2=37.681, df=6, p=.000

가구소득별로는 소득이 높을수록 사회경제적 지위의 상승이 개인의 노력을 통해서 가능하다고 생각하는 경향은 통계적으로 유의미하였다. 250만 원 미만의 집단에서는 45.1%가 사회경제적 지위가 상승할 수 있다고 생각하였던 데 비해, 250~450만 원 소득집단에서는 50.1%가 그렇다고 응답하였다. 반면 450만 원 이상의 가구소득 집단에서는 전체 응답 50.5%보다 8.8%p 높은 59.3%가 개인의 노력 여하에 따라서 사회경제적 지위가 높아질 수 있다고 생각하였다.

7. 노력에 대한 사회적 대우

• 설문: 선생님께서는 선생님의 노력에 비해 사회적으로 받는 대우가 어떻다고 생각하
  십니까?

자신의 노력에 비해 사회적 대우에 대해서 응답자들은 대체적으로 대우가 낮
다고 생각하고 있는 것으로 나타났다. 노력에 비해서 대우가 낮다고 생각하는
응답 비율이 84.7%이었던 데 비해, 15.3%만이 자신의 노력에 대해서 대우가 높
다고 생각하고 있었다. 노력한 만큼의 대가로서 사회적 대우가 적절하지 않다고
생각하고 있는 것이다.

〈표 16〉 가구소득별 노력에 대한 사회적 대우(%)

	노력에 비해 대우가 매우 높음	노력에 비해 대우가 높은 편	노력에 비해 대우가 낮은 편	노력에 비해 대우가 매우 낮음	응답자 수
250만 원 미만	0.2	13.7	75.7	10.4	461
250~450만 원 미만	0.1	14.2	80.3	5.4	689
450만 원 이상	0.6	18.6	76.1	4.7	322
전체	0.3	15.0	77.9	6.8	1,472

x^2=19.574, df=6, p=.003

노력에 대한 사회적 대우에 대한 인식은 가구소득별 집단 사이에 통계적으로
유의미한 차이가 있는 것으로 분석되었다. 소득이 낮을수록 노력에 대한 대우가
낮다고 생각하고 있었다. 250만 원 미만의 집단에서 '노력에 비해 대우가 낮은
편'이라는 응답이 75.7%, '노력에 비해 대우가 매우 낮음'이 10.4%로, 총 86.1%
가 노력에 비해 사회적 대우가 낮다고 생각하였다. 250~450만 원 미만의 집단도
대우가 낮다고 생각하고 있었는데, 250만 원 미만 집단에 비해 약 0.4%p 정도

낮은 85.7%가 응답하였다. 450만 원 이상의 집단 중 80.8%가 대우가 낮다고
생각하여, 상대적으로 소득이 높은 가구의 응답자가 저소득층 가구의 응답자보다
노력에 대한 대우가 높다고 생각하는 경향이 있었다.

〈표 17〉 학력별 노력에 대한 사회적 대우(%)

	노력에 비해 대우가 매우 높음	노력에 비해 대우가 높은 편	노력에 비해 대우가 낮은 편	노력에 비해 대우가 매우 낮음	응답자 수
중졸 이하	0.0	10.7	78.1	11.2	215
고졸	0.1	13.5	78.3	8.0	702
대학재학 이상	0.5	17.9	77.4	4.1	580
전체	0.3	14.8	78.0	6.9	1,497

x^2=22.571, df=6, p=.001

학력별로도 노력에 대한 사회적 대우에 대한 생각이 통계적으로 유의미하였
다. 학력이 높을수록 노력에 대한 사회적 대우가 높다고 생각하는 경향이 있었는
데, 대학재학 이상의 집단에서 노력에 비해 사회적 대우가 매우 높다는 응답이
0.5%, 높은 편이라는 응답이 17.9%로, 총 18.4%가 그렇다고 응답하였다. 그러
나 중졸 이하의 집단에서는 10.7%만이 그렇다고 응답하여 학력별 집단 중에서
가장 낮은 비율로 나타났으며, 고졸 집단이 13.6%로 대학재학 이상과 중졸 이하
의 집단 사이를 차지하였다.

8. 계층 구분의 기준

• 설문: 선생님께서는 계층을 구분하는 데 가장 중요한 기준이 무엇이라고 생각하십니까?

계층 구분에서 가장 중요하게 생각하는 기준은 경제적 수준인 것으로 나타났
다. 전체 응답자 중 36.3%가 '소득'이라고 응답하였고, 36.1%가 '재산'을 계층

구분의 기준이라고 응답하였다. 직접적인 경제적 수준을 보여주는 소득과 재산이 계층을 구분한다고 생각하는 응답이 72.4%에 달하였다. 그 밖에 '직업'이라는 응답이 12.7%로 세 번째로 응답 비율이 높았으며, 그 다음으로 '가치관' 9.4%, '교육' 5.5% 순으로 응답하였다.

〈표 18〉 가구소득별 계층 구분의 기준(%)

	소득	교육	직업	재산	가치관	응답자 수
250만 원 미만	36.7	4.1	7.6	39.9	11.7	461
250~450만 원 미만	35.4	5.9	14.9	36.0	7.8	692
450만 원 이상	37.9	6.5	15.5	30.7	9.3	322
전체	36.3	5.5	12.7	36.1	9.4	1,475

x^2=25.814, df=8, p=.001

가구소득별로 그러한 기준에 대한 응답이 통계적으로 유의미한 차이가 있는 것으로 나타났다. 가구소득별로 소득과 재산을 계층 구분의 기준으로 꼽는 경향은 공통적으로 나타났지만, 다른 기준에서 큰 차이를 보였다. 250만 원 미만의 집단에서 '가치관'을 기준으로 꼽은 응답 비율이 11.7%를 차지하여, 재산(39.9%)과 소득(36.7%)에 이어 세 번째로 높은 비중을 차지하였다. 반면 250만 원 이상의 집단에서는 '직업'을 세 번째 기준으로 꼽는 경향이 있었는데, 250~450만 원 집단에서는 14.9%가, 그리고 450만 원 이상 집단에서는 15.5%의 응답자가 직업을 계층을 구분하는 중요한 기준이라고 생각하고 있었다.

〈표 19〉 학력별 계층 구분의 기준(%)

	소득	교육	직업	재산	가치관	응답자 수
중졸 이하	41.2	4.6	6.5	38.9	8.8	216
고졸	32.1	4.4	12.8	42.2	8.5	702
대학재학 이상	39.2	7.2	14.6	28.7	10.2	581
전체	36.2	5.5	12.6	36.5	9.2	1,499

x^2=36.611, df=8, p=.000

학력별로 구분하였을 때, 특징적인 부분은 대학재학 이상의 집단에서 소득과 재산이라는 응답의 비율이 다른 집단에 비해서 상대적으로 낮다는 점이었다. 이들 집단에서 '소득'은 39.2%로, 중졸 41.2%보다 낮고 고졸 32.1%보다는 높았으며, '재산'을 꼽은 응답 비율은 중졸(38.9%)이나 고졸(42.2%)보다 낮았다. 이들 집단이 다른 두 집단에 비해 상대적으로 높은 비율로 나타난 응답은 가치관(10.2%)과 교육(7.2%)이었다.

9. 주관적 계층인식

• 설문: 소득이나 직업, 교육수준, 재산 등을 고려할 때 선생님의 사회경제적 지위는 다음 중 어디에 속한다고 생각하십니까?

주관적 계층인식에 대한 응답은 전체적으로 자신을 중간층 이하로 인식하고 있는 것으로 나타났다. 가장 높은 비율로 나타난 응답은 '중하층'으로 46.6%가 자신을 중하층이라고 생각하고 있었으며, 그 다음이 중간층 36.3%, 하층 13.7%, 중상층 3.3%, 상층 0.1% 순으로 나타났다. 응답자의 82.9%가 자신을 중간층 또는 중하층으로 간주하고 있었고 60.6%가 자신을 중하층 또는 하층으로 생각하고 있었다. 대부분이 자신을 중간 이하의 계층으로 생각하고 있었다.

가구소득별로는 주관적 계층인식에 통계적으로 유의미한 차이를 보이며, 소득이 높아질수록 주관적 계층인식이 높아지는 경향이 뚜렷하였다. 250만 원 미만의 집단에서는 자신을 중하층으로 생각하는 응답자가 49.0%였으며, 하층 28.0%,

〈표 20〉 가구소득별 주관적 계층인식(%)

	상층	중상층	중간층	중하층	하층	응답자 수
250만 원 미만	0.0	0.9	22.1	49.0	28.0	461
250~450만 원 미만	0.0	2.2	35.5	52.9	9.4	690
450만 원 이상	0.6	9.0	58.6	29.6	2.2	321
전체	0.1	3.3	36.3	46.6	13.7	1,472

x^2=255.662, df=8, p=.000

중간층 22.1% 순으로 나타났으며, 중상층이라는 응답은 0.9%였다. 반면 450만 원 이상의 가구소득 집단에서는 58.6%가 자신을 중간층으로 생각하였으며, 29.6%는 중하층, 중상층 9.0% 순으로 많은 응답을 하였다. 450만 원 이상의 집단에서 상층이라는 인식은 0.6%였으며, 하층이라는 응답도 2.2%를 차지하였다.

<표 21> 학력별 주관적 계층인식(%)

	상층	중상층	중간층	중하층	하층	응답자 수
중졸 이하	0.0	0.0	21.4	44.2	34.4	215
고졸	0.1	2.3	30.6	51.5	15.5	703
대학재학 이상	0.2	5.5	48.1	41.2	5.0	582
전체	0.1	3.2	36.1	46.5	14.1	1,500

x^2=166.318, df=8, p=.000

학력별로 주관적 계층인식도 학력이 높아질수록 자신을 높은 계층으로 생각하는 경향이 있었으며 집단 간에 통계적으로 유의미한 차이가 있었다. 중졸 이하의 학력집단에서는 자신을 중하층이라고 생각하는 응답이 44.2%였으며, 하층이 34.4%로 응답하여, 중졸 이하 학력의 응답자 중 78.6%가 자신을 사회적으로 낮은 계층으로 인식하는 경향이 있었다. 반면 대학재학 이상의 학력집단에서는 상층 0.2%, 중상층 5.5%로, 높은 계층으로 생각하는 응답자가 5.7%를 차지하였으며, 중간층 48.1%라는 응답이 가장 높게 나타났다. 비교적 일관되게 학력수준이 높아짐에 따라 소득수준이나 계층인식도 높아지는 데 영향을 미치는 것으로 볼 수 있다.

10. 계층에 대한 거리감

• 설문: 다음은 우리나라 계층을 5가지로 분류한 것입니다. 각각의 계층에 대해 선생님께서 느끼시는 거리감 정도를 0에서 10으로 평가해 주십시오. 매우 가깝다고 느끼시면 0, 보통이면 5 매우 멀다고 느끼시면 10입니다.

전체적으로 상층에 대한 거리감은 높은 것으로 나타났다. 가구소득별 집단의 전체 응답 평균은 7.19점이었으며, 학력별 응답자 중 평균은 7.20점이었다. 구체적으로 가구소득별로 나누었을 때, 가구소득이 낮을수록 상층에 대해서 느끼는 거리감이 큰 것으로 나타났다. 250만 원 민만의 집단의 평균값은 7.50점으로 가장 멀게 느끼고 있었으며, 250~450만 원 미만의 집단에서는 7.21점, 450만 원 이상의 집단에서는 6.83점 순으로 멀게 생각하고 있었다.

반면 학력별 집단에서도 상층에 대해서 느끼는 거리감은 비슷하게 나타나, 학력이 낮을수록 상층에 대한 거리감이 컸다. 중졸 이하의 집단의 평균이 7.53점으로 가장 높았으며, 고졸 집단에서 7.29점, 대학재학 이상의 집단이 6.97점 순으로 상층을 멀게 느끼고 있는 것으로 나타났다.

하층에 대한 거리감은 상층에 대한 거리감과는 반대의 경향을 보였다. 먼저, 가구소득별로는 소득이 높아짐에 따라 하층에 대한 거리감이 높아지는 일관적 경향을 나타내었다. 하층에 대해서 가장 거리감을 갖는 집단은 450만 원 미만의

〈표 22〉 상층에 대한 거리감(11점 척도)

가구소득별 상층에 대한 거리감			학력집단별 상층에 대한 거리감		
250만 원 미만	평균	7.50	중졸 이하	평균	7.53
	N	269		N	139
	표준편차	1.799		표준편차	1.702
250~450만 원 미만	평균	7.21	고졸	평균	7.29
	N	473		N	461
	표준편차	1.783		표준편차	1.801
450만 원 이상	평균	6.83	대학재학 이상	평균	6.97
	N	248		N	406
	표준편차	1.986		표준편차	1.930
합계	평균	7.19	합계	평균	7.20
	N	990		N	1,005
	표준편차	1.854		표준편차	1.850
F=8.566, p=.000			F=6.026, p=.003		

〈표 23〉 하층에 대한 거리감(11점 척도)

가구소득별 상층에 대한 거리감			학력집단별 상층에 대한 거리감		
250만 원 미만	평균	3.27	중졸 이하	평균	3.19
	N	444		N	214
	표준편차	2.251		표준편차	2.151
250~450만 원 미만	평균	3.98	고졸	평균	3.67
	N	660		N	675
	표준편차	2.229		표준편차	2.235
450만 원 이상	평균	4.44	대학재학 이상	평균	4.30
	N	298		N	538
	표준편차	2.512		표준편차	2.457
합계	평균	3.85	합계	평균	3.83
	N	1,402		N	1,427
	표준편차	2.338		표준편차	2.341
F=6.026, p=.003			F=20.736, p=.000		

가구소득 집단으로 평균 4.44점이었으며, 그 다음이 250~450만 원 미만의 가구
소득 집단 3.98점, 250만 원 미만이 3.27점 순으로 하층을 멀게 느꼈다.

학력별 집단에서도 동일한 경향을 보여, 학력이 높을수록 하층에 대해서 느끼
는 거리감이 큰 것으로 나타났다. 중졸 이하의 집단의 평균은 3.19점이었던 데
비해, 고졸 집단에서는 3.67점, 대학재학 이상의 집단에서는 4.30점으로 나타
났다.

세대·이념갈등조사 주요 내용(2012년)

I. 세대갈등

1. 세대의 역사적 경험

• 설문: "선생님께서는 우리사회의 변화에 가장 큰 영향을 미친 역사적 사건은 무엇이
라고 생각하십니까?"

본 조사에서는 우리사회 각 세대가 공유하는 정치적 경험에서 어떤 차이가
있는지를 확인하고자 했고, 조사결과는 〈표 1〉과 같다. 19세 이상 전체 응답자
기준으로 보면 'IMF 외환위기와 사회양극화'를 꼽은 응답자가 39.4%로 가장 많

〈표 1〉 세대별 중대 역사적 사건(%)

	전쟁과 분단	산업화와 경제성장	민주화와 정치적 자유	IMF 외환위기와 사회양극화	기타	합계
19~29세	17.7	35.1	11.7	33.7	1.8	100.0
30대	16.9	25.5	9.9	46.8	1.0	100.0
40대	22.1	23.8	7.4	46.2	0.6	100.0
50대	20.4	29.6	10.6	39.4	-	100.0
60대 이상	44.7	19.5	5.0	29.5	1.3	100.0
합계	24.4	26.5	8.8	39.4	0.9	100.0

x^2=115.6, df=16, p<.00

왔고, '전쟁과 분단', '산업화와 경제성장'을 꼽은 응답자가 24.4%, 26.5%로 비슷하게 나타났으며 '민주화와 정치적 자유'는 8.8%를 차지했다.

2012년 기준 1953년 이전 출생자인 60대 이상 연령층에서는 역시 '전쟁과 분단'의 경험을 가장 큰 역사적 사건으로 꼽은 반면, 30대~50대 연령층에서는 'IMF 외환위기와 사회양극화'를 꼽아 차이를 나타냈다. 조사시점으로부터 15년 전에 발생했던 IMF 외환위기 당시, 현재 55세는 40세, 45세는 30세, 35세는 20세의 나이였으며 교육과 취업, 직장생활에서 각각 그 충격을 받은 결과로 보인다. 반면 20대에서는 '산업화와 경제성장'과 'IMF 외환위기와 사회양극화'를 꼽은 비율이 오차범위 내 차이를 보여, 다른 세대와는 또 다른 특징을 나타냈다. 조사시점 25세 응답자는 당시 10세로 IMF 외환위기의 충격을 직접 경험하기에는 다소 어렸으며 그 이전에 발생했던 사건들 역시 직접 체험이 아니라 사회적 담론을 통한 학습에 의한 기억을 가지고 있을 것이다. 그렇다면 이런 응답결과는 이 세대의 정치사회화 기간 동안 가장 많이 노출된 사회적 담론의 효과로 해석할 수 있다.

2. 세대거리감

• 설문: "사람들은 자신과 다른 세대에 대해 거리감을 느낄 수 있습니다. 본인의 세대를 포함하여 각 세대에 대해 느끼시는 거리감 정도를 0에서 10으로 평가해 주십시오. 매우 가깝다고 느끼시면 0, 보통이면 5, 매우 멀다고 느끼시면 10입니다."

'사회적 거리감'은 정치학뿐 아니라 사회학, 교육학 등 학문분야에서 각 집단에 속한 개인들이 다른 집단 혹은 그 집단에 속한 개인들에게 느끼는 거리감을 경험적으로 측정함으로써, 한 사회의 갈등구조를 분석하는 데 종종 사용되는 개념이다. 본 조사에서는 이를 연령집단 간 거리감에 적용하여 세대갈등의 정도나 성격을 분석하는 데 활용하고자 했다.

세대거리감은 한국사회 각 세대들이 자기세대와 다른 세대에 느끼는 거리감의 방향과 정도에서 몇 가지 특징적인 사실을 확인해 주었다. 첫째, 19세 이상 전체 응답자 기준, 가장 가깝게 느끼는 연령대는 40대로 거리감 평균값이 3.44였으며 다음으로 50대 3.58, 30대 3.96, 60대 4.39, 20대 4.95 순으로 나타났다. 우리사

〈표 2〉 세대별 세대거리감

	세대거리감_ 20대	세대거리감_ 30대	세대거리감_ 40대	세대거리감_ 50대	세대거리감_ 60대	세대거리감_ 70대
19~29세	1.23	3.02	4.57	5.51	6.87	7.48
30대	4.17	1.74	2.84	4.50	5.71	6.58
40대	5.5	3.76	1.85	3.01	4.81	5.76
50대	6.29	5.09	3.36	1.61	2.79	4.25
60대 이상	7.36	6.3	4.87	3.33	1.75	1.91
합계	4.95	3.96	3.44	3.58	4.39	5.20
ANOVA TEST	$F=340.1$ $df=4$ $p=.000$	$F=211.8$ $df=4$ $p=.000$	$F=126.0$ $df=4$ $p=.000$	$F=156.0$ $df=4$ $p=.000$	$F=297.3$ $df=4$ $p=.000$	$F=293.6$ $df=4$ $p=.000$

회에서 40대가 전 세대와 거리가 가장 가까운 중간위치에 존재한다고 해석된다. 둘째, 모든 세대는 자기 세대를 가장 가깝게 느끼고 있었지만, 나이가 젊을수록 자기세대에 대한 동질감이 더 큰 것으로 확인되었다. 20대가 20대에 느끼는 거리감은 1.23, 30대가 30대에 느끼는 거리감은 1.74, 40대가 40대에 느끼는 거리감은 1.85, 50대가 50대에 느끼는 거리감은 1.61, 60대 이상 집단이 60대에 느끼는 거리감은 1.75로, 나이가 많아질수록 자기세대에 대해 느끼는 거리감은 조금씩 커졌다.

셋째, 40대를 기준으로 볼 때, 40대에 대한 거리감과 60대에 대한 거리감의 차이는 0.95(4.39-3.44)로 40대와 20대 거리감 차이 1.51(4.95-3.44)보다 작은 것으로 나타나, 전체 응답자 기준으로 윗세대에 대한 거리감보다 아랫세대에 대한 거리감이 더 큰 경향을 보였다. 넷째, 이런 경향은 특정 세대를 기준으로 볼 때 전 연령대에서 공통적으로 확인되었다. 30대는 40대<20대<50대<60대 순으로 거리감을 느끼고 있었고, 40대는 50대<30대<60대<20대 순으로 거리감을 느꼈으며, 50대는 60대<40대<70대<30대 순으로 거리감을 나타냈다. 30대가 20대에 대해 느끼는 거리감은 4.17로 자기세대에 대해 느끼는 거리감 1.74보다 2.43의 거리를 나타낸 반면, 30대가 40대에 느끼는 거리감은 2.84로 자기세대 거리감 기준 1.10의 차이를 나타내 30대는 20대보다 40대를 더 가깝게 느끼고 있었다.

40대 역시 자기 연령대에 느끼는 거리감 1.85를 기준으로 50대에 대해 느끼는 거리감 차이는 1.16(3.01-1.85), 30대에 대해 느끼는 거리감 차이는 1.91(3.76-1.85)로 30대보다 50대를 더 가깝게 느꼈다.

마지막으로, 우리사회 세대갈등의 중심축으로 간주되는 20~30대와 50대 이상의 세대관계에서도 20~30대가 50대 이상 세대에 느끼는 거리감보다 50대 이상 세대에서 20~30대에 느끼는 거리감의 강도가 강한 것으로 확인되었다. 20대가 50대에 느끼는 거리감 차이는 4.28(5.51-1.23)인 반면 50대가 20대에 느끼는 거리감 차이는 4.68(6.29-1.61)로 0.4 정도 더 멀게 느끼고 있었으며, 30대가 50대에 느끼는 거리감 차이는 2.76(4.50-1.74)이었지만 50대가 30대에 느끼는 거리감 차이는 4.68(6.29-1.61)로 50대가 0.7정도 더 멀게 느끼고 있었다.

3. 세대 간 접촉빈도

• 설문: "선생님께서는 다음의 세대들을 얼마나 자주 접하고 계십니까?"

다음으로 우리나라 각 세대집단들의 소통 정도를 측정하는 하나의 지표로서 일상적인 접촉빈도를 조사하였다.

⟨표 3⟩ 세대 간 접촉빈도(%)

		매일 만난다.	3~4일에 1회	1주일에 1회	1달에 1회	거의 안 만난다.	합계
20대	19~29세	80.5	13.1	5.0	0.7	0.7	100.0
	30대	37.9	15.9	21.3	14.0	10.8	100.0
x^2=429.9, df=16, p<.000	40대	32.1	18.8	18.8	16.8	13.5	100.0
	50대	43.0	10.9	15.8	16.5	13.7	100.0
	60대 이상	11.6	11.3	16.6	20.2	40.4	100.0
30대	19~29세	42.9	25.9	17.0	6.4	7.8	100.0
	30대	79.9	12.4	4.5	2.5	0.6	100.0

x^2=336.3, df=16, p<.000	40대	41.8	29.4	16.5	7.9	4.4	100.0
	50대	33.8	24.6	24.6	9.9	7.0	100.0
	60대 이상	25.2	14.6	19.5	22.2	18.5	100.0
40대 x^2=239.9, df=16, p<.000	19~29세	48.2	21.6	14.2	8.5	7.4	100.0
	30대	65.9	21.0	8.0	2.9	2.2	100.0
	40대	76.2	15.6	6.8	1.2	0.3	100.0
	50대	49.6	28.2	16.2	4.6	1.4	100.0
	60대 이상	28.5	24.5	24.2	16.2	6.6	100.0
50대 x^2=132.2, df=16, p<.000	19~29세	58.5	11.7	11.0	10.6	8.2	100.0
	30대	42.4	24.5	17.2	10.2	5.7	100.0
	40대	54.4	22.6	12.9	5.9	4.1	100.0
	50대	78.9	12.3	5.6	2.1	1.1	100.0
	60대 이상	43.7	27.8	15.9	7.3	5.3	100.0
60대 x^2=412.6, df=16, p<.000	19~29세	15.2	8.9	21.3	24.8	29.8	100.0
	30대	21.3	18.5	27.7	19.7	12.7	100.0
	40대	24.7	18.2	25.6	19.7	11.8	100.0
	50대	42.6	23.2	18.3	12.3	3.5	100.0
	60대 이상	69.9	20.2	6.0	2.6	1.3	100.0

'매일 만난다.'는 응답을 기준으로 보면 50대와 20대의 만남빈도가 가장 높았
는데, 20대의 43.0%와 50대의 58.5%는 매일 만난다고 응답을 했다. 이는 한
가족의 구성원으로서 부모와 자녀관계일 가능성이 높고 다음으로 직장에서 상하
관계에 따른 접촉일 가능성을 생각할 수 있다. 다음으로, 각 연령대 기준 자기세
대 다음으로 접촉빈도가 빈번한 연령대는 바로 아래 세대집단이었다. 60대는 60
대 이상자를 매일 만나는 비율이 69.9%였고 다음으로 매일 만나는 집단이 50대
로 42.6%였다. 50대는 자녀세대인 20대를 제외할 때 자기 연령집단 다음으로
빈번하게 만나는 집단이 40대로 54.4%였으며, 40대는 40대 다음으로 빈번히 만
나는 집단이 30대로 65.9%였다. '거의 만나지 않는다.'는 응답을 기준으로 보면
역시 20대와 60대 이상 집단에서 가장 높은 비율을 나타냈는데, 20대 응답자의
40.4%는 60대 이상자를 거의 만나지 않는다고 응답했고, 60대 이상 연령층의

29.8%는 20대를 거의 만나지 않는다고 답했다.

〈표 3〉과 〈표 2〉를 연계해 보면, 접촉빈도의 빈번함 정도에 따른 거리감 효과가 반드시 한 방향은 아니라는 것을 알 수 있었다. 20대와 60대 이상 간의 관계에서는 접촉빈도가 낮은 결과가 다른 어느 세대보다 먼 거리감으로 나타났지만, 40~50대의 집단 간 관계에서는 꼭 그렇지 않았다. 이 세대들은 자기 세대집단을 제외할 때, 자기보다 바로 아래 세대와 가장 빈번한 만남을 유지하고 있었지만 가장 가깝게 느끼는 세대집단은 자기 세대를 기준으로 아래 세대가 아니라 윗세대였기 때문이다. 40대는 30대와 매일 만나는 비율이 65.9%, 50대와 매일 만나는 비율이 49.6%로 30대 만남빈도가 더 높았지만 30대보다는 50대를 더 가깝게 느끼고 있었다. 50대는 자녀세대인 20대를 제외할 때, 40대와 매일 만나는 비율이 54.4%, 60대와 매일 만나는 비율이 43.7%로 40대와 더 만남빈도가 높았지만 60대를 더 가깝게 느꼈다.

이런 결과는 세대 간 거리감을 결정하는 요인이 일상적 접촉빈도 이외의 다른 요소가 더 중요한 영향을 미치고 있음을 추정하게 하며, 그 요소로는 경제활동의 주기, 결혼, 양육과 교육 등의 인생주기에 따른 공통의 관심사나 이해관계, 세대 간에 공유되는 가치와 정서 등을 생각해 볼 수 있다.

4. 세대 간 가치인식의 차이

조사는 세대 간 가치갈등이 있다고 가정되는 영역으로 결혼과 제사라는 전통적 가치와, 집단주의 대 개인주의에 대한 3가지 진술문을 구성하고 찬, 반 의견을 물었다.

1) 전통적 가치

• 설문: "선생님께서는 '부모님의 제사는 반드시 모셔야 한다.'는 주장에 찬성하십니까? 아니면 반대하십니까?"

〈표 4〉 한국사회 전통적 가치에 대한 세대 간 인식: 제사(%)

	매우 찬성	찬성하는 편	찬성	반대하는 편	매우 반대	반대	합계
19~29세	22.7	47.5	70.2	25.2	4.6	29.8	100.0
30대	19.7	52.9	72.6	21.3	6.1	27.4	100.0
40대	25.3	48.8	74.1	20.6	5.3	25.9	100.0
50대	27.5	52.5	79.9	14.8	5.3	20.1	100.0
60대 이상	44.7	36.8	81.5	15.9	2.6	18.5	100.0
합계	27.9	47.7	75.6	19.6	4.8	24.4	100.0

x^2=67.3, df=12, p〈.000

• 설문: "선생님께서는 '결혼은 필수가 아니라 선택이다.'라는 주장에 찬성하십니까? 아니면 반대하십니까?"

〈표 5〉 한국사회 전통적 가치에 대한 세대 간 인식: 결혼(%)

	매우 찬성	찬성하는 편	찬성	반대하는 편	매우 반대	반대	합계
19~29세	21.6	60.6	82.3	13.8	3.9	17.7	100.0
30대	17.8	56.7	74.5	21.3	4.1	25.5	100.0
40대	13.8	57.6	71.5	23.2	5.3	28.5	100.0
50대	10.9	51.1	62.0	29.9	8.1	38.0	100.0
60대 이상	9.3	38.7	48.0	38.1	13.9	52.0	100.0
합계	14.7	53.0	67.7	25.3	7.0	32.3	100.0

x^2=106.4, df=12, p〈.000

제사와 결혼은 젊은 세대와 나이 든 세대가 겪는 대표적인 문화적 갈등 영역으로 인식되어 왔다. 조사결과 제사에 대해서는 세대 간 합의가 여전히 강하게 남아 있는 반면 결혼에 대해서는 세대 간 인식차이가 큰 것을 확인할 수 있었다. 전체 응답자 기준 75.6%는 부모님의 제사를 반드시 모셔야 한다고 응답했고

24.4%만이 이 의견에 반대를 표명했다. 세대별로 보면 20대의 70.2%, 30대의 72.6%, 40대의 74.1%, 50대의 79.9%, 60대 이상의 81.5%가 찬성 입장을 밝혀 나이가 많아질수록 찬성비율이 점진적으로 올라가는 경향을 보이긴 했지만, 20~30대와 50대 이상 연령층의 차이는 10%p 내외 정도였다. 찬성의 강도 측면에는 20~50대와 60대 이상 집단이 차이를 보였다. 20대의 22.7%, 30대의 19.7%, 40대의 25.3%, 50대의 27.5%가 매우 찬성한다고 응답한 반면, 60대 이상 집단에서는 44.7%가 매우 찬성의 입장을 나타내 50대 이하 연령층과 대조를 보였다.

한편 제사에 대한 인식차이는 세대 간 문화차이에서 접근되기도 하지만 종교적 신념의 차이에서 설명될 수 있다. 〈표 6〉은 응답자의 종교를 조사한 문항과 제사에 대한 인식을 교차 분석한 결과다. 다른 종교를 믿거나 무종교인 응답자들에 비해 기독교를 믿는 응답자 집단에서 반대의견이 높게 나타나는 것을 확인할 수 있다. 반면 종교가 없는 집단에서는 81.2%가 제사에 찬성하는 입장을 나타내고 있었다. 〈표 3〉과 〈표 5〉를 종합하면, 한국사회에서 부모님의 제사에 대한 인식은 세대 간 문화차이로부터 설명될 여지보다 종교적 신념에 따른 차이가 훨씬 크게 작용한다고 볼 수 있다.

〈표 6〉 제사에 대한 입장과 종교(%)

	매우 찬성	찬성하는 편	찬성	반대하는 편	매우 반대	반대	합계
기독교	12.8	38.1	50.9	34.0	15.1	49.1	100.0
불교	44.4	47.9	92.4	7.3	0.3	7.6	100.0
천주교	31.6	48.2	79.8	19.3	0.9	20.2	100.0
종교 없음	28.3	52.8	81.2	17.1	1.7	18.8	100.0
합계	27.9	47.7	75.6	19.6	4.8	24.4	100.0

x^2=260.2, df=9, p<.000

반면 결혼에 대한 세대 간 인식차이는 컸다. 전체적으로는 67.7%가 결혼을 선택이라고 본 반면 32.3%는 의견을 달리하여, 반드시 결혼해야 한다는 전통적 가치는 많이 변화되었음을 확인할 수 있었다. 세대 간 차이를 보면 20대와 30~

40대, 50대, 60대 이상 집단에서 각각 10~14%p 정도씩 찬성의견의 감소를 나타 내고 있어 유사한 가치정향을 보였다. 20대와 50대, 30대와 60대를 대략 자녀와 부모세대라고 본다면, 20대와 50대는 20.3%p의 찬성비율 격차가 나타났고 30대 와 60대는 26.5%p의 차이가 있어, 결혼을 둘러싼 분명한 인식차이는 문화적 갈 등의 원인이 되고 있는 현실을 반영했다.

2) 집단주의 대 개인주의

• 설문: "선생님께서는 '집단의 단합을 해칠 위험이 있더라도 개인의 자유는 보장되어 야 한다.'라는 주장에 찬성하십니까? 아니면 반대하십니까?"

집단주의 대 개인주의의 가치는 우리 사회에서 젊은 세대와 나이든 세대의 가치갈등이 있다고 추정되는 대표적인 영역 가운데 하나다. 나이든 세대의 경우 젊은 세대의 지나친 개인주의에 대한 우려가 있고 젊은 세대는 가족, 직장, 국가 등 공동체 전체의 이익을 개인의 자유에 우선시하는 나이든 세대의 인식에 반감 을 가지는 것으로 묘사되어 왔기 때문이다. 하지만 조사결과는 이런 직관적 인식 과는 다소 상이하게 나타났다.

개인의 자유가 집단의 단합에 우선한다는 주장에 반대하는 입장은 60대 이상 자가 아니라 40대에서 가장 높았고, 전체적으로 보면 세대별 U커브를 그리는 것으로 나타났다. 40대의 62.1%가 이 주장에 동의해 가장 낮은 찬성률을 기록한

〈표 7〉 세대별 집단주의 대 개인주의 인식(%)

	매우 찬성	찬성하는 편	찬성	반대하는 편	매우 반대	반대	합계
19~29세	17.7	52.8	70.6	26.6	2.8	29.4	100.0
30대	10.5	55.7	66.2	32.2	1.6	33.8	100.0
40대	9.4	52.6	62.1	33.2	4.7	37.9	100.0
50대	12.3	53.5	65.8	27.8	6.3	34.2	100.0
60대 이상	10.6	56.6	67.2	30.8	2.0	32.8	100.0
합계	12.0	54.3	66.2	30.3	3.5	33.8	100.0

x^2=28.3, df=12, p<.00

반면, 30대와 50대가 그 다음으로 찬성률이 높았고 60대 이상자, 20대순으로 높게 나타난 것이다. 이런 결과가 나타난 이유로는, 한편으로 50대 이상 연령층에서 평소 생활태도가 아니라 바람직하다고 생각하는 당위적 응답을 했기 때문에 실재 가치선호보다 높은 찬성률을 보였다는 해석이 가능하다.

그럼에도 40대의 가장 낮은 찬성률을 설명하기 위해서는 다른 정보가 필요한데, 유력한 가설 가운데 하나는 우리사회에서 40대가 이러저러한 집단이나 단체 활동이 가장 빈번한 세대이기 때문에 집단이익에 더 민감할 가능성이 있다는 것이다. 이 가설의 검증을 위해 각 세대집단이 다양한 단체에 가입한 정도를 살펴본 것이 〈표 8〉이다. 이 자료는 본 조사와 동일한 프로젝트에서 수행한 것이기는 하지만 2012년도 조사가 아니라 2011년도 조사의 결과다. 조사에서는 노동조합, 농민단체, 재계단체, 약사회·기자협회 등 전문직단체, 스포츠클럽, 문화단체, 기부봉사단체, 시민단체, 취미동호회, 정당, 소수자운동단체, 동창회, 종친회, 향우회의 14개 유형 단체를 항목으로 구성하여 현재 가입하고 있는 단체를 복수응답하도록 하였다. 한 단체 이상 가입하여 활동하고 있는 사람들을 전체로 볼 때 40대가 25.2%로 가장 높은 비율을 나타냈고 다음으로 50대 20.2%, 30대 19.8% 순으로 확인이 되었다. 40대의 가장 빈번한 단체 활동 참여경험은, 〈표 7〉에서 나타난 개인의 자유보다 집단의 단합에 가장 민감한 결과를 설명하는 유력한 가설이 될 수 있을 것이다.

〈표 8〉 각 세대집단별 단체 가입률(%)

	19~29세	30대	40대	50대	60대 이상	합계
단체가입률	16.5	19.8	25.2	20.2	18.2	100.0

5. 사회적 자원배분에 관한 인식

- 설문: "선생님께서는 '나이가 많은 사람들이 정치나 경제에서 너무 많은 영향력을 행사하고 있다.'는 주장에 찬성하십니까? 아니면 반대하십니까?"
- 설문: "선생님께서는 '노인복지를 위해 젊은 사람들이 세금이나 보험료를 더 내야 한

다.'는 주장에 찬성하십니까? 아니면 반대하십니까?"

한편, 본 조사에서는 세대갈등의 영역으로 앞서 살펴본 가치갈등과 함께 현실적 자원의 배분에 관계된 갈등에 대해 가설을 세우고 조사를 진행하였다. 현실적 자원의 배분은 공동체전체의 자원배분 영역 및 우선순위를 결정하는 권력자원과 국가재정의 세대 간 이전에 관계된 영역을 선택하였고 이하 내용은 그 결과다.

<표 9> 세대 간 권력자원의 배분(%)

	매우 찬성	찬성하는 편	찬성	반대하는 편	매우 반대	반대	합계
19~29세	18.1	53.5	71.6	27.3	1.1	28.4	100.0
30대	14.0	49.7	63.7	31.8	4.5	36.3	100.0
40대	13.2	43.8	57.1	40.0	2.9	42.9	100.0
50대	6.7	46.1	52.8	41.2	6.0	47.2	100.0
60대 이상	8.9	48.7	57.6	40.1	2.3	42.4	100.0
합계	12.2	48.2	60.4	36.2	3.4	39.6	100.0

x^2=47.2, df=12, p<.000

전체 응답자 기준 10명 가운데 6명은 '나이가 많은 사람들이 정치나 경제에서 너무 많은 영향력을 행사하고 있다.'고 생각했고, 4명은 그렇게 생각하지 않아 찬성 의견이 더 우세했다. 세대별로 보면 이 견해에 반대하는 입장은 50대에서 가장 많았고 찬성하는 입장은 20대에서 가장 많았다. 한편 60대 이상 집단에서 찬성 비율은 57.6%로 57.1%를 나타낸 40대와 비슷한 수준이었다. 20~30대는 전체 응답자 기준 찬성 비율인 60.4%를 상회했고 40대 이상 연령층에서는 전체 찬성 비율보다 낮은 것으로 나타나 세대별로 의견 차이를 보였다.

60대 이상 연령층보다 50대의 반대 의견이 더 높은 것은, 우리 사회에서 50대와 60대 이상 연령층의 사회경제적 지위로부터 설명이 가능하다. 현재 50대는 경제활동에서 퇴직 직전 가장 높은 지위를 유지하고 있을 가능성이 높고 정치영역에서도 가장 활발히 활동을 전개하고 있는 세대다. 19대 국회의원들의 연령분

포를 보면, 30대가 9명으로 전체 300명 가운데 3.0%, 40대가 80명으로 26.7%,
50대가 142명으로 47.3%, 60대가 69명으로 23.0%이며 30대 미만과 70대 이상
연령층은 한 명도 없었다. 19대 국회의원 2명 가운데 1명은 50대라는 것이다.
정치와 경제영역에서 중요 결정을 담당하는 지위에 50대의 활동이 가장 활발한
상황은, 50대 스스로 '나이든 세대'라고 인식하지만 현재 행사하고 있는 영향력이
과하거나 부당하다고는 생각하지 않는 비율이 높은 것에 대한 설명이 될 수 있
다. 반면 60대가 넘어서면 경제활동에서 은퇴시점 이후가 되며 정치영역에서도
그 영향력이 점차 감소되는 시기로, 이러한 사회적 영향력의 감소를 세대 간 역
할분담이나 역할이전 측면에서 이해한 것이 위 응답결과에 반영된 것으로 추정
할 수 있겠다.

〈표 10〉 세대 간 재정자원의 배분(%)

	매우 찬성	찬성하는 편	찬성	반대하는 편	매우 반대	반대	합계
19~29세	5.3	44.7	50.0	41.8	8.2	50.0	100.0
30대	5.7	45.5	51.3	41.4	7.3	48.7	100.0
40대	5.0	47.9	52.9	41.8	5.3	47.1	100.0
50대	6.3	51.8	58.1	40.1	1.8	41.9	100.0
60대 이상	13.6	53.0	66.6	30.5	3.0	33.4	100.0
합계	7.2	48.6	55.7	39.2	5.1	44.3	100.0

x^2=49.8, df=12, p<.000

한편 세대 간 재정자원의 배분에 대한 의견은 권력자원의 배분에 대한 의견보
다 더 팽팽한 긴장감을 가지는 것으로 나타났다. 전체 응답자 기준 '젊은 사람들
이 노인복지를 위해 세금이나 보험료를 더 내야 한다.'고 생각하는 사람은 55.7%
였고 반대하는 사람은 44.3%로 찬반 의견 비율의 격차가 11.4%p에 지나지 않
아, 권력자원의 배분에 대한 찬반 의견 비율 격차 20%p보다 10%p 정도 작았다.
세대 별로 보면 20~30대는 2명 중 1명이 찬성하고 1명이 반대하는 것으로
나타나 팽팽한 의견분포를 나타냈으며 50대 이상 집단에서는 10명 중 6명이 찬

성하고 4명이 반대해 20~30대와 다른 의견을 나타냈다. 40대는 5%p 정도 찬성 의견이 높긴 했지만 오차범위를 고려할 때 40대 역시 50대 이상과는 다른 의견분 포를 보이는 것으로 해석하는 것이 타당하다.

은퇴 시점이 얼마 남지 않은 50대를 포함해 현재 60대 이상 연령층에 대한 사회적 돌봄을 위해서는 경제활동이 활발한 20~40대의 세금과 보험료를 통한 재정이전에 대한 동의가 절실한데, 조사결과는 그다지 낙관적이지는 않은 것으로 확인되었다. 국민연금이나 국민건강보험 등의 사회보험과 조세를 통한 공공부조 에서 세대 간 자원의 배분이 갈등영역으로 자리하는 것은 우리나라뿐 아니라 선 진국에서도 공통된 현상이다. 그러나 국민연금 등 노후연금제도와 기초노령연금 등 공공부조 제도 도입이 얼마 되지 않아 제도의 안정화 정도가 낮고 고령화 속 도는 세계 1위를 달리는 한국의 상황은, 이미 오랜 기간 세대 간 합의를 통해 제도를 안정화시켜왔던 선진국과 다른 조건이다. 따라서 현재 20~40대의 인식적 동의는 향후 한국사회 재정자원의 세대 간 배분을 제도화하는 데 매우 중요한 바로미터가 될 수밖에 없다. 부모세대의 노후를 개인의 책임이 아니라 사회적 책임으로 인식하고 나아가 자신들의 노후 역시 사회적 해결책을 모색하는 것에 대한 20~40대의 사회적 동의를 확보하는 데 정치사회적 관심이 필요해 보인다.

6. 세대 차이를 느끼는 상황

• 설문: "선생님께서는 평소 어떤 상황에서 세대 차이를 가장 많이 느끼십니까?"

응답자들이 세대 차이를 가장 많이 느끼는 상황은 53.4%의 응답자들이 TV, 인터넷 등 대중매체를 접할 때라고 답을 했다. 다음은 음식점, 지하철 등 공공장 소라는 응답이 21.5%, 직장이나 학교 관계라는 응답이 13.2%, 가족관계라는 응 답이 11.1%로 나타났다. 세대별로 보면, 전 연령대에서 대중매체를 통한 세대 차이 인식이 가장 높았으며 공공장소에서 세대 차이를 느낀다는 응답은 특히 50 대 이상에서 40대 이하 연령층과 유의한 차이로 높게 나타났다. 반면 직장이나 학교 관계에서 이를 느낀다는 응답자는 20~30대에서 특히 높게 나타났다.

흥미로운 점은 가족, 직장, 학교, 공공장소 등 직접적인 대면관계 속에서 세대

〈표 11〉 세대 차이를 느끼는 상황(%)

	가족관계에서	직장 또는 학교 내 관계에서	대중매체(TV, 인터넷 등)를 접할 때	공공장소 (음식점, 지하철 등)에서	기타	
19~29세	13.1	19.9	48.2	18.4	0.4	100.0
30대	10.5	17.2	54.8	16.9	0.6	100.0
40대	11.8	12.6	54.7	19.7	1.2	100.0
50대	8.5	10.6	52.8	26.4	1.8	100.0
60대 이상	11.6	6.0	55.6	26.5	0.3	100.0
합계	11.1	13.2	53.4	21.5	0.9	100.0

x^2=48.5, df=12, p<.000

차이를 느끼는 비중보다 대중매체를 통한 간접 관계에서 이를 느끼는 비율이 훨씬 높다는 점이다. 이는 현실세계에서 발생하는 세대 간 가치갈등, 이익갈등, 문화갈등 등이 대중매체를 통해 훨씬 과장되거나 증폭된 형태로 반영되고 있을 가능성을 시사한다. 물론 사회 각 집단의 전형적인 인물유형이나 역할모델보다 비전형적인 모습을 통해 관심을 유발하거나 논쟁을 촉발하는 것은 한국 대중매체만의 문제라고 볼 수는 없다. 그렇다고 해도 매체가 세대 차이를 느끼게 하는 상황이 직접적 대면관계에서 발생하는 상황보다 이처럼 압도적인 것으로 나타난 것은, 한국 대중매체가 세대 문제를 어떻게 접근하고 있는가에 대한 진지한 성찰을 필요로 하는 사회적 현상으로 보인다.

II. 이념갈등

1. 진보-보수, 좌-우의 구성내용

• 설문: " '진보-보수'라고 말하면 떠오르는 것은 무엇입니까?"
" '좌-우'라고 말하면 떠오르는 것은 무엇입니까?"

본 조사는 우리사회 이념적 스펙트럼을 진보-보수, 좌-우의 두 가지 스펙트럼
으로 구분하고, 각각의 이념적 기준에 따라 떠오르는 내용이 무엇인지를 구성해
봄으로써 한국사회 유권자들이 이념의 내용에 대해 어떤 인식을 가지고 있는지
를 확인하고자 하였다.

〈표 12〉 진보-보수, 좌-우 이념의 내용에 대한 인식(%)

	진보-보수	좌-우
미국-북한	11.0	16.9
노동자-재벌	14.5	13.3
성장-분배	9.5	10.2
독재-민주	27.4	34.6
변화-안정	25.8	12.0
기업규제-자유시장	3.7	2.2
자유-평등	7.1	9.5
기타	1.1	1.4
합계	100.0	100.0

전체 응답자 기준, 진보-보수 이념을 말할 때 떠오르는 내용은 독재-민주〉변
화-안정〉노동자-재벌〉미국-북한〉성장-분배〉자유-평등의 순서를 보였다. 반면 좌-
우 이념에 대해서는 독재-민주〉미국-북한〉노동자-재벌〉변화-안정〉성장-분배〉자
유-평등의 순서를 보여, 두 이념지평에 대해 모두 독재-민주를 가장 많이 떠올리
는 것은 유사했지만 이하 세부내용에 있어서는 차이를 나타냈다.

진보-보수 이념의 경우, 독재-민주와 변화-안정이라는 내용이 오차범위 안의 격차를 보여, 한국 유권자의 진보-보수 이념인식에서 이 두 가지 내용이 가장 크게 자리 잡고 있음을 확인할 수 있었다. 민주화 이전 한국정치의 이념지형을 측정하는 지표로 흔히 사용되었던 여(독재체제 집권당)-야(독재체제 반대당) 지표와 마찬가지로, 아직도 진보-보수 이념내용 가운데 가장 크게 자리한 것은 독재 대 민주주의라는 이분구도였다. 민주화 이행 25년이 흘렀음에도 여전히 이 구분이 진보-보수 이념지형의 중심내용으로 자리한다는 것은, 지난 25년 정당경쟁에서 여전히 이 구도가 중요한 위치를 차지하고 있었던 역사에서 기인하는 것으로 보인다. 반면 변화-안정의 구도는 전반적인 사회변화의 속도나 방식에 관한 내용으로, 급격한 변화를 추구하는 입장을 진보로 본다면 상대적으로 기존상태의 유지를 더 선호하는 입장을 보수라고 인식하는 경향으로 해석된다.

진보-보수 이념을 둘러싼 위 인식지형은 한편으로 이것이 미국-북한 관계 등 외교정책방향, 성장-분배나 기업규제-자유시장 등 경제정책방향, 노동자-재벌 관계 등 정치와 사회집단의 연계 등 현실정치의 구체적 방향을 결정하는 내용보다는 추상수준이 더 높은 독재-민주, 변화-안정이라는 수준에 머물러 있음을 보여주는 것으로 해석할 수 있다. 이 관점에서 해석한다면 추상적 이념과 구체적 현실정치의 작동 사이에는 구체화의 단계가 더 필요함을 보여준다고 하겠다. 다른 한편으로는 구체적 정책내용을 포괄하는 보다 높은 추상수준의 개념이기 때문에 더 많은 응답을 한 것으로도 해석할 수 있다. 그러나 이렇게 본다 하더라도 독재-민주와 변화-안정이라는 개념이 과연 열거된 다른 정책범주들을 포괄할 수 있는 개념인가에 대해서는 재고의 여지가 있다.

반면 좌-우 이념은 진보-보수 이념에 비해서는 그 내용에서 더 구체성을 띠는 것이 특징적이다. 독재-민주라는 응답은 진보-보수 이념에 비해 7%p 정도 더 높게 나타났지만, 변화-안정이라는 내용은 그 응답이 약 13%p밖에 차지하지 않은 반면 미국-북한, 노동자-재벌, 성장-분배, 자유-평등 등의 내용이 비교적 균등하게 분포되어 있음을 알 수 있다. 각 이념의 내용에 대해 서로 다른 세대집단 간 인식차이가 있는지를 분석한 것이 〈표 13〉이다.

진보-보수 이념의 내용에 대해 20대는 변화-안정〉독재-민주〉노동자-재벌의 순으로 인식하고 있었고, 50대 이상 연령층에서는 독재-민주〉변화-안정〉미국-북한 관계를 떠올려 차이를 보였다. 독재체제와 민주화를 경험한 60대 이상에서는

〈표 13〉 진보-보수, 좌-우 이념의 내용에 대한 세대별 인식(%)

		19~29세	30대	40대	50대	60대 이상	합계
진보- 보수*	미국-북한	7.8	9.6	8.8	12.3	16.6	11.0
	노동자-재벌	12.8	15.0	14.7	15.8	13.9	14.5
	성장-분배	10.3	8.9	10.0	10.6	7.6	9.5
	독재-민주	26.2	28.0	28.2	28.5	25.8	27.4
	변화-안정	31.2	26.4	27.9	21.8	21.2	25.8
	기업규제-자유시장	2.8	5.1	4.1	3.9	2.6	3.7
	자유-평등	6.4	6.4	5.9	6.3	10.6	7.1
	기타	2.5	0.6	0.3	0.7	1.7	1.1
	합계	100.0	100.0	100.0	100.0	100.0	100.0
좌-우 **	미국-북한	16.0	12.7	17.1	21.5	17.5	16.9
	노동자-재벌	9.2	15.0	16.2	12.7	12.6	13.3
	성장-분배	12.1	8.9	10.0	10.6	9.9	10.2
	독재-민주	28.0	35.4	36.8	38.0	34.1	34.6
	변화-안정	14.9	14.0	11.8	8.1	10.9	12.0
	기업규제-자유시장	2.1	3.2	2.6	1.8	1.0	2.2
	자유-평등	15.6	9.2	5.3	6.3	11.9	9.5
	기타	2.1	1.6	0.3	1.1	2.0	1.4
	합계	100.0	100.0	100.0	100.0	100.0	100.0

* 진보-보수 이념내용에 대한 세대집단 간 차이를 검증한 결과 x^2=43.80, df=28, p〈.03
** 좌-우 이념내용에 대한 세대집단 간 차이를 검증한 결과 x^2=58.37, df=28, p〈.001

독재-민주의 내용이 변화-안정보다 더 강하게 인식되어 있는 반면, 20대는 독재-민주를 많이 떠올리기는 하지만 체제적 수준의 내용보다는 변화-안정이라는 사회변화의 속도나 방식에 대한 인식이 더 컸다. 반면 30~40대는 20대와 50대 이상 연령층의 중간적 태도를 보였는데, 독재-민주나 변화-안정의 내용을 비슷한 수준으로 떠올리고 있었다. 또한 60대 이상 연령층에서 진보-보수 이념을 생각할 때 미국-북한 관계를 떠올리는 비율은 20대의 2배에 달했다.

한편 좌-우 이념의 내용에 대해서는 각 세대별로 모두 독재-민주를 가장 많이

떠올렸지만 20대와 30대 이상 연령층에서는 7~10%p 정도의 비율 차이를 나타내
서로 다른 인식을 보였다. 좌-우의 내용에 독재-민주를 핵심으로 보는 응답자는
20대에서 특히 낮았던 것이다. 반면 진보-보수에서는 변화-안정이라는 응답도 높
았던 반면 좌-우 이념에서 변화-안정은 그 비중이 크게 줄어들었다. 각 세대별로
10~15%p 정도 변화-안정이라는 응답이 줄어든 대신 다른 내용으로 응답이 분산
되었는데, 20~50대에서는 특히 미국-북한이라는 응답이 진보-보수의 내용을 떠
올릴 때보다 3~8%p 정도 더 증가했다. 그리고 20대에서는 자유-평등이라는 응
답이 15.6%를 차지해, 30대 이상 다른 세대집단과 유의한 차이를 나타냈고 20대
내에서는 변화-안정이라는 응답에 버금가는 비율을 보였다.

20~50대에게 있어 진보-보수 이념을 말할 때 미국-북한 관계가 큰 비중을 차
지하지 않았던 반면 좌-우를 말할 때는 그 비중이 크게 증가하는 것은, 우리사회
에서 좌-우 이념이 진보-보수 이념과 차별성을 갖는 지점을 보여주는 것으로, 미
국에 대한 태도나 북한에 대한 태도가 독재-민주 구도 다음으로 중요한 기준이
되고 있음을 확인해 준다.

2. 진보-보수 이념에 대한 거리감

• 설문: "진보-보수에 대해서 선생님께서 느끼시는 거리감은 어느 정도입니까? 매우
　가깝다고 느끼시면 0, 보통이면 5, 매우 멀다고 느끼시면 10입니다."

이 설문은 진보-보수 이념에 대해 느끼는 거리감을 측정한 것이다. 전체 응답
자 기준 진보에 대한 거리감은 5값 미만인 4.83을 나타내 보통보다는 약간 가깝
게 느끼고 있었고, 보수에 대한 거리감은 5.43으로 보통보다 약간 멀게 느끼고
있었다. 세대별로 보면 40대 이전 응답자는 진보에 대해 5값 미만으로 가깝게
느끼고 있는 반면 50대에서는 5.41, 60대 이상에서는 5.45로 보통보다 멀게 느끼
고 있었다. 20~30대와 50대 이상 집단의 진보에 대한 인식은 직관적 판단과 부
합하는 것인데, 40대에서도 진보에 대한 거리가 보통보다는 가까운 것으로 나타
난 것이 특징적이다. 보수에 대한 거리감을 기준으로 보면 50대까지도 5점 이상
의 평균값을 보여 60대 이상 집단과 유의한 차이를 나타내고 있었다. 보수에 대

<표 14> 진보, 보수에 대한 거리감(평균값)

		진보	보수
합 계		4.83	5.43
세대별 거리감*	19~29세	4.26	5.96
	30대	4.42	5.85
	40대	4.66	5.59
	50대	5.41	5.10
	60대 이상	5.45	4.63
가구 순재산 기준 거리감**	5천만 원 미만	4.71	5.66
	5천~1억 미만	4.74	5.47
	1억~2억 미만	4.73	5.49
	2억~3억 미만	4.83	5.36
	3억~4억 미만	4.84	5.38
	4억 이상	5.50	4.87

* ANOVA TEST결과 세대별 진보에 대한 거리감은 F=21.46, df=4, p⟨.000; 보수에 대한 거리감은 F=21.07, df=4, p⟨.000
** ANOVA TEST결과 가구 순재산 기준 집단 간 진보에 대한 거리감은 F=3.68, df=5, p⟨.003; 보수에 대한 거리감은 F=3.10, df=5, p⟨.009

한 전체 평균 거리감 5.43을 기준으로 보면 역시 20~40대는 평균값보다 멀게 느꼈고 50대 이상에서는 평균값보다 가깝게 느끼고 있음을 확인할 수 있다.

한편 진보-보수에 대한 거리감에 대해 다른 변수들의 효과를 살펴본 결과 가구 순 재산을 기준으로 한 거리감에서 흥미로운 발견을 할 수 있었다. 본 조사에서는 '가구의 부채(금융부채, 임대보증금)를 제외한 순재산'을 11급간을 설정하여 측정하였다. 그 결과 보유재산에 따라 진보-보수 이념에 대한 거리감의 차이를 발견할 수 있었고, <표 14>에서는 재산의 급간을 6급간으로 조정하여 교차표를 작성한 것이다. 보유재산 별 집단 간 차이는 4억 원을 기준으로 확연했는데, 4억 원 미만 집단이 진보에 대해 갖는 거리감은 전체 평균 4.83과 비슷한 수준이었던 데 반해 4억 원 이상 집단에서는 유의한 차이로 더 멀게 느끼고 있는 것으로 확인되었다. 또한 보수이념에 대한 거리감에서도 마찬가지 결과가 나타났는데,

4억 원 미만 집단에서는 보수이념에 대한 전체 거리감 5.43과 유사하거나 더 멀게 느끼고 있는 반면 4억 원 이상 보유가구의 응답자들은 유의한 차이로 더 가깝게 느낀다는 응답을 하였다. 이 같은 응답이 데이터에서 연령과 재산의 상관관계가 높은 편향에서 발생한 결과인지를 확인하기 위해, 연령과 재산변수의 상관관계를 확인한 결과 두 변수의 상관관계는 0.05수준에서 유의하긴 했지만 계수 값은 0.070으로 매우 미약한 것으로 확인되었다.

본 조사만으로는 보유재산 4억 원 미만과 이상 집단의 이와 같은 인식차이의 원인을 규명하기 어려우며, 그 원인을 분석하는 작업은 추후 다른 경험연구를 통해 진척될 필요가 있을 것이다. 만약 이 조사의 결과가 다른 조사에서도 반복적으로 확인된다면, 우리사회에서 자산에 따른 유의한 이념적 차이가 존재한다는 것이며 이런 인식차이가 투표결정이나 정당지지, 정책선호 등 다른 종속변인에도 영향을 미칠 가능성을 배제할 수 없기 때문이다.

3. 이념적 상징에 대한 호감도

• 설문: "다음의 인물과 집단에 대해서 선생님께서 느끼시는 호감 정도를 0에서 10으로 평가해 주십시오. 매우 싫으면 0, 보통이면 5, 매우 좋으면 10입니다."

본 조사에서는 지금까지 한국사회에서 이념적 선호에 따라 인식을 달리할 것으로 가정되어 왔던 상징적 인물 및 집단에 대한 호감도를 조사하였다. 항목은 총 8개로 구성되었으며, 〈표 15〉에 예시된 6개 인물 및 집단 외에 김일성과 북한에 대한 호감도도 조사하였는데 세대별로 인식의 차이가 유의하지 않아 표에서 제외하였다. 또한 이하 6개 예시된 인물·집단 가운데 환경 관련 시민단체인 환경운동연합에 대한 호감도 역시 세대별 차이는 나타나지 않았으며 전체 응답자 기준 5.54의 값을 나타내 보통(5)보다는 호감이 있는 것으로 나타났다.

미국에 대해서는 전체 응답자 기준 5.52의 값으로 보통 이상의 호감이 있는 것으로 확인되며, 전 세대에서 5 이하의 평균값을 가진 집단은 없었다. 하지만 세대 간 호감도의 차이는 유의한 것으로 확인되었으며, 30대의 호감 정도가 가장 낮았고 60대 이상 연령층의 호감도가 가장 높았다. 세대별 호감도 순서를 보면

30대〈40대〈20대〈50대〈60대 이상으로 20대보다 40대의 호감도가 더 낮게 나타
난 것이 특징적이었다. 현재 30대는 1976년~1985년 사이 출생하였으며 40대는
1966년~1975년 출생한 집단으로, 30~40대는 1985년 이후 20대를 보냈다. 이
사이 민주화, 정권교체, IMF 외환위기 등의 정치사회변화가 진행되었는데 이 가
운데 어떤 요인이 이 세대들의 미국에 대한 인식에 영향을 미쳤는지는 추후 확인
이 필요할 것이다.

〈표 15〉 이념적 상징에 대한 호감도(평균값)

	미국	민주노총	삼성/현대	환경운동연합	김대중	박정희
19~29세	5.32	4.56	5.55	5.70	5.45	5.02
30대	5.07	4.61	5.38	5.61	5.58	5.43
40대	5.24	4.71	5.44	5.48	5.48	6.09
50대	5.73	4.31	5.75	5.46	4.94	6.86
60대 이상	6.29	4.36	6.44	5.48	4.95	7.97
Total	5.52	4.52	5.70	5.54	5.29	6.27

* ANOVA TEST결과 미국에 대한 호감도는 F=20.91, df=4, p〈.000; 민주노총에 대한 호감도는
F=2.48, df=4, p〈.05; 삼성/현대에 대한 호감도는 F=15.97, df=4, p〈.000; 김대중에 대한 호감
도는 F=5.27, df=4, p〈.000; 박정희에 대한 호감도는 F=40.90, df=4, p〈.000; 환경운동연합에
대한 호감도는 집단 간 차이가 유의하지 않았음

한편, 우리사회의 대표적 기업집단과 노동집단으로 삼성/현대와 민주노총에
대한 호감도를 조사하였는데 그 결과는 상반된 것으로 나타난다. 전체 응답자
기준 삼성/현대에 대한 호감도는 5.70으로 미국에 대한 호감도보다 높았던 반면,
민주노총에 대한 호감도는 4.52를 기록해 보통(5)보다 비호감의 방향으로 인식
되고 있었다.

세대별 삼성/현대에 대한 인식에서도 미국에 대한 인식과 마찬가지로 호감의
정도가 가장 약한 집단은 30대였고, 다음으로 40대가 약했으며 20대〈50대〈60대
순으로 나타났다. 역시 다른 세대와 구별되는 30~40대의 특성은, 한편으로 미국
에 대한 호감도와 마찬가지 맥락에서 역사적 경험에서 기인한 것으로 유추할 수

있으며, 다른 한편에선 본격적인 경제활동 연령대임을 감안한다면 시장에서 부딪
히는 대기업집단의 행태에 대한 평가인식에서 기인한 것으로도 유추할 수 있다.
하지만 본 조사만으로는 가설에 대한 검증이 어렵다.

민주노총에 대해 가장 비호감을 나타낸 것은 50대였고 다음으로 60대〈20대
〈30대〈40대 순이었다. 호감도를 기준으로 보면 40대의 호감도가 가장 높았고
다음으로 30대였지만 20대와 30대의 차이는 미국에 대한 인식이나 삼성/현대에
대한 인식보다는 훨씬 작았다. 그럼에도 30~40대가 다른 세대집단에 비해 상대
적으로 비호감의 정도 낮은 것 역시, 앞서 삼성/현대에 대한 인식차이와 마찬가
지로 역사적 경험이나 시장경제활동의 경험 등을 토대로 한 인식 차이로 해석해
볼 수 있다.

김대중 전 대통령과 박정희 전 대통령은 한국사회 이념적 스펙트럼을 측정하
는데 종종 활용되는 상징적 인물이다. 전체 응답자 기준 박정희 전 대통령에 대
한 호감도는 6.27, 김대중 전 대통령에 대한 호감도는 5.29로 보통(5)을 기준으
로 모두 호감의 방향에서 인식되고 있었다. 그러나 세대별 인식차이를 보면 두
인물에 대한 호감도는 뚜렷이 대별되는 특성을 가졌다. 김대중 전 대통령에 대해
가장 낮은 호감도를 보인 세대는 50대로 4.94 값을 나타냈으며 가장 높은 호감도
를 보인 세대는 30대로 5.58의 값을 나타내 최저값과 최고값의 차이는 0.64였다.
반면 박정희 전 대통령에 대해 가장 낮은 호감도를 보인 세대는 20대로 5.02,
가장 높은 호감도를 보인 세대는 60대 이상 연령층으로 7.97이며 최고값과 최저
값의 차이는 2.95로 나타난다. 세대집단별 박정희 전 대통령에 대한 호감도 차이
는 김대중 전 대통령에 대한 호감도 차이보다 4.6배 더 큰 것으로 확인된다. 현
재시점을 기준으로 더 가까운 시기에 집권했던 김대중 대통령에 대해서는 세대
간 평가가 상대적으로 합의적인 반면, 더 먼 시기에 집권했던 박정희 대통령에
대해서는 세대 간 평가가 갈등적이라고 해석할 수 있다.

4. 주관적 이념성향

• 설문: "선생님의 이념성향은 '진보와 보수' 중 어느 쪽에 얼마나 가깝다고 생각하십니
    까? 0~10점 사이의 점수로 말씀해 주시면 됩니다. 0점은 가장 진보를, 10점

은 가장 보수를 말합니다."
"선생님 자신의 이념성향을 좌와 우로 판단한다면, 선생님께서는 다음 중 어디
에 더 가깝다고 생각하십니까?"

본 조사에서는 응답자들의 주관적 이념성향을 측정하기 위해 진보-보수, 좌-우
두 가지 지표를 사용하였는데, 두 지표의 측정방식을 달리하여 차이를 비교하였
다. 진보-보수 이념성향은 0~10까지 11급간 측정방식을 사용했고 좌-우 이념성
향은 좌-좌, 좌-약간, 우-약간, 우-우의 4급간 측정방식을 사용했다.

〈표 16〉 세대별 이념성향: 진보-보수, 좌-우 스펙트럼

	진보-보수이념성향 (평균값)*	좌-우 이념성향(%)**		
		좌 성향	우 성향	합계
1~29세	4.18	48.2	51.8	100.0
30대	4.34	49.4	50.6	100.0
40대	4.99	42.6	57.4	100.0
50대	5.60	30.3	69.7	100.0
60대 이상	6.18	19.9	80.1	100.0
합계	5.06	38.2	61.8	100.0

* ANOVA TEST F=63.25, df=4, p<.000
** x^2=81.94, df=4, p<.000

진보-보수 이념성향을 기준으로 보면, 응답자들은 전체적으로 5.06의 값을 나
타내 중도 값 5를 기준으로 0.06만큼 보수적인 것으로 스스로의 이념성향을 위치
지우고 있었다. 그리고 세대별 차이는 다른 조사나 직관적 인식과 마찬가지로
20대에서 세대가 높아질수록 보수성향이 강한 것으로 나타났다. 그런데 40대 미
만 집단은 5 이하의 값을 나타내 상대적으로 스스로를 진보적이라 인식한 반면
50대 이상은 5 이상의 값을 나타내 스스로를 보수적이라 인식하고 있었다. 20대
와 60대 이상 집단의 이념적 거리 차이는 2.00이었으며, 20대와 30대의 거리
차는 세대 집단 간 거리 차이 가운데 0.16으로 가장 작았고 30대와 40대의 차이

는 0.65, 40대와 50대의 차이는 0.61, 50대와 60대 이상 연령층의 차이는 0.58로
비교적 균등하게 차이를 나타내고 있었다.

그런데 좌-우 이념성향에서는 11급간 진보-보수 이념성향과는 다소 다른 특성
을 나타냈다. 전체 응답자 기준 자신의 이념성향을 좌 성향이라고 응답한 사람은
38.2%, 우 성향이라고 응답한 사람은 61.8%로 23.6%p 우 성향 응답자가 많았
다. 좌 성향 응답자보다 우 성향이라고 응답한 사람이 많은 현상은 20대부터 60
대에 이르기까지 공통된 것으로, 20대에서도 3.6% 우 성향 응답자가 많은 것으
로 나타났다. 전체 응답자 우 성향 응답 61.8%를 기준으로 보면 40대까지는 그
보다 작은 비율이 우 성향이라고 응답한 반면, 50대 이상에서는 이를 상회하는
응답자가 스스로를 우 성향이라고 응답하고 있었다. 유권자가 주관적으로 인식
하는 이념성향에서 보수-진보 스펙트럼과 좌-우 스펙트럼의 차이를 살펴보기 위
해 두 응답을 교차한 값을 나타낸 것이 〈표 17〉이다.

〈표 17〉 진보-보수, 좌-우 이념성향의 관계

	좌	약간 좌	좌 성향	약간 우	우	우 성향	합계(평균)
응답비율(%)	3.8	34.4	38.2	52.2	9.6	61.8	100.0
진보보수* 평균 (평균값)	2.00	4.10	3.89	5.63	6.64	5.79	5.06
중도로부터 거리 (5점과의 거리)	3.00	0.90	1.11	-0.63	-1.64	-0.79	-

* ANOVA TEST F=196.0, df=3, p<.000

스스로를 좌 성향이라고 응답한 전체 응답자 38.2%의 진보-보수 응답 평균값
은 3.89였으며, 우 성향이라고 응답한 응답자 61.8%의 진보-보수 응답 평균값은
5.79로 나타났다. 이 값을 진보-보수 중도값 5와의 거리를 기준으로 보면, 좌
성향 응답자의 진보-보수 응답 평균값은 5점으로부터 1.11 거리를 가지고 있었던
반면 우 성향 응답자 평균값은 5점으로부터 0.79의 거리만을 가지고 있어, 우
성향 응답 유권자들이 좌 성향 응답 유권자들보다 중도 값에 가까이 있는 것을
발견할 수 있다.

이런 경향은 좌 성향 및 우 성향 내부의 스펙트럼에서도 확인할 수 있다. 좌-약간 좌 응답자 가운데 '좌'라고 대답한 응답자들은 3.8%, 우-약간 우 응답자 가운데 '우'라고 대답한 응답자들은 9.6%로 양 극단 값의 차이는 2.5배에 이른다. 또한 '좌'응답자들의 진보-보수 이념 평균값은 2.00로 중도 값으로부터 3.00의 거리를 나타냈으며, '우'응답자들의 진보-보수 이념 평균값은 6.64로 중도 값으로부터 1.64만의 거리를 나타내고 있었다.

좌-우 이념성향 분류는 국가 간 비교에서 흔히 사용되는 이념성향 지표다. 하지만 한국에서 이 지표는 진보-보수 스펙트럼과는 다소 다른 측면에서 이해되고 있다는 것을 발견할 수 있다. 응답자들이 진보-보수 스펙트럼에서 자신의 이념성향을 위치지운 값은 중도 값을 기준으로 비교적 양 편에 고르게 분포해 있는 반면, 좌-우 스펙트럼에서 위치지운 값은 우 성향 값에 편향되어 분포해 있었다. 예컨대 진보-보수 이념성향 응답자 가운데 28.5%는 0~10까지 11급간 가운데 자신의 이념성향을 5에 위치시켰다. 그런데 이 응답자들 가운데 37.3%만이 좌-우 응답에서 자신을 좌 성향이라고 대답한 반면, 나머지 62.7%의 응답자는 스스로의 성향을 우 성향이라 대답했다.

응답자들이 스스로를 좌 성향이라고 응답하는 것은 진보 성향이라고 응답하는 것 이상의 어떤 기준이 더 필요하거나, 좌 성향이라는 응답이 진보 성향 응답보다 심리적 부담이 더 크다고 추정할 수 있다. 이런 차이의 원인 가운데 하나로 〈표 12〉의 응답을 생각해 볼 수 있다. 응답자들은 진보-보수의 내용보다 좌-우의 내용으로 미국-북한을 떠올리는 경우가 더 많았고, 이런 경향은 20~50대에서 특히 강하게 나타났다. 60대 이상에서는 진보-보수와 좌-우를 생각할 때 비슷한 비율로 미국-북한을 떠올렸지만, 20~50대에서는 좌-우의 내용으로 미국-북한을 떠올리는 비율이 진보-보수에 비해 훨씬 많았다. 진보-보수 이념성향일 때보다 좌-우 이념성향을 생각할 때 국내정치 외에 국제관계와 남북관계 변수를 더 고려하게 된다는 것이다. 좌-우 스펙트럼의 우 편향성은 국내정치 외에 국제관계 변수에 대한 고려가 더 포함된 것의 결과일 수 있고, 미국과 북한을 평가하는 것은 분단과 전쟁, 역대정권의 대외관계 및 남북관계 정책, 역대 북한 정권의 태도 등 역사적 경험이 반영된 평가인식의 연장에서 해석이 가능할 수 있다.

5. 정당과의 이념적 거리

• 설문: "선생님의 이념성향은 '진보와 보수' 중 어느 쪽에 얼마나 가깝다고 생각하십니까? 0~10점 사이의 점수로 말씀해 주시면 됩니다. 0점은 가장 진보를, 10점은 가장 보수를 말합니다."

"우리나라 정당의 이념성향은 '진보와 보수' 중 어느 쪽에 얼마나 가깝다고 생각하십니까? 0~10점 사이의 점수로 말씀해 주시면 됩니다. 0점은 가장 진보를, 10점은 가장 보수를 말합니다."

다음으로 응답자 본인과 응답자들이 설정한 각 정당에 대한 이념위치를 세대와 재산변수에 따라 비교한 것이 〈표 18〉이다. 조사시점인 2012년 현존 정당중 새누리당, 민주통합당, 통합진보당에 대한 조사결과를 표시했다. 응답자 본인에 대한 이념성향과 마찬가지로 실존하는 각 정당의 이념성향을 위치로 표시하는 것은, 그 정당의 이미지, 활동, 인물, 정책 및 역사적 관계에 대한 평가를 총괄적으로 반영한 결과물로 볼 수 있다. 역사적 관계란 선거에서 투표선택 혹은 배제, 그로 인한 결과에 대한 평가, 그 정당의 활동이나 인물과의 개인적 접촉 등을 포괄한다. 주관적 평가인식이라는 점에서 그 정당이 표방하거나 실천해 온 정책이나 이념을 객관적으로 반영할 수는 없지만, '유권자 속의 정당'측면을 드러내줄수 있다.

본 조사가 시행되었던 2012년 2월~3월 시점은 2012년 4월 19대 국회의원선거를 앞두고 있었고, 2011년 12월에는 민주노동당, 국민참여당, 새진보통합연대가 합당하여 통합진보당을 결성했으며 2012년 2월에는 한나라당이 새누리당으로 당명을 개정하는 등 정당경쟁구도의 변화가 있던 시기다. 19대 국회의원선거이후 통합진보당은 분열되었고 이탈세력을 중심으로 진보정의당이 새롭게 창설되었으며 민주통합당은 당명을 민주당으로 개칭하는 등 또다시 정당경쟁구도 및정당조직 등에서 변화가 있었다. 따라서 이하 조사결과는 조사시점을 고려한 상황적 해석이 필요하다 하겠다.

전체 유권자 기준 유권자 본인들의 이념위치 평균값은 5.06이었고 유권자가표시한 새누리당의 이념위치 평균값은 6.83, 민주통합당의 이념위치는 4.27, 통합진보당의 이념위치 평균값은 3.72였다. 유권자 본인의 이념위치 5.06을 기준으로 할 때, 새누리당과의 거리는 1.77 보수적인 것으로 인식되고 있었고 민주통

〈표 18〉 본인과 각 정당의 이념적 거리(평균값)

			본인	새누리당	민주통합당	통합진보당
합 계			5.06	6.83	4.27	3.72
			0.00	1.77	-0.79	-1.34
세대*	19~29세	이념위치	4.18	6.83	4.63	4.13
		본인기준 거리	0.00	2.65	0.45	-0.05
	30대	이념위치	4.34	6.82	4.32	3.78
		본인기준 거리	0.00	2.48	-0.02	-0.56
	40대	이념위치	4.99	7.00	4.24	3.66
		본인기준 거리	0.00	2.01	-0.75	-1.33
	50대	이념위치	5.60	6.88	4.11	3.43
		본인기준 거리	0.00	1.28	-1.49	-2.17
	60대 이상	이념위치	6.18	6.58	4.09	3.61
		본인기준 거리	0.00	0.40	-2.09	-2.57
가구순재산**	5천만 원 미만	이념위치	5.01	6.64	4.80	4.09
		본인기준 거리	0.00	1.63	-0.21	-0.92
	5천~1억 미만	이념위치	4.97	6.61	4.31	3.96
		본인기준 거리	0.00	1.64	-0.66	-1.01
	1억~2억 미만	이념위치	4.83	6.81	4.32	3.72
		본인기준 거리	0.00	1.98	-0.51	-1.11
	2억~3억 미만	이념위치	5.11	7.07	3.97	3.46
		본인기준 거리	0.00	1.96	-1.14	-1.65
	3억~4억 미만	이념위치	5.13	6.91	3.92	3.37
		본인기준 거리	0.00	1.78	-1.21	-1.76
	4억 이상	이념위치	5.72	7.08	3.80	3.34
		본인기준 거리	0.00	1.36	-1.92	-2.38

* 세대 기준, 세대구간별 정당에 대한 이념위치 차이 ANOVA TEST 결과(새누리당 F=39.97, df=4, p<.000; 민주통합당 F=5.16, df=4, p<.000; 통합진보당 F=14.94, df=5, p<.000)
** 가구 순재산 기준, 재산구간별 정당에 대한 이념위치 차이 ANOVA TEST 결과(새누리당 F=2.26, df=5, p<.05; 민주통합당 F=8.76, df=5, p<.000; 통합진보당 F=5.18, df=5, p<.000)

합당과의 거리는 0.79 진보적인 것으로 인식되었으며, 통합진보당과의 거리는 1.34 진보적으로 인식되고 있었다. 2012년 2~3월 시점 전체 유권자 기준으로 민주통합당이 이념적 거리에서 가장 가깝게 인식되고 있었던 반면, 새누리당이 가장 멀게 인식되고 있는 것을 발견할 수 있다.

세대집단을 기준으로 볼 때, 40대 이하 유권자들에게 당시 이념적으로 가장 가까운 정당은 민주통합당이었고 가장 먼 정당은 새누리당이었다. 40대 유권자 본인의 이념위치 평균값은 4.99였고 40대 유권자가 인식하는 새누리당의 이념위치는 7.00으로 2.01의 거리를 나타냈으며 민주통합당의 이념위치는 4.24로 본인 기준 0.75의 거리를 나타냈다. 통합진보당의 이념위치는 3.66으로, 새누리당과 민주통합당에 대해 느끼는 거리의 절반수준인 1.33의 거리를 나타내고 있었다. 반면 50대 이상 유권자들에게 이념적으로 가장 가까운 것은 새누리당이었고 민주통합당, 통합진보당 순으로 거리를 나타냈다.

특징적인 것은, 이 시기 20~40대 유권자들이 새누리당에 대해 느끼는 이념적 거리는 모두 2.00을 넘었던 반면, 50대 유권자들이 민주통합당에 대해 느끼는 거리는 그보다 작은 것으로 나타났고 새누리당에 대해 느끼는 거리 1.28과 불과 0.2의 차이밖에 나타내지 않았다는 것이다. 2012년 2~3월 경 50대 유권자들이 정당에 대해 느끼는 이념적 거리는 40대 미만 유권자집단과 60대 이상 유권자집단 사이에서 유의한 차이를 나타내고 있었다.

한편 가구가 보유한 순재산을 기준으로 할 때에도 집단 간 유의한 차이를 발견할 수 있었다. 본인의 이념위치와 새누리당 이념위치 간의 거리를 기준으로 할 때, 가장 이념적 거리를 가깝게 인식하는 집단은 순재산 4억 이상 집단으로 1.36의 거리가 있었으며, 다음으로 1억 원 미만 집단이 1.63(1.64)의 거리를 느끼고 있었고, 가장 멀게 인식하는 집단은 1억 원~3억 원 사이 집단으로 1.98(19.96)의 거리가 있었다.

민주당 이념위치 간의 거리를 기준으로 보면, 보유하고 있는 재산이 많을수록 민주당과의 이념적 거리가 멀었고 적을수록 그 거리가 가까운 특징을 나타냈다. 순재산 5천만 원 미만 가구 응답자들은 0.21의 거리를 나타냈고 4억 원 이상 보유 가구 응답자들은 1.92의 거리를 나타냈으며, 재산이 많아질수록 거리도 점진적으로 멀어졌다. 5천~1억 원 미만 가구 응답자들은 0.66, 1억~2억 원 미만 가구 응답자들은 0.51, 2억~3억 원 미만 가구 응답자들은 1.14, 3억~4억 원 미만 가구 응답자들은 1.21의 순으로 이념적 거리가 넓어졌다. 이런 특성은 통합진보 당에 대해서도 마찬가지로 발견되었다. 5천만 원 미만 가구 응답자들과 통합진보 당의 이념적 거리는 0.92, 4억 원 이상 가구 응답자들과의 거리는 2.38로 멀어 졌다.

앞 〈표 14〉에서 보유재산 기준 진보-보수 이념에 대한 거리감 조사에서 4억 원 이상 집단과 이하 집단 사이에 유의한 차이라 발견된 점과 〈표 18〉에서 보유 재산에 따라 정당과의 이념적 거리에서 유의한 차이가 발견된 점은, 한국 유권자 의 정당선호 및 정치태도에서 자산변수의 영향력을 추정할 수 있게 한다. 보유자 산에 따른 정치태도 차이나 자산이 정치태도에 영향을 미치는 경로 등에 대한 보다 분석적인 연구가 필요함을 보여주는 대목이다.

색인

편자 및 필자 소개

❖ **이갑윤**

　현 | 서강대학교 명예교수
　　Yale University 정치학 박사
　　전 서강대학교 정치외교학과 교수

　〈주요 저서 및 논문〉
　　『한국인의 투표행태』(2011)
　　『한국의 선거와 지역주의』(1989)
　　"촛불집회 참여자의 인구·사회학적 특성 및 정치적 정향과 태도,"『한국정
　　　당학회보』(2010)
　　"재산이 계급의식과 투표에 미치는 영향,"『한국정치연구』(2013)

❖ **이현우**

　현 | 서강대학교 정치외교학과 교수
　　University of North Carolina at Chapel Hill 정치학 박사

　〈주요 저서 및 논문〉
　　"미국상원의 비민주성: 정치적 평등과 보조금 배분을 중심으로,"『21세기
　　　정치학회보』(2013)
　　"정부의 질: 공정성의 비판적 고찰,"『국제정치논총』(2013)
　　"복지정책의 확대에 대한 태도 결정요인 분석: 정부의 질, 한국과 북유럽국
　　　가 비교,"『한국정치연구』(2013)

❖ **김세걸**

현 | 가톨릭대학교 강사
서강대학교 정치학 박사

〈주요 저서 및 논문〉
"일본의 세제개혁과 자민당의 딜레마,"『한국정치학회보』(1997)
"한일 사회협약 정치의 비교 분석,"『한국정치학회보』(2002)

❖ **박경미**

현 | 전북대학교 정치외교학과 교수
이화여자대학교 정치학 박사

〈주요 저서 및 논문〉
"선거별 투표율 결정요인,"『한국정당학회보』(2014)
"한국의 정당개혁 담론 변화와 정당의 적응성,"『한국정치연구』(2013)
"한국 정당모델에 관한 탐색적 연구: 민주화 이후 총선의 선거경쟁을 중심
으로,"『한국정당학회보』(2012)

❖ **박정석**

현 | 한국리서치센터 선임연구원
서강대학교 정치학 석사

〈주요 저서 및 논문〉
"지역민 호감도가 정당지지에 미치는 영향,"『한국과 국제정치』(2011)

❖ 서복경

현 | 서강대학교 현대정치연구소 상임연구원
고려대학교 정치학 박사

〈주요 저서 및 논문〉
『민주주의, 약자들의 희망이 될 수 있을까?』(이후, 2007)(역서)
『다운사이징 데모크라시』(후마니타스, 2013)(역서)
"한국 정치결사 제한체제의 역사적 기원,"『동향과전망』(2014)
"제한적 경쟁의 제도화: 1958년 선거법 체제,"『선거연구』(2013)

❖ 이정진

현 | 서강대학교 현대정치연구소 상임연구원
University of Southern California 정치학 박사

〈주요 저서 및 논문〉
"Comparative Study of Presidential Influence on Policy-Making Process
in Korea: Considering Ideological Stance and Democratization,"『신
아세아』 18권 3호(2011)
"세대별 이념갈등의 이질성: 세대 내 이슈태도 분석을 중심으로,"『국가전
략』 19권 1호(2013)
"정책결정에 미치는 대통령의 영향력 분석: 이명박 정부를 중심으로,"『현대
정치연구』 6권 2호(2013)

❖ 이지호

> 현 | 서강대학교 현대정치연구소 상임연구원
> University of Essex 정치학 박사

〈주요 저서 및 논문〉

"한국 정당경쟁의 이념적 차원: 권위주의시기와 민주주의시기의 비교,"『한국과 국제정치』 24(2008)

"정당위치와 유권자 정향: 2007년 대선과 2008년 총선을 중심으로,"『현대정치연구』 2(2009)

"제18대 대통령선거에서 선거이슈가 투표행태에 미친 영향,"『한국과 국제정치』 29(2013)

❖ 한영빈

> 현 | 서울대학교 사회과학연구원 한국정치연구소 상임연구원
> Freie Universitaet Berlin 정치학 박사

〈주요 저서 및 논문〉

"브레튼우즈(Bretton Woods) II의 특징과 메커니즘: 화폐의 제도, 정치적 특성을 중심으로,"『정치정보연구』(2012)

"유럽재정위기의 원인과 정치적 성격,"『한국정치연구』(2013)

❖ 한정택

> 현 | 연세대학교 북한연구원 전문연구원
> 연세대학교 정치학 박사

〈주요 저서 및 논문〉

"현직 국회의원의 재당선 결정요인 분석,"『한국정치학회보』(2011)

"민주화 이후 호남의 소지역주의,"『현상과 인식』(2012)

"남북한 젊은 세대의 통일의식 비교 분석,"『동서연구』(2013)